在南大北大楼前摆个S造型

鼓楼公园：人家是二，这小伙子是三

鸡鸣寺：一盏小灯笼，
就是一个美好的祝福

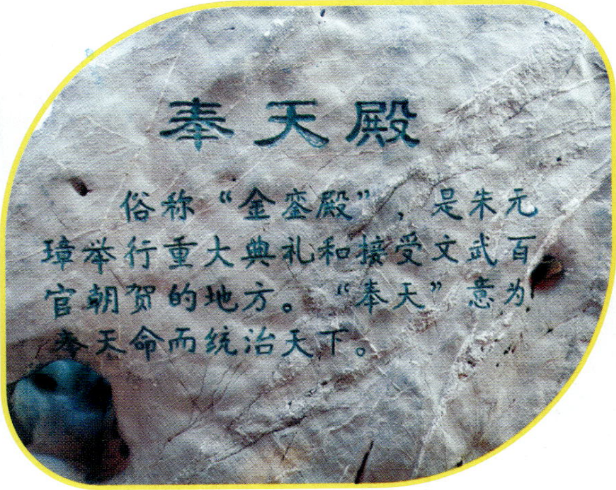

明故宫：一座曾经雄伟的大殿
如今只剩下这块石头了

一路慢慢寻访，从这里走到明故宫

鸡鸣寺：一角风景也美丽

莫愁湖：莫愁女前留个影

莫愁湖环湖轻松走

总统府：小伙子，你在这里可以看到什么

孙中山的办公桌上没有像蒋介石
办公桌上的那只玻璃水杯哈

汤山温泉：温泉的水好温暖好柔软

梅园新村的街道，有一种特别的气息

郑和宝船：启航

郑和遗址公园：我们家爸爸是儿子的百科全书

甘熙故居：现在的娃儿可没有真炮放噢

甘熙故居：在一代儒宗的甘家门槛上坐一坐，会不会也沾点才气？嘻嘻

夫子庙：中国最大的传统古街市

高淳老街：被誉为“金陵第二夫子庙”

朝天宫：牌坊上的四个字
我们只有高山仰止的份儿

朝天宫：老人们聚集在红墙下悠
然下棋，喜欢这样的生活图景

南京云锦博物馆：
这门楼很高大上

南京云锦博物馆：穿上这百寿衣，
人不自觉就要端起来了吧？嘻嘻

明孝陵：神道的风
景一年四季各不同

阅江楼：朱元璋可没想到，现在的
人竟不愿意劳动两腿登高阅江了

在五马渡也就是俗称的化龙丽地之地玩滑冰

栖霞寺：下雪了，坐在宝殿前好好赏一番雪

燕子矶：李白在燕子矶上留下的酒樽，斟一杯长江水饮之？嘻嘻

栖霞寺：千佛岩一瞥

珍珠泉水清兮

浦口火车站：沿着这窄窄的轨道，我们可以走向哪里

老山：这是一座很老的山吗？嘻嘻

六合国家矿山公园里的各种矿石

六合国家地质公园：从这个公园大门进去，就可以寻访到石柱林

六合石柱林：这里的石头比我们可老太多了

高淳国际慢城：我们都希望像这只蜗牛一样慢慢慢慢慢慢走，慢慢慢慢慢生活

紫金山天文台：牵着爸爸的手，去阅读“天书”

大明文化村：这个村子有很多很多的故事

天生桥旁的吊索桥，带给小朋友很多乐趣

长江大桥：和爷爷们一起慢慢走过长江大桥的感觉很特别

南唐二陵：妈妈在碑廊里装模作样地念诗，小伙子瞪着好奇的眼睛，这样的场景也只能是在他小时候出现了

紫峰大厦：“千手观音”来也

南京奥林匹克体育中心：阳光下，那抹金陵红格外耀眼

吴大奇画的爸爸

吴大奇画的妈妈

方山：新修建的定林寺很气派

南京雨花台烈士陵园：和平鸽的性情很温和

南京火车站：紫铜铸就的辟邪比萧景墓前的石刻辟邪规整，但少了一种神气

清凉山和石头城公园：这里是我们的家园，我们不是游客，我们在这里骑车、散步、做实验，享受这里的阳光雨露，在这里茁壮长大

南京博物院：小马飞起来

金陵刻经处：手工、线装、泛黄的纸张，这样的书拿在手中，相当有感觉

慢慢慢慢慢慢走

——南京“新金陵48景”亲子游

文字/郑晶心 吴大奇

绘图/郑晶心

摄影/吴大江

东南大学出版社
SOUTHEAST UNIVERSITY PRESS

图书在版编目(CIP)数据

慢慢慢慢慢慢走:南京"新金陵48景"亲子游/郑晶心,吴大奇著. —南京:东南大学出版社,2014.7
ISBN 978-7-5641-5068-6

Ⅰ.①慢… Ⅱ.①郑… ②吴… Ⅲ.①旅游指南—南京市 Ⅳ.①K928.953.1

中国版本图书馆CIP数据核字(2014)第161630号

慢慢慢慢慢慢走——南京"新金陵48景"亲子游

出版发行	东南大学出版社
社　　址	南京市四牌楼2号　**邮编**　210096
出 版 人	江建中
网　　址	http://www.seupress.com
电子邮箱	press@seupress.com
经　　销	全国各地新华书店
印　　刷	兴化印刷有限责任公司
开　　本	700mm×1000mm　1/16
印　　张	15.25
字　　数	284千
版　　次	2014年7月第1版
印　　次	2014年7月第1次印刷
书　　号	ISBN 978-7-5641-5068-6
定　　价	32.00元

立即出发，寻访属于自己的城市

叶　开

读完郑晶心童鞋这本《慢慢慢慢慢慢走》，内心被一位母亲对孩子的爱意充盈，满满欲溢的是每一个脚步中的踏实——带着孩子一个景点一个景点地探访自己所居住的城市，这个想法真好。在一家三口的脚步中，一个被讲述出来的城市开始有血有肉，丰满起来了。南京，在地图中显现，成为特殊的世界。

这就是写作与阅读赋予的生命。

每一座城在被讲述之前，都只是一个名字、一个符号，但被讲述之后，城市就成了一个人物。意大利文学大师伊塔洛·卡尔维诺在《隐形的城市》里，讲述了各种各样的城市，但这些城市又有自己的记忆——城市与记忆。

南京的记忆，被作者写到的这48个景点勾勒了出来，但这还不是完整的城市。完整的城市，只存在它自己的记忆中。南京除了这些景点之外，还有自己的历史和记忆。有显形的历史，有隐形的记忆。我们生活在这种交织着不同深度和广度的历史和记忆之中，一座城市如同蛛网里的一只飞虫，被聚焦了，被特写了。通过讲述的语流，通过句子的蛛网，物质世界有了意义。我们对钢筋水泥的认识，大概是中性的，但人文赋予一座城市以故事、以记忆。没有故事没有记忆，就没有城市，只有钢筋和钢筋，只有楼房和楼房。

每一座历史名城，都是被故事和细节讲述出来的。

罗马、伦敦、巴黎、柏林，在小说、诗歌、电影、戏剧以及游记中，显示出丰富的表情。而南京，则在南京人自己的讲述中，获得了自己的面孔。但需要更多的人，像文中的一家三口一样，带上地图、带着水罐、备着一块硬纸板，就这样出发，去自己的城市，去城市内心深处。回到自己的城市，回到熟悉的陌生世界。

在这部游记中，我看到一座有爱的城市，而这座城市也在这部游记的各个部件中逐渐丰富起来，给我不一样的认识。南京虽然久闻其名，也多次往返，更有去过中山陵、总统府、秦淮河等地的游历经验，但对我这种外地游客来说，匆匆忙忙进出的城市，总是如纸一样单薄。所以我喜欢在去过的城市，腾出一点时间来行走。沿着道路与河流，走到一个局部世界的尽头。如同我在广州的珠江新城沿着临江大道，在珠江边走到华南快速道另一边的尽头，看到的不是洞府神仙，而是一堆建筑垃圾。但更新的建筑，就在有待清运的建筑垃圾旁边，慢慢生长出来了。只是，新的建筑，还有待人文和故事去滋润，不然只是僵硬的钢筋水泥，只是中性的物质世界。

我们居住在城市，依附着城市。我们知道城市有各种形态，各种表情，城市中人和事千差万别，没有一个人能够在城市中成为全知全能者。我们生活其中，但并不了解自己的世界。

我们总是漂浮在城市的表面，在街道的上方行走。每个人都脚步匆匆，很少人想到要深入地了解一座城市，但郑晶心童鞋和她的一家，却想到了从自己身边的世界开始，重新认识这座生活了很久的城市，这真是令人赞叹的壮举，正如书中一篇篇文章说的：旅行，就是陪着孩子慢慢走。不怕出错，不怕苦累。不认识的字，不用。不着急，不忙。

在作者的笔下，南京不再是"隐形的城市"，而是"显形的城市"，城市与记忆，城市与眼睛，城市与欲望，在爸爸妈妈和儿子用脚步丈量之后，变成了一座生动的城市。在这座城市里，不但有漂浮于其上的市民，有来来往往的游人，还有城市背后繁复的历史，以及历史留下来的建筑形态和历史书的叙述。

历史是一种讲述出来的故事，在行走南京中，孩子人生中的鼓楼、鸡鸣寺、明故宫、总统府、秦淮河、紫金山、明长城、雨花台、中山陵、阅江楼等如同一个客栈般，在平面的地图上生长出来。这种行走中的学习、履历，是最好的亲子教育，也是家长和孩子情感维系的最特殊的方式。

我们一直想去海外游历，去走马观花，但对我们的城市，究竟认识多少？

一个人，对自己生长的城市，竟然如此陌生，难道不是吗？

我从来没有想到过要做这样的一种漫游。

在南京，有这样的一家三口，背着自己的行囊，在塑造自己的城市，在大脚小脚寻找城市的过程中,他们也寻找到了自己。

我打算立即学习他们,从今年暑假开始,就寻访属于自己的城市。

从脚下的记忆开始,鲜花开满人生的路途。

步步生莲,我忽然觉得就是这样的。这不是菩萨的莲花,是我们自己的世界中长出来的植物。

[作者简介]

叶开,毕业于华东师范大学中文系,现当代文学博士,《收获》杂志编辑部主任,出版有长篇小说《口干舌燥》《我的八叔传》及专著《莫言评传》《莫言的文学共和国》等,近年来关注语文教育,出版《对抗语文》《这才是中国最好的语文书》等,引起广泛关注。

带这本书读懂南京

韩浩月

和南京有过两次交集，一次只能算路过，另一次也只是在她的几条街道上走了走，对于南京未必比别人了解更多，但我清晰地记得第二次走在南京夜晚的街上，心头萦绕的一句话：南京的风和别的城市的风吹在脸上的感觉是不一样的。

后来读到这本《慢慢慢慢慢慢走》，又不禁想起曾经有过的感受，当然也多了一些新的想法——如果当时有这本书在手该有多好，那样的话，或会知道南京的哪些地方必须要去看一下，在看的时候，或会更能体会南京人对这座城市的真情实感。有过旅行经历的人都会知道，一名过客心里产生主人的情绪，是带有许多微妙的亲切感的。

这本书有三位作者，一位爸爸，一位妈妈，一个儿子，他们呈现出来的这本书，带有强烈的新鲜感。写城市，学者有学者的写法，作家有作家的写法，游客有游客的写法，以家庭为单位，来写尽一个城市最具有代表性的风景，这打开了一个全新的视角，我在阅读时，也有了观察南京的不同方位，也时常被作者带入到他们描述的情境中去。

从出版的角度来看，不得不说这是一个很好的选题：它兼具了城市形象、城市文化底蕴、风土人情、旅行实用常识、亲子心灵成长等诸多元素，而且这些元素如此融洽地结合在一起，没有任何的刻意。手握这本书，如同走进一个口碑极好的家庭旅馆，它不但给你提供休憩、指引，还可以让你感受到清晰的家庭价值观：一家人，一起行走，并在这个过程里表达爱、感受爱，让生活的每一个间隙，都被幸福充盈。

记得在南京的那个夜晚，乘坐着公交车，听着南京话，吹着南京的风，在南京一个静谧的角落里，体会着这个城市的呼吸。南京在我当时的印象里，走出了历史的哀伤与凄美，剩下更多的是宽厚与包容，她的历史厚度决定了她的城市品格，因此我能理解这个城市的一些作家，愿意永远生活在这儿，一个有温度的有生活的有文化的城市，具有永不消逝的魅力。

作为妈妈作者，郑晶心在打算为南京48景写作本书的时候，也发现了自己在汪洋资料前的渺小，根据这些丰富的信息，每一景花费一部书的篇幅都不见得能写完，于是，她很聪慧地选择了每一篇文字的内容比例，让自己的家庭生活场景介入历史与文化，是很好的处理方式。这本书让我想起来林达的《带一本书去巴黎》《一路走来一路读》，林达同样是以这个方式吸引读者的。

《慢慢慢慢慢慢走》这本书的文字内容是原生态的，儿子的文字很生活化，没有这个年龄段孩子常见的作文味，母亲的文字虽照顾良多，但也简单易读，这样一本轻松的城市指南，同样适合一家三口来南京的家庭，如果有机会，可以拜会一下该书作者，相信他们会让你感受到南京人的热情。

[作者简介]

韩浩月，两个孩子的父亲，资深文化评论人，专栏作家。博客中国十年影响中国100名博客之一。第一、二届华语电影优质大奖评委。出版畅销书《I服了YOU——写给大话时代的告别书》，及男性话题作品集《男人道》《涩男人》，影评集《一个人的电影院》，随笔集《午睡主义者》《一个人的森林》等十余种。

依循内在的节奏，你自然完美

吴聪灵

走慢点快点，原不是个问题，是比较出来的事儿。

按说，花开有花开的速度，娃走有娃走的速度，蜗牛、飞机，各有各的速度。可是，以目标和结果为导向的评判体系，会让这些娃啊花啊蜗牛飞机之类的，陷入另一种局面——自己最舒服最自然的速度是什么，不是最重要的了，如何能赶上团队，甚至超过大多数人，才更显出价值。

是的，对比较价值的追寻，恰就让咱们与真正的价值擦肩而过。你想想，为着速度都疲于奔命了，那生命还能有啥好品质？

真要透过生命经验来明了这么简单的道理，于我，却是要非常感谢本书中的妈妈，郑晶心。

许多年里，我都是拿着鞭子抽打自己的一个状态。再快点，再好点，再完美一点……

于是焦灼、疲惫，一度混乱。直到那年，因缘巧合认识晶心，并因她而与华德福教育结缘，迅速地与她一同到成都华德福学校去学习——在学校那棵大树下的秋千上荡着的短暂时光，成为我之后好久记忆中最美好的片断。

如今想来，荡秋千的节奏，哪里能由自己控制？恰是那种完全不去控制，随着自然节奏起落的过程，才是真的放松，才是真的绽放的生命啊！

之后好久都感恩她。

当时作为一个 4 岁孩子的母亲，我彻底混乱了。那次回来之后，我发现之前所做的大多数方式，都是不对的，错得离谱。可是，究竟怎样做才对，我不知道。我在头脑里画出了完美地图，看见了不完美的自己，这两者的关系，我无法调和。

生活还在继续，别无他法。自然而然向前。在成长着的，不仅是我，还有我的孩子。

这些年，经常和晶心交流心得，隔一阵就深谈一次。我一直会很羡慕她的状态，因为她从一开始就是对的，一开始就很笃定。有很多事，她凭直觉、本能去做，就是最好的。而我，却常常是，一堆道理讲得比她还要清晰，自己落地做的地方，没她那份笃定。

直到最近，儿子11岁了，这种感觉淡了。是因为，自己绕了这么些年，终于是笃定了。作为一个母亲，我找到了与孩子相处相伴的界限，了然了爱与规则的关系，也得以成为他生命真正的陪伴者。作为一个在这世间存活着的生命，我允许我以我自己的节奏与方式，去绽放。事实上，我也只能有我自己的节奏与方式——显然，我找不着自己节奏的时候，根本不叫绽放。

此时再回顾，没了那些纠结与比较的心。不论是晶心身为母亲的完美历程，还是我身为母亲这么千回百转，都是生命本质不同形态的显现。

水，可能从万千条路流到大海，关键在于，若这一滴水一开始就确认，自己具备着海的所有品质与属性，是否少了很多烦恼纠结，多了从容适意？

感恩有友晶心，让我在奔突追寻之中，始终有一个参照，让我在百转千回之中，始终有一份支持。她是我的镜子，照见我一路的追寻，也照见我本来的圆满。

也感恩她，作为一个陪伴者，很多时候，都是依着我的速度与节奏，给以坚定的支持。

她在本书中所述，给到孩子的，恰也是这样的一份陪伴与支持。48景也罢，96景也罢，因为有着全然的同在与陪伴，那风景才得以呈现其本然的美丽，那天真的眼睛才得以看见自然风物的美好，得以有自己心灵的感悟，并给我们呈现这么多美好的文字。

试想想，若是这48景的一路，妈妈以催促者的形象出现，快点，快点，这里，那里，哎呀你再慢就来不及了……

无法去想。若是那种方式，我们将无缘与这些美好的文字相遇，无缘了解，在亲子之间，还可以有这样的陪伴方式，还可以让家门口的风景，如此深度滋养到孩子的生命！

每次翻开，都很赞叹这同行中，母亲与孩子绽放的灵感，奇思妙想，与美好的生命状态。我一度会想,哎呀,要不要效仿?那于我,是有压力的事。终于我还是放下了——陪伴不拘形式,哪怕是上学路上短暂的一小段,我们也可以玩出这种心情吧。于是解脱。

就像这书名,慢慢慢慢慢慢走,多么温柔的提醒,仿佛老外婆的叮咛。在这样的叠声慢字底下,我的理解,还有一个更深切的声音是,亲爱的,放下拔苗助长的鞭子,收回投向别人的目光吧!你找到自己内在的节奏了吗?跟随它,你会成为自己的光明。

自然而然,你就是完美。

真正的完美,也只这一条道路。你不信,去问花,问树,问外婆。或更直接点,问回内心。

祝福晶心,祝福我自己,祝福所有在爱中行走的生命。

[作者简介]

吴聪灵,南京十方缘老人心灵呵护中心总干事,临终关怀陪伴者。十方缘是一家为临终老人提供专业心灵呵护服务的公益组织,是义工学习心灵呵护、用爱与陪伴为生命服务的平台,是生命成长的舞台。见过新生儿纯净无染的目光,也见过许多老者纯净安详的眼神,会为前者而欢喜,会为后者而肃然起敬,仿佛洗礼。于这起点与终点的交织碰撞中,对生命体悟也在变化:结果既然都一样,显然过程更重要。于是,全然信任,轻松流动就好。爱与丰盛,都在其中自然显现。

自序

慢慢走，带孩子发现自己

郑晶心

吴大奇从小喜欢蜗牛，雨天里走在外面，就喜欢低头寻找蜗牛，然后将它们带回家养着。目前我家里还养着两只蜗牛。后来，也不知从哪天开始，他就管自己叫小蜗牛了，也让我们这样叫他。

后来，有一天，我带回家一本由“中国最美的书”设计师朱赢椿老师送的书《蜗牛慢吞吞》，他简直喜欢极了书里的那只蜗牛。

自他叫小蜗牛后，凡跟他玩得来的人，他都赐名以蜗牛。姨妈家的哥哥叫“大蜗牛”，哥哥的女朋友叫“中蜗牛”，我的一位好朋友、一个温柔的阿姨他管她叫“阳光蜗牛”。他的好朋友们以“金蜗牛”、“银蜗牛”、“铜蜗牛”系列排下去，只要他们在一起，就都是蜗牛。

我不明白，儿子为什么小小年纪，在还未了解世人赋予蜗牛的种种象征意义之前，就那么喜欢蜗牛，或者这就是传说中的“臭味相投”？

我们家的这只小蜗牛，一岁半不到的时候，我们就带他出远门旅行了。那时候，他到哪儿都带着他的四个可爱的小伙伴，就是那著名的澡盆玩具——小黄鸭。那四只小黄鸭，一个是妈妈，三个是孩子，他一手抓俩，吃饭、睡觉、坐车、游玩，都不松手。偏偏有一次，他在山上玩，因为看中一块石头，他要去捡，一松手就把小黄鸭丢在了一边，结果，马上就被旁边的一个大小孩捡去了。吴大奇立即石头也不要了，站起来就扑到我的腿边：“我的鸭鸭！”那时候，他还很少说长句子，基本都是三五个字地往外冒，以前他在家都爱说宝宝长宝宝短，这是他第一次说“我”！

人家说，小孩子到两三岁时，会迎来人生第一个叛逆期，可是吴大奇没有出现这个现象，但唯有一件事他比较执著。那就是出门在外，到餐厅吃饭时，我们图省事，常常张嘴就是：“给他来一份儿童套餐！”他马上表示反对：“儿童套餐不是我吃的！我要吃跟爸爸一样的！”久之，我们就再未给他点过儿童套餐。这是他第一次说“不”！

出门旅行，购买一些走在路上吃的食品是必须的，开始吴大奇对我们买什么都无所谓，让他挑，他也没有感觉。后来，有一天，他跟我讲：“老娘，别的随你们买，我就要牛奶味的面包就可以了。”这是他第一次明确说“要”！

行走南京“新金陵48景”，在鼓楼公园，我拿钱买门票，结果发现儿子不用买票，我说“省钱了”，儿子却在当天的游记中写：“对大人来说，省钱了；对我们来说，我们似乎被忽视了。如果你是一个小孩子，你肯定能感受到。”

在鸡鸣寺相亲角，我问儿子：“儿子，你将来要不要到这里来相亲啊？”儿子说：“切，我才不要挂在这里让人挑呢！”

在总统府，听同行的姐姐讲，蒋介石的桌上有一只玻璃杯，不是用来喝水的，而是用来反射窗户外面的情况，预防有人来暗杀他的，他说：“当总统也蛮辛苦的。”

在甘熙故居，品尝各种南京小吃，他说：“别的都还好吃，就是生煎包是蘑菇馅的，我不爱吃。”

在逛完明孝陵博物馆之后，他说：“我喜欢南京原来叫上元，但是要是现在再把南京改为上元的话，我就又不习惯了。”

……

一路走，一路看，他有很多机会说“我不”、“我是”或者“我要”、“我不要”。

行走南京“新金陵48景”，我们调整自己的“认识装置”，把家乡当异乡去走、去看、去体会，在进或出之间、在拿起或放下之间、在喜欢或无所谓之间，发现不一样的家乡，发现不一样的自己。

吴大奇很喜欢一本名叫《一百只蜗牛去旅行》的绘本书，一百只蜗牛一起去旅行，九十九只蜗牛乘坐舒适的巴士，只有一只蜗牛不紧不慢地向前爬。或许你可以问，到底谁会发现最美的风景，是乘坐巴士的九十九只蜗牛，还是那一只不紧不慢地向前爬的蜗牛？但我感觉，其实这不重要，重要的是，当九十九只蜗牛都去乘坐巴士的时候，剩下的你这一只蜗牛可不可以坚持不紧不慢地向前爬？

这是一段我和老公以及儿子相伴走过的珍贵旅程，在朋友的督促之下玉成其书，感谢姐莉萍，感谢友聪灵、林君，感谢叶开老师和韩浩月老师写序并推荐，感谢所有在我成书过程中不断点赞的朋友们！

如果你在看这本书，谢谢你！

目　录

二年级寒假

重新认识一座城

郑晶心

明天小朋友正式放寒假,我也将带他上路(其实后来,很多行程他老爸都加入进来的,不仅仅只有我们母子二人)。

同去年的计划一样(《徒步之旅:玄武湖、紫金山、明孝陵》,附后),我仍是想带他徒步,简单说就是走走路而已。

我原本是想徒步去扬州的,后来因为有一同学要参加,但他又没有太多假,我想那就改路线吧,重要的是走,目的地是哪里不是关键,所以就把徒步改在市内,信手拈了个主题,寻访“新金陵48景”。南京由来就有“金陵48景”之说,2012年8月起,南京市委宣传部等部门联合《金陵晚报》又发起“新金陵48景”的评选活动,由此得出了目前新时期下的金陵48景。这些景点涵盖了南京的历史人文景观、城市地标、公园、建筑、城建成果、乡村游、生态游、农家乐、地质景观、工业景观等,有很多我们去过,也有我们没有去过的,我觉得都值得带着孩子再去寻访一遍。

后来同学改了计划,不能与我们同行,没关系,那我们就自己走吧。

因为要休假,所以这几天我都拼命发稿看稿,要把工作提前做掉。于是一直也没有准备资料,明天要出发了,晚上我打算来搜些“新金陵48景”各个景点的材料。这一搜,不得了,简直是掉进了资料的汪洋大海,在其中泅渡的我同时也有耳目一新的感觉。平常熟悉的去过数次的地方,过去只是去,去了只是逛,看看表面的一些景、一些色，没想到这一次因为要给小朋友准备材料，编辑间，竟对好多地方有了重新认识的感觉。

我们去外地旅游，总是要做很详细的攻略，了解当地的风土人情，可是对于身边熟悉的景致，反倒没有了那份细细了解的耐心。虽然南京对于我来说并不是第一故乡，可是在此生活了这么多年，也是熟到如同看身边的人，他一呲牙，我就知道他要讲什么笑话。抬脚就可以到达的地方，我们也是这样吧，不会太上心，不会太用心。可也像我们身边的人，我们确定完全了解他吗？未必。就像现在我对于那些常去景点的惊艳，噢，原来它们还有这样的来历和故事。

在小朋友两三岁时，我们就买了南京公园年卡，带他逛遍南京城的公园及景区。不过如今问起来，好多地方他都已经遗忘。正好，这次寻访，一是访新，二是忆旧。

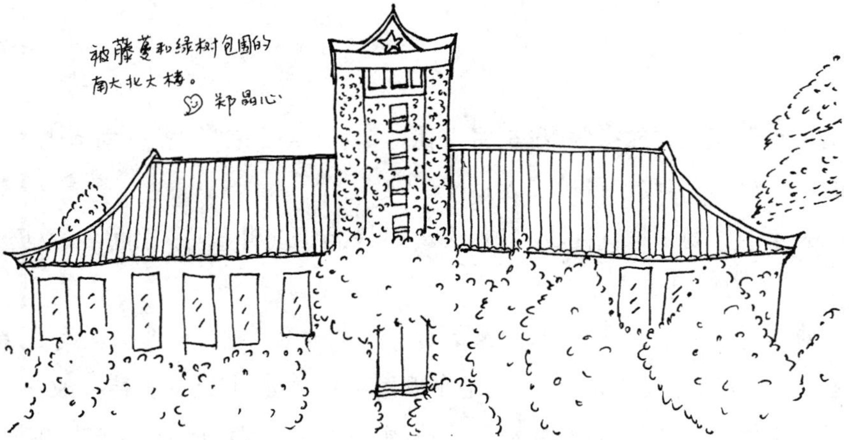

资料准备，正史野史八卦，我都搜集了一些，要考虑小朋友的接受程度，以及他的胃口偏好。真的很繁琐，一晚上我才整理出一个鼓楼区的，双手已经在键盘上敲得发热了。不过，想到明天开始，我就可以和孩子一起用脚去丈量，去重新认识这座城，我又兴致盎然了。

这是我们的第一站，南京大学北大楼。别的材料我就不引用了，这里且引一首余光中的诗吧。

大江东去，五十年的浪子不回头/浪子北归，回头已不是青丝，是白首/常青藤攀满了北大楼/是藤呢？还是浪子的离愁/是对北大楼绸缪的思念/整整，纠缠了五十年……

南京大学百年校庆，白发苍苍的余光中先生回到母校，在数千南大师生面前满怀深情地朗诵了这首《钟声说》，诗中提到的建筑，就是南大的“地标”——北大楼。

“新金陵48景”名单(排名不分先后)

1. 中山陵
2. 明孝陵
3. 夫子庙及秦淮风光带
4. 幕燕滨江风光带
5. 总统府
6. 明城墙
7. 紫金山天文台
8. 玄武湖
9. 甘熙故居
10. 高淳老街
11. 高淳桠溪国际慢城
12. 珍珠泉
13. 冶山国家矿山公园
14. 牛首山风景区
15. 南京博物院
16. 清凉山与石头城
17. 静海寺与天妃宫
18. 南京云锦博物馆
19. 雨花台
20. 侵华日军南京大屠杀遇难同胞纪念馆
21. 莫愁湖公园
22. 朝天宫
23. 鸡鸣寺
24. 阅江楼
25. 紫峰大厦
26. 颐和路民国公馆区
27. 南京长江大桥
28. 汤山温泉
29. 汤山古猿人洞
30. 阳山孝陵碑材
31. 瞻园
32. 南京大学北大楼
33. 江宁方山
34. 栖霞山、栖霞寺
35. 梅园新村
36. 鼓楼公园和大钟亭
37. 南唐二陵
38. 奥体中心
39. 宝船遗址公园
40. 老山森林公园
41. 南朝石刻
42. 明故宫遗址
43. 胭脂河和天生桥
44. 南京火车站
45. 南京晨光1865创意产业园
46. 六合石柱林
47. 金陵刻经处
48. 浦口火车站旧址

我们的装备：

一人一件红色亲子抓绒服(内),外加黑色棉服或羽绒服一件。

一人一双运动鞋。

一人一只黑色旅行背包。因为基本是在市内活动,所以包内所携物品也简单。

儿子包内：

书:每天携带的不一样,途中休息时阅读,以轻松搞笑为主。

水:自己喝的自己背啰。

纸巾:若干。

硬纸板:两块。我们一开始不要,是他老爸硬塞进来的,说累了可以垫在屁股下面坐一坐,单纯坐在石头或水泥椅上太凉了。后来,这块纸板果然起了大作用,尤其是我,使用频率很高。

我的包内：

必备品:手机、钱包。

资料1:"新金陵48景"总的介绍一份。

资料2:每日出行前打印的景点材料一份。

公园年卡:这是走到后面发现有景点需要买门票了,所以他爸就帮我们买了年卡,包括他自己的,因为他有空的时候也会出来陪我们。

相机:实在嫌单反背得重,只带了一只卡片机。儿子现在越来越不喜欢被拍,我用卡片机还能尽快地抓拍,单反就费劲了。

相机备用电池:一块。

速写本:休息时儿子看书,我可以画画速写。

笔袋:不同型号笔若干。

水:比儿子多带了一瓶。

纸巾:若干。

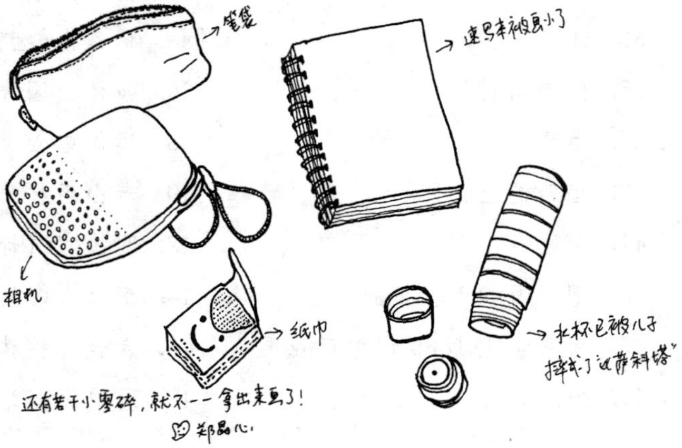

南大北大楼、鼓楼和大钟亭、颐和路民国公馆区

过去，南京城的人们都靠听鼓楼的鼓声来了解时辰

今天是我寒假的第一天，我先去宁海路麦当劳给我的同学过生日。

给同学过完生日后，同学们去南师大校园玩，我和我妈就直奔南京大学。因为我们的第一站就是南京大学北大楼。南京大学很近，可是南京大学北大楼在哪儿呢？我们沿着路标，按它指示的方向，很快就找到了。我第一眼看到北大楼，就感觉北大楼的房子像一个躺着的小娃娃，手里拿着一只五角星。我说给我妈听，我妈说，我感觉不太像，但你的感觉蛮有意思的。

北大楼前还有好几块草地，我对妈妈说：我们下次可以组织同学到这儿春游。后来我一想，这个地方距离我们学校可能有点远，我妈说还好，不算远。但我还是觉得有点远了，两个人纠结了半天。

今天天气特别好，我喝光了一瓶矿泉水，就拿空矿泉水瓶子当球玩，扔到半空然后去接，结果我接半天也接不到。我妈说，你不要把瓶子往前扔，这样你得跑远还接不到。你把瓶子往上扔，这样它落下来你就可以接到了。我就照着试一试，发现有时候成功，有时候还是失败。我想，还是因为运气吧。

我还在北大楼前画了一张地图，画完地图我们就出发去第二站，鼓楼公园。

我们从北大楼的后门出去，原本我妈妈以为还要走一条长长的路才到鼓楼公园，结果一出门，我妈“哇”了一声，我还不知道她哇什么，结果我抬头一看：原来对面就是鼓楼公园，太近了。我们就很开心，徒步这么有意思。

鼓楼公园我小时候老来的，我听我妈讲，我第一次独立上公共厕所就在鼓楼公园里。真有意思，我怎么一点儿都不记得呢。不过想想看，要是我两三岁时的事情

都记得的话，我要记那么多事情，脑子应该很晕吧。即使不晕，估计也要快记爆掉了。

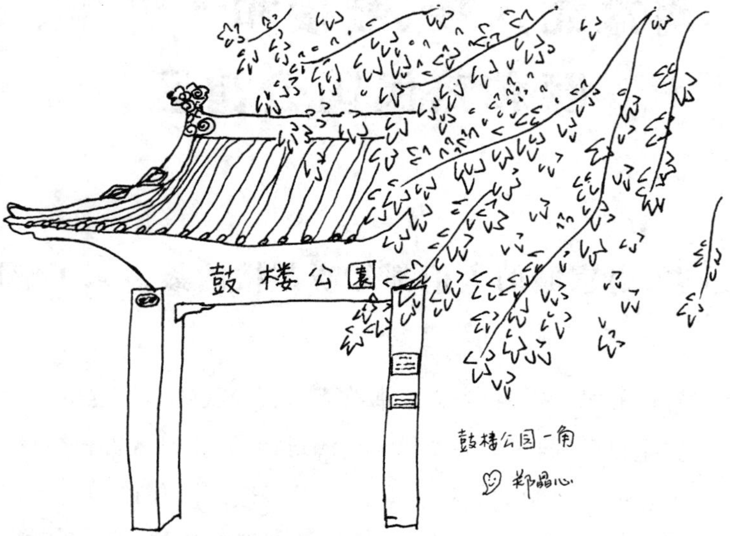

鼓楼公园的三座门洞，一个大门，两个小门，就像一个妈妈带着两个宝宝。我们还去了楼上，到楼上需要门票，五块钱一张，我妈妈拿了十块钱，结果发现我不用买票。对大人来说，省钱了；对我们来说，我们似乎被忽视了。如果你是一个小孩子，你肯定能感受到。

去楼上的楼梯真陡啊，我们到了楼上，发现鼓楼好高啊。我们还参观了一只大大的乌龟背着的一只碑。旁边还有一只大鼓，介绍说它是明代的鼓，我用指甲轻轻地敲了一下，就发出嗡嗡的声音。想想过去的时候，人们用大槌敲，声音传得多远啊。妈妈说，钟是报警的，鼓是报时的。过去南京城的人都靠听鼓楼的鼓声来知道到了什么时候。

参观完鼓楼，我们就去下一站大钟亭。妈妈说，大钟亭和鼓楼公园算一个景点，过去中间是连接的，现在因为城市建设，所以就分开了，中间建了一个鼓楼广场。我们就走啊走去找大钟亭，大钟亭我以前没有去过，这次是第一回。妈妈说她也没有去过。去大钟亭的路上，我们还顺便拍了紫峰大厦的照片，因为紫峰大厦我们去过很多回，所以就不上去了，就在下面拍了照片。大钟亭就在紫峰大厦的对面。

我没到大钟亭的时候，我以为大钟亭就是一个里面装着钟的亭子，到了那一看,上面还有一个小公园。我还在里面坐着看了一本有趣的书。然后我觉得饿了,大钟亭下面正好就是一个公交车站,叫鼓楼北站,我们就坐3路车去湖南路的凤凰书城,到四楼的洋葱咖啡馆,我点了一个意大利肉酱面,我妈妈点了一个酸菜鱼面。我妈妈吃饱了,说实话我却觉得没有吃饱。

到了湖南路其实也就到了玄武湖,但是玄武湖我去过很多回了,颐和路我还没有正经逛过,都是路过,所以我想要好好去逛一逛。我妈说天已不早了,我们就不徒步了,就坐3路车去吧。我们坐3路车坐到江苏路下来,开始认真地逛。因为颐和路附近支路太多,有时候走着走着就走回原路了,所以我开始用GPS导航,看看能不能把我们导到那个颐和园民国公馆区。最后那个颐和园公馆区的大门我们还是没有找到,但是我们看了很多别的民国建筑,我妈说这条街上的建筑都是民国建筑,不一定非要找到那一座,我就同意了。我想,有时候有的东西找不到就算了,我也就不多想了。

好了,这是我们的最后一站,然后我们就回家了。我们走着回家的时候,我还在想:哎呀,我怎么不知道呢,原来我家附近的这条街就是"中国最美的街",真是奇怪。

我的欠缺,或许是另一种圆满

我们告别了同学们,沿着汉口西路向南大进发,这样我们寻访"新金陵48景"的旅程就正式开始啦。

从南师大正门到南大汉口西路的大门并不远,我们一会儿就走到了。站在南大入口处的地图牌前,我们细细寻找南大北大楼的标志时,有一位文质彬彬的老先生走过来帮我们指点,这里就是北大楼,你们沿着这条路往前走,然后向右拐个弯接着向前走,就到了。我们连连致谢,老先生打量了一下我们,问:"你们是南京本地人吧?这是要去哪里?"我就把我们的行程大概说了一下,老先生热情地说:"好,带孩子走走,好好看看自已的家乡挺好的。"

老先生挥手跟我们说再见,临走前特地对我儿子说了一句:"跟着妈妈好好走噢。"小伙子咧嘴一脸阳光的笑。我跟儿子说:"他也许是南大的某个教授噢。"儿子说:"我看着也挺像的。"

我是个路痴,走过很多遍的地方一样也有摸不着北的时候,所以我想这一路少不了要依靠小伙子看地图、向人问路,这也是我们行走路上,必须要掌握的两项技能吧。以前常听我爸我妈他们教导:"鼻子底下就是路。"鼻子底下的路从哪儿来的?就是嘴巴问出来的。所以,我爸我妈他们还有一句:"出门在外嘴巴要甜。"这份甜,看来是要在路上慢慢让小伙子去体验了。

这一天阳光特别好,等我们找到南大北大楼的时候,我们都热得脱了外套。终于见到了传说中的南大北大楼,我们都一阵笑,啊,原来就是这栋楼啊。我们知道在这栋楼的后面是游泳馆,小伙子在这儿游过一个暑假的泳,但我们谁也没有注意过这栋楼就是著名的北大楼。北大楼前一片开阔的草地,小伙子一看见草地,就开始撒欢,又跑又跳。草地上的人不算少,大家都脱了衣衫,有年轻学子在看书,有穿着鸡心领毛衣的老人家在玩抖嗡,还有三三两两围坐一起吹牛聊天的,草地边一堆堆冬天的棉衣。我觉得季节转换的时候有一种独特的迷人味道,就像这一刻,你知道冬天即将过去,春天即将到来,但冬天还没有走,春天还没有到,处在这个临界点,你的身体和心灵都不由自主地体会到一种叫做"希望"的东西。这种东西在你一旦深入地进入某个季节时,又常常会被遗忘掉。

第一天我们的行程很满,我们走了南大北大楼,走了鼓楼公园、大钟亭,走了颐和路民国公馆区,这一天天气好,我们体力充沛,心情也兴奋,所以才一下子走了这么多。别人听上去觉得我儿子多幸福,我可以带着儿子这样走,站在我的角度,首先是我自己喜欢走路,喜欢慢慢走慢慢看的感觉,其次我很感谢我的儿子愿意这样陪着我。或者说,我很开心我有一个儿子可以这样陪着我一起走。所以,有时候我们说,我们想要带孩子做某些事的时候,首先是要自己热爱才能够让孩子也爱上,你想想,你自己都不爱的事情你怎么会让孩子也喜爱呢?

在南大北大楼前,我们躺在草地上,仰面看着蓝天,沐浴着暖洋洋的阳光,吹着一丝丝吹面不寒的风,我从心底里感觉到惬意,我的心跳慢下来,我的呼吸慢下来,这时候我不用跟孩子说什么美,说什么开心,孩子自可以从周遭的环境中体会到这一切。或许,他还可以体会到比我更多的东西,比我说的美和开心可能更多。如果我说了就是用这两个词限定了孩子的感觉,所以莫如空白,莫如让风自在拂过,可以在孩子的心上留下什么,就由它去。

虽然出行之前,我打印了南大北大楼的历史,在鼓楼公园和大钟亭我都讲述了它们的历史和一些故事,但更多的时候我还是保持着沉默,一方面是我自认知识储备并不够教给孩子太多东西，另一方面我还注意不让自己说太多，打扰了孩子自己去领略，去感受。知识的灌输是一方面，但能够感受、触摸、听、嗅这些历史的沉淀，不也是一种另类的学习吗？所以，我有时候也忍不住想，我欠缺的知识对于孩子来说未必不是一种圆满，正因为我的缺，才不会给孩子填得太满，才给了孩子空间让他自己去探索，去琢磨，去追求。

瞧我多会自我安慰，但我真的就是这么释然且坦然的，我坦然于自己的欠缺，但我兴致勃勃带着孩子一起去走这些风景，我相信孩子也一定更喜欢这样欠缺很多但还保持着好奇心和探索欲的母亲，而不愿意有一位因了然一切而失去兴趣的母亲。

明天计划的第一站是鸡鸣寺。有余力的话就接着去总统府和梅园新村，根据孩子的体力适时调整。期待。

暖心小贴士

南大北大楼

到南大，坐 11 路、24 路、56 路、303 路公交车至云南路下，到达北京西路南大北门；坐公交车 3 路、6 路、20 路、78 路、91 路、132 路、152 路、303 路、318 路到广州路下，到达广州路南大南门。

从北门进入南大，找到篮球场或者旁边的游泳馆皆可，北大楼就在它们的后方；从南门进入南大，穿越南园进入汉口路，从汉口路 22 号的大门进入南大，一路都有清晰的指路牌指向北大楼。

北大楼最美的时候应该是夏季，那时候绿色的爬山虎郁郁葱葱地爬满楼面，勃勃生机的现实和底蕴丰厚的历史一同呈现。

北大楼前的草坪亦是一大亮点，带着孩子，来到北大楼就别急于离开，晒晒太阳，撒撒欢，好好享受一下此刻难得的休闲时光。

北大楼前的小礼堂也是一道靓丽的风景线，可以关注这里的演出信息，如今红遍全国、走上国际舞台的话剧《蒋公的面子》就从这里演出开始的。

鼓楼和大钟亭

鼓楼公园位于南京市中心处，在鼓楼广场大转盘处，到达鼓楼的公交线路相当多，中山北路方向、市口腔医院方向、鼓楼公园方向、鼓楼街方向等都有若干公交经过。地铁也经过。

站在鼓楼广场,先遥望紫峰大厦,然后视线向下,望向西南方向,就可见绿树掩映之中,是一座古色古香的公园所在。

鼓楼公园内有一面大鼓,大钟亭公园内有一只大钟,给孩子看这两样宝贝,告诉他们"晨钟暮鼓"的故事就很好了。

颐和路民国公馆区

颐和路民国公馆区是一片景区,这里有多条路,也有多条公交线路可到达,最方便的是3路、8路、42路、74路、78路到达江苏路站下,然后即可开逛。

1929年,美国著名建筑师墨菲来到南京,受委托主持制定南京的城建规划,随后一个以南京城西北的颐和路为中心的上层住宅区开始建设。几年后,颐和路一带成为南京有名的"使馆区"。

公馆区的道路皆以各地名胜命名,主干道叫"颐和",两侧有"珞珈"、"牯岭"、"普陀"、"灵隐"、"赤壁"、"天竺"、"莫干"、"琅琊"、"西康"、"宁夏"等路,琅琅上口,分外优雅。

在这里,你是很容易迷路的,但又有什么关系,你会寻到一座又一座被标上不同序号的民国建筑,你会想象这一座座建筑里曾经住过哪些上层名流。

在颐和路民国公馆区,除了那些具备历史感的建筑值得你欣赏,在这些路的两旁,大多超过一人抱粗的梧桐树也值得你多看几眼噢。透过它们浓密的枝枝叶叶,去看那些建筑露出的一檐一角,更是妙不可言。

鸡鸣寺、明故宫

老百姓奉天命买年货

今天是我们寻访“新金陵 48 景”的第二天，我爸爸跟我们一起走。我们先去了鸡鸣寺——我老说成是鸣鸣寺。

我进了鸡鸣寺，发现墙上重新刷了一层亮亮的黄漆。太阳一照，好晃眼。在检票的地方，可以拿到三支香，好多人都拿了。香和我们平常见到的不一样，很粗，中间有孔，里面插着细木棍。我还看到很多人往一只大香炉顶上的小炉孔里投硬币，他们认为投进去就是一件很幸运的事。

我想起来了，在我们没到鸡鸣寺之前，我们经过一条叫进香河的路。以前这里好像是一条河，人们走这河边的路到鸡鸣寺去烧香。后来这条河干枯了，人们就往河里填土种草，到现在就变成了一条叫进香河的路。

参观完鸡鸣寺，我们又跟着爸爸去了明故宫。这次没有徒步，是坐车去的，因为我爸爸不想走了。我们到了明故宫，我先以为那里是皇宫，结果到了那里一看，只有两座像皇宫的房子，然后就是一块好大的草坪，草坪上搭了大帐篷，有好多人在卖东西，也有好多人在买东西，卖的买的全是年货。我们就进去逛，我们买了一种叫“气死白糖，不信你尝”的橙子，太甜了，而且水嫩嫩的，又大又圆，吃得我们笑死了。我们一边吃，一边想象白糖说：“哎哟，气死我了，那橙子比我还甜！唉，要是我是天下第一甜，该多好！”我们还买了炒米糖、炒花生、海苔、红莓（这是我给草莓起的名字）。

走啊走啊，我看到一块石碑，上面写着“奉天殿”，原话是这么讲的：“奉天殿”俗称“金銮殿”，是朱元璋举行重大典礼和接受文武百官朝贺的地方，“奉天”意为奉天命而统治天下。被我改为：“奉天殿”俗称“年货殿”，是老百姓买年货和休息的地方,“奉天”意为奉天命而买年货。

今天太阳还不错,但有些雾霾,我爸爸一直戴着口罩。我没有戴,我觉得太闷了。但是晚上回来看报纸,说南京的污染度很高,政府发出了橙色一级警报,所以我决定明天还是要戴上口罩。

旅途中别样风景

徒步寻访“新金陵 48 景”,第二天天气就不太好,报纸上又发出了污染橙色警报,实在是让人不太爽。所以我决定,后面的行程还是会继续,但是会减少徒步的行程,天气不好就乘车,减少受污染的几率。小朋友也觉得明天就戴上口罩吧,他就是当成一件自然而然的事情,倒没有太影响心情,临睡前还充满期待地问明天我们去哪里。可是我这个当妈的想到,如果有一天,我们连出门都变成一件奢侈的事情,人类在这个地球上活着情何以堪?

如果不说天气,就说我们这两天徒步的一个鲜明印象就是,现在的城市都是为汽车服务的,而不是为人,尽管汽车也是人驾驶的。说这话,是因为我们徒步的这两天,深切地感受到,如今的人行道也是停车场。自行车、电动车且不说,它们停在人行道上仿佛是天经地义的事,如今汽车也斜着身子停上来了,挨挨挤挤,好不亲热,就是没有行人走的道了。

我带着孩子寻访"新金陵 48 景",想带孩子重新认识这座城市,不知道这些景会不会也落进他的眼里?

在快要到鸡鸣寺的路边小公园里,我们发现那里树与树之间拉起了一条长长的绳,绳上悬挂着很多彩旗一样的东西,聚集了很多老人凑在跟前看。我们很好奇,那些随风飘扬的彩旗上都写了些什么,吸引得那么多老人在看。等我们到了跟前一看,原来这里竟是相亲角,那些所谓的彩旗上都是很多年轻人的个人信息,如"女,房地产财务,南京大学毕业,自述:心地善良,朴实,人品好,工作认真,孝顺父母,南京人。要求:79—74 年,身高 170 cm 以上,大专以上,有责任心,工作稳定,收入 4—5 万,本分,性格好。"还有,"男,中兴通讯,学历大专,有房两套,喜欢运动,要求:孝顺父母,身高最好在 160 cm 以上,在 82—85 年间出生,最好是本地人。"等等。

我笑着指着这两条一眼瞅到的信息,对老公说:"看他们的要求,这两人倒是可以配一对。"老公说:"一个南京大学毕业的女儿还要跑到这儿来相亲,这一定是她父母干的,女儿知道不知道还不一定!"我说:"肯定不知道! 你看这里哪有一个年轻人,全是老人家!"我越说越觉得好笑,"这绳子上挂的是年轻人的信息,我看倒像是老人家们自己在这里相亲。"老公说:"你说这个女孩家的父母能不能在这里找到如意女婿?"我说:"一定找不到! 他们一定一边看着那些男孩的信息,一边心里在想,这么好的条件怎么到如今还找不到女朋友?! 他们一方面来这里找女婿,一方面又会看不起来这里找女朋友的男孩。"我们俩就一起笑,然后又自我调侃道:"说不定人家能找到合意的呢,我们俩在这里纯属瞎操心。"我感叹了一句:"哎呀,这要是把我们俩的信息搁到这里,我们能不能看对眼啊?"老公斩钉截铁地说:"对眼才有鬼!"我们俩就一起哈哈笑。

儿子听着我俩胡吹乱侃,催我俩快走,我问他:"儿子,你将来要不要到这里来相亲啊?"儿子说:"切,我才不要挂在这里让人挑呢!"

暖心小贴士

鸡鸣寺

鸡鸣寺正门位于南京市鸡鸣寺路 1 号,公交游 1 路、2 路、3 路、11 路、20 路、304 路等在鸡鸣寺站下,其中 304 路的鸡鸣寺站距离鸡鸣寺最近。如果你打车去那里,司机不确定你要去的鸡鸣寺路是哪一条,你可以告诉他,就是那条樱花大道,他马上就明白了。

"鸡鸣晚钟"是玄武十景之一,"鸡鸣春晓"则是"新金陵 48 景"之一。如今,鸡鸣寺门前的那条路上,每到春天就开满樱花,引来如潮人流,不知不觉间,"鸡鸣樱花"也颇负盛名了。我猜不久后的将来,它也将会被列入名册了。

明故宫

到明故宫是相当方便的,中山东路上有很多公交车都停靠这一站,地铁也可到达。

今日我们已不可见明故宫曾经的辉煌壮丽,但我喜欢这里偌大一片草坪,常常乘车经过这里,见到绿茵茵的草地上成群的孩子和家长,他们在这里放风筝、奔跑、嬉戏,站在石狮、石鼓等的断壁残垣之中,你刚刚涌上的伤感,就被蓝天下飞翔的风筝、孩子们的笑声吸引走了。

去明故宫,记得带一只风筝噢!

莫　愁　湖

起点就是终点

今天因为我妈妈下午要到单位开会，所以我玩得比较少，只完成了一个莫愁湖环湖徒步行。

我去年寒假的时候环湖行过玄武湖，这回是莫愁湖环湖行。我们到了莫愁湖公园，这次进公园不用买票了，因为我爸爸帮我们买了年卡。用年卡我感觉少了一道程序。

进到公园里，先参观了一些房屋，让我最感兴趣的是，被我命名为“皇帝屋”的地方，里面都是大大小小皇帝的塑像。其中一个皇帝像小孩子一样，我看过一本叫《名人学校》的书，在这里也可以推荐给你看看，书里说，这个小孩子在当皇帝的时候，有非常多的人反对他，有的人甚至还嘲笑说，我只要跟他动一下手，他肯定就会哭着跑回去。这件事被小皇帝知道了，小皇帝就叫人藏在他旁边保护他。在皇宫里的时候，有一个塑像，如果你觉得这个塑像放在这儿很离奇，那就对了，因为塑像里面有一道暗门，专门供卫兵进出，保护小皇帝。出皇宫的时候，很多人就装扮成老百姓和商人，还有的人装扮成看热闹的，保护在小皇帝周围。有一次，小皇帝和另一位大将下棋的时候，突然，一个人从人群中冲出来，想抓小皇帝，但是“那些看热闹的人”一拥而上，把反对小皇帝的人和他的手下全部擒获了。

小皇帝的故事讲完了，我们也开始正式环湖了。莫愁湖跟玄武湖比虽然小一点，但是风光还是很美丽的。我还看到了莫愁女的塑像，我觉得她很美，说这个话的时候我还觉得有点不好意思。我妈说，莫愁女是个心灵手巧、善良美丽的女子，她对人非常好，帮助老百姓做了很多好事，所以人们就盖了这座公园，雕了这座塑像来纪念她，所以这座公园才叫莫愁湖公园。

环湖行的时候，我看到了起点的石碑，但是没有看到终点，我反正绕着湖走了一圈，不知道那个终点的碑树在哪里。我猜起点就是终点，但是他们没有把“起点”和“终点”的字写在一起。

环湖时我走啊走，走到一个100米的石碑时我就拍一张照片。今天太阳很晒，我走得热死了。我觉得这回环莫愁湖比上回环玄武湖路途短一点，人轻松很多，刚感觉到一点累就结束了。

光阴的小故事

因为今天下午要到单位开会，所以上午就带小朋友完成了一个简单的环湖徒步行。确实如他所说，莫愁湖总长大约是玄武湖的三分之一不到，所以，小朋友走起来很轻松，没用多久就把一圈走完了。这样也好，每天出行，也不能把行程安排得过满，也要考虑小朋友的体力和承受度。松弛才可以充实。咱们明天的计划是总统府和梅园新村。这两天太阳特别好，气温也比较高，如果没有污染，没有雾霾，就是完美的出行天了。好了，不抱怨了，感恩我们当下所拥有的，珍惜我们的山川湖海，珍惜我们的蓝天白云，珍惜我和孩子一起走过的行程和时光。

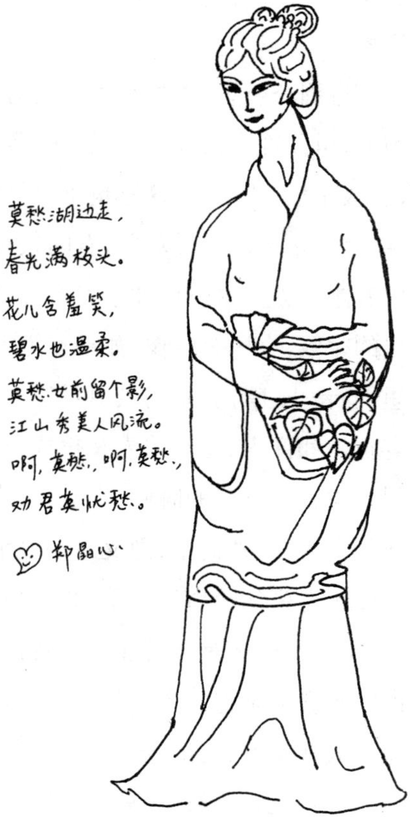

其实在我还未到南京工作之前，我第一次到南京来参观的一个景点就是莫愁湖，并且还是晚间。那是若干年前，我当时到南京莫愁湖是来看灯会的。那些年，四川自贡的灯会在南京莫愁湖展出，我们家乡的一行人就在临晚前到达南京，到达莫愁湖。如今记忆中第一次对于莫愁湖的印象就是一片灯火辉煌。

再早，对于莫愁湖的印象，就是来自于我

们小学时跟着老师学唱过的一首歌:《莫愁女》,从而知道了南京有一座莫愁湖,莫愁湖是为一个名叫莫愁的女子而建。

多少年过去,当年对于莫愁女故事的记忆已经淡泊,这次陪着孩子重逛莫愁湖,重新看了莫愁女的故事,真的有点儿恍惚的感觉。当我第一次来莫愁湖的时候,我没有想到我有一天会到这个城市来扎根,并且这里会成为我的第二故乡;我更没有想到我会带着自己的儿子同游莫愁湖,给他讲我小时候听过的莫愁女的故事。

当我们沿着环湖路一路前行的时候,我看到园墙上有一处特地凿了一块碑,碑上就刻了那首著名的《莫愁女》歌。我是个五音不全的人,但因为这首歌来自于童年时代的刻印,所以至今记忆犹新。我就带着儿子轻轻哼唱了起来,儿子并不在乎我唱得好听或不好听,他只觉得有趣,也跟着唱了起来:莫愁湖边走,春光满枝头。花儿含羞笑,碧水也温柔。莫愁女前留个影,江山秀美人风流。啊,莫愁,啊,莫愁,劝君莫忧愁,劝君莫忧愁……

哼唱着这首歌,行进在莫愁湖的环湖路上,真的觉得时光重叠了——我的童年和儿子的童年叠到了一起。

虽然还很遥远,我忍不住又遐想了一下:有一天,我会和儿子带着他的孩子,再来逛莫愁湖,再来哼唱这首已经刻到墙上、刻到人心上的歌,让光阴的故事变得更加深厚么?

暖心小贴士

莫愁湖

莫愁湖公园南门在水西门大街 132 号,公交游 4 路、7 路、13 路、19 路、37 路、41 路、48 路、83 路莫愁湖公园站下即可;莫愁湖公园北门在汉中门大街上,公交 5 路、18 路、20 路、29 路、68 路、78 路、82 路、92 路等到莫愁新寓站下,往回走百米左右即到,地铁 2 号线莫愁湖站 1 号口出来即是。

莫愁湖自古有“江南第一名湖”、“金陵第一名胜”等美誉,更有袁枚诗赞:“欲将西子莫愁比,难向烟波判是非;但觉西湖输一着,江帆云外拍天飞。”民国时莫愁湖以“莫愁烟雨”列为“金陵 48 景”之首。

春天、秋天时的莫愁湖公园都很美,吴大奇上幼儿园时、上小学时,学校安排春游、秋游的景点经常会选择这里。

总统府、中国共产党代表团梅园新村

当总统也蛮辛苦的

今天我们去了两个地方，一个是总统府，一个是梅园新村。

今天跟我们一起去的还有一个姐姐，她是《金陵晚报》的实习记者，我叫她糖姐姐。她是姓唐的唐，但是我叫她糖姐姐，感觉比较甜蜜。姐姐业余时间考了导游证，她了解很多总统府的知识。所以，今天一路逛总统府，都是她讲给我们听的。

刚进总统府的时候，我看到里面有园林式的建筑，还以为它就是一座园林呢，没想到是总统们办公的地方。总统府里面有一间是蒋介石的办公室，姐姐说，他的办公桌上有一只水杯，水杯可以用来映照窗外的影子，如果有人想刺杀他，他就可以从玻璃杯上看到，就可以及时躲开。我听到这个故事，感觉蒋介石很聪明，但是每天都想着逃生，也蛮辛苦的。因为他权力很大，所以要担心这个问题，老百姓就不用考虑这样的事情。

参观了蒋介石的办公室，我还参观了孙中山的办公室。孙中山他推翻了过去的皇帝，希望给老百姓带来和平生活，可他带来的只是一时的和平。唉，遗憾。

我们还看了很多其他人的办公室，他们办公室的家具大部分都是木头做的，我们现在大人的办公室里面有很多家具是金属的，用木头做成的已经比较少了。

我在那里面还看到一只发报机式的机器，虽然我不太懂它的工作原理，但是我觉得很有意思。

总统府很大，姐姐介绍说有好几百年的历史了，有很多个权力很大的人在这里办公过，每个人来的时候都会盖几间新房子，或者改造一下，把旧房子改大，或者更改一下样式，所以最后它就变得越来越大了。

梅园新村跟总统府靠得很近，我们参观完总统府出去吃饭，吃完饭就去了梅园新村。梅园新村不止一间房子，原来是周恩来和他的妻子邓颖超还有其他好多人工作和住宿的地方。我对他们原来工作用的汽车很感兴趣，车是绿色的，车头很长，车身像面包一样，我认为它很像带轮子的火箭。这辆汽车不仅是周恩来乘坐过的，还有很多地下党员也乘坐过，因为要躲避间谍的跟踪。

梅园新村里有很多照片和资料，我都没有办法一下子全部看完。我妈妈说，不着急，可以等你大了慢慢看，慢慢了解。现在我了解到的是，我们今天的和平生活是经过很多人的命换来的，我们要珍惜现在的生活。

今天我回到家的时候感觉有些累了，不知道糖姐姐她陪我们逛了一天，她累不累。

掀起历史的一角给孩子看

总统府的历史有多厚重，之前老公就带着儿子去过几次，每次去，喜爱人文历史的老公都会给儿子做详尽的讲解。但这次，老公不能到场，所幸有个“糖姐姐”陪我们，给我们当导游，真是太好了。

但我依然在思考一件事，虽然之前老公给儿子做过详尽的讲解，历史事件、发生原因等，但我认为小孩子未必能对这些留下印象，以致理解。那我如何给儿子找到一个点，找到一个他可以理解、可以吸收并且产生自己观点的点？

我想到了一个名词解释：什么是总统府？

果然，儿子并不了解这个词义，就好像我们对很多地名、路名、事物的名称，只是习惯地接受，并不穷究它背后的意义一样。

什么是总统府？

原来就是总统们办公的地方。

总统是谁？

名叫"总统"的人曾经有过两个在这里办过公，一个是蒋介石，一个是孙中山。

那么他们在这里办公，有过什么样的故事？

这些都由"糖姐姐"给他做的解说中有了了解了，他看到了蒋介石的杯子，看到了孙中山的办公家具，有人才有事，有物才有记忆，这样他对了解的那些历史就会有一个感性的认识了。

历史很厚重，给孩子，我们有时候只需要掀开一角，留下的潜藏于海水之下的"冰山"，有一天孩子有兴趣会自己去探索。

这也是必然的，当下，我们定然无法把世界的全貌展现给孩子。其实，我们自己对于世界的全貌，又认识到了几分？

暖心小贴士

总统府

总统府位于长江路 292 号，公交游 1 路、游 2 路、29 路、44 路、65 路、95 路、304 路总统府下即到。

到达总统府，肯定要在门口拍照，那么你会发现大门的旁侧有一位穿着长衫、一手拄杖、一手举伞的"蒋介石"在跟游人合影。这里还曾有另两位"蒋介石"出现过，他们都是军装版的。到底他们哪位更像真正的蒋介石呢？游客们各有各的喜爱，拍照时也各有各的选择。"蒋介石"们呢，按游客的需要拍照，不打扰游客，不扰乱秩序，所以总统府管理方也就由他们在大门旁侧"做生意"了。

走在总统府，你会对孙中山先生的题字"世界潮流，浩浩荡荡，顺之者昌，逆之者亡"特别有感触。

中国共产党代表团梅园新村

梅园新村位于长江路东段，汉府街18—1号，从总统府步行百米左右即可到达。

梅园新村30号、35号和17号，是中国共产党代表团的办公原址。1946年5月至1947年3月，以周恩来为首的中国共产党代表团，在这里同国民党政府进行了10个月零4天的谈判。

梅园新村30号，是周恩来和邓颖超同志当年办公和居住的地方。办公室里还陈放着当年周恩来用过的写字台、转椅、分省地图以及中共代表团的信笺。35号是董必武和李维汉、廖承志等代表团成员当年办公和居住的地方。17号是代表团工作人员办公和居住的地方。代表团的外事组、军事组、新闻组、妇女组、顾问组、电讯室和十八集团军办事处都设在这里。周恩来经常在这里举行中外记者招待会，发表重要声明。

进入梅园新村，首先看到的是周恩来总理的铜像，想想这曾是我幼时最崇敬的人之一，心中不由得有几分激动。

梅园新村纪念馆是一个无关景色却载满故事的地方，一次浏览，孩子是无法看完的，所以它是爱国主义教育基地，值得孩子们一去再去。

郑和宝船遗址公园、静海寺和天妃宫

“郑和鱼”不能钓，也不能吃

你们猜我每天起床第一件事干什么？看《丁丁历险记》。看完一本《丁丁历险记》我才出门开始一天的行程。结束一天的行程后，我回家的第一件事干什么？看《丁丁历险记》。看完一本《丁丁历险记》我才跟我妈妈一起写今天的游记。

今天我们去了郑和宝船遗址公园、静海寺和天妃宫。

郑和宝船公园那里有一只仿造郑和宝船的1∶1模型，特有意思，可惜现在不开放了。我以前看过，但现在也记不得里面的样子了。

宝船公园里还有一座瞭望塔，有三层楼高，楼梯很陡，我和我妈一起爬上去，爬到三楼的时候，我妈说她腿发软了，我还硬要她上来下去爬了三次，把她吓死了。

对了，在去郑和宝船遗址公园之前，我们还去了郑和宝船厂。我爸说，这里面要仿造一艘郑和宝船，要跟郑和宝船造得一模一样，并且全部用木头、生铁制造，还要能够出海航行，能够承受恶劣天气。可是我们到了那里，船厂关门，不给参观，我们只能扒着门缝看看。我看到院子里有一大堆木头，那些木头很粗。我爸爸说，都是从外国进口的。

我在郑和宝船遗址公园还看到一个有趣的故事，说有一种鱼叫“郑和鱼”，有一天郑和的船在海上航行被磕破了一个大洞，海水不断地涌入，郑和急忙向天妃祷告，随后有一条大鱼跳进洞里，把洞堵住了，船就没有下沉，郑和和船上的人都得救了。后来，郑和还抓住了这条鱼，还在鱼身上留下了指甲的痕迹，但他又把它放到了海里。从此，这种鱼就叫“郑和鱼”，当地的大人都会告诉小孩子，这种鱼不能钓，也不能吃。

下一站是静海寺。静海寺里记载了很多故事，讲的都是过去外国人侵犯我们中国、在静海寺签订不平等条约的故事，还说了鸦片战争。我在《丁丁历险记》看过讲鸦片。

我听了这些故事，感觉我们中国一定要强大，如果中国很弱小的话，就会被其他的国家欺负，他们就会来占便宜。

我妈问我：“怎么样让中国强大？”我问她：“是啊，中国怎么强大？”我妈说：“中国要强大，首先要中国人强大；中国人强大，首先要中国的孩子强大。”她问我：“你觉得中国的孩子怎么强大？”我又问她：“是啊，中国的孩子怎么强大？”我妈又问我，我又问她，我们两个都没有答案。

接着我们又去了天妃宫。天妃是过去船员、渔民、在海上航行的人信奉的神。他们相信天妃可以保佑他们不受风浪袭击，不出事故。前面郑和的船被磕破了一个大洞，郑和向天妃祷告，说有一条大鱼跳进洞里，堵住了洞，其实我想可能是巧合，最后要把洞补好，还是要靠科学。郑和他们造船的技术还是很高的，他们使用了隔压舱，隔压舱的原理是把底舱分成一小格一小格的，如果不把它们分成一小格一小格，底舱会整个进水，船就会下沉。分成了小格，如果有洞，从洞里进来的水只会流到一个小格里，船只会下沉一点，不会完全沉下去。

爸爸妈妈不一样，才对孩子有帮助

其实这趟旅程，我是完全退居“二线”的，“一线”由他爸占领着呢。当然，由他“一线”，我也省心了很多。他爸是个眼界开阔、知识面宽广的人，不像我，除了文学，其他的兴趣都淡淡的。

而且，他爸自己就是一个帆船爱好者，我们还曾跟着他驾过大帆船，到大海深处遨游过呢（实际情况是，儿子跟着他在外面驾船，从来没有晕过车的我第一次体会到了晕船的感受，那真是天旋地转、气若游丝的难受啊。以前在眼中那样辽阔、那样壮美的大海，那一刻，在我眼中，可恶无比，每一次浪涌处，带给我的不是享受，而是难受）。有这样一个帆船爱好者老爸，在郑和宝船公园，讲起航海的故事，讲起帆船的历史，讲起帆船的驾驶原理，那叫一个易如反掌。我跟在爷俩后面，连当听众都不太够格。

我看过的很多育儿书籍上都讲，父母在孩子面前一定要保持一致，我想这个一致更多的是某种态度上的一致，方式方法上爸爸和妈妈绝对是没有办法保持一致的。我和他老爸就是完全不一样的两个人，我常常跟老公开玩笑说，我们俩一个是南半球，一个是北半球，那整个就是白天不懂夜的黑啊，不过，也正是这样才组成了一个地球嘛。

儿子发现我跟他老爸的不同是在他要过六周岁生日的前几天。那天是一个周末，白天，我出门办事，他跟他老爸，他老爸给他看了一个金木水火土星的科教片，我当时并不知道。晚上我回来了，临睡前照例要给他讲故事，讲的是我自己写的一个童话故事，里面也有金木水火土星。儿子听完我的故事，就说：“老妈，我发现你给我讲的是童话，我老爸给我讲的是科学。”我当时就笑了，我跟我老公都没有发现我们之间给儿子传递事物的差异，小人儿倒是自己发现了。

这只是我和老公不一样的一个小小例证，生活中很多事情我和老公的处理方式都不一样，用一个词形容我们俩的基本状态就是——南辕北辙。甚至，我们俩对很多事情的看法和态度也不一样，所以我们俩时常也会有些“口舌之争”。我们也从不像育儿书上说的那样要避开小孩，我们俩就当着儿子的面争，当然一般会给儿子一句“交待”：“这是爸爸妈妈的事，没你的事！”我儿子也很淡定，该干吗就干吗，以致有时他老爸想要拉他壮大自己，我儿子就说：“不要问我，你俩自己商量。”哈哈，我在旁边欢呼鼓掌。

我想，我跟我老公最一致的大概就是对儿子的爱了，在这个大纲下面，我们俩简直是花开两朵，各表一枝哈，但时不时地又在某处汇合，就打声招呼：嗨，原来你也在这里！

我真心觉得爸爸妈妈不一样，对孩子才更有帮助。他可以通过爸爸妈妈的不一样了解到世界上没有相同的两片叶子，即使一个锅里吃饭、一张床上睡觉的人，也可以有不一样的想法和做法，这才是真实的人生，真实的生活。如何看待这不一样，如何处理这不一样，才是关键所在，孩子可以从中习得如何对待“不同”，如何与这个世界的各种“不同”协作，而协作，不论是当今时代，还是未来时代，都是一项多么重要的能力啊。我们从来不是一个人生活在这个世界上的，我们的美好生活完全依赖于人类之间的协作，黄梅戏《天仙配》的唱词“你耕田来我织布，我挑水来你浇园”，就有力说明了人类社会最基本单位一个家庭的幸福正是来自于协作。所以，有人说，未来世纪是科技发展越来越昌明、社会分工愈来愈细化的时代，一个人变得如何强大并不是最关键的，学会与人协作、在社群中获得帮助才是更重要的。

这项本领从书本中是学不到的，即使可以学到，获得一千种理论，莫不如生活中的一次实践，一次亲证。这样习得的本领才会融于孩子的血肉，成为本能，而不是以“头脑中的概念”为纲领的“照猫画虎”，最后“画虎不成反类犬”。

爸爸妈妈们，就放心地让自己与另一半不一样吧，不一样，才对孩子有帮助噢。

暖心小贴士

郑和宝船遗址公园

宝船遗址公园位于鼓楼区漓江路 57 号，公交 47 路、72 路、133 路、307 路宝船遗址公园站下即到。

宝船遗址公园是非常适合带孩子去看去逛的地方，不仅可以让孩子了解郑和七下大西洋的故事，还可以让孩子了解到很多航海知识、造船知识。公园里高达

11 米的瞭望台、1∶1 大小仿造的郑和宝船模型都可以让孩子们玩上半天。不过,宝船模型我们也是以前上去参观的,这次去,宝船模型关闭了,没有对外开放。

静海寺和天妃宫

静海寺和天妃宫位于建宁路(兴中门外狮子山西南麓),是阅江楼景区的一部分,从狮子山下山步行百米左右即可到。

途经静海寺的公交路线很多,10 路、12 路、21 路、54 路、150 路,建宁路站下即到。

静海寺和天妃宫的建成都与郑和有关,所以我们是与郑和宝船遗址公园一起去的。

参观完静海寺,心情会感到一种压抑,所以要帮孩子疏导疏导,所以问孩子"怎么样让中国强大"、"中国的孩子怎么强大",现场不一定会得到答案,但询问的过程中,孩子自会去思考,去寻找,这就是一种化悲痛为力量的方法。

甘 熙 故 居

拴孩石，过去的小孩真可怜

今天下了一场雨，我感觉雾霾小一点了，空气清新多了。我们等雨停了，就去了甘熙故居。

我们学校小萝卜头雏鹰假日小队组织队会的时候就来过这里，但那一回来的人多，匆匆忙忙的，我就没有细看。这一次就我跟我妈，其他游人也不多，所以我就可以仔仔细细地看了。

我们先看到一幅地图，讲甘熙故居有哪些房子，这些房子是怎么布局的。我妈妈就把它拍下来。我在一间叫多功能厅的房子里，看到了一个触摸屏，上面有很多视频，专门讲过去南京小孩玩的老游戏。讲的有水唧子、摸瞎猫、打水片片儿、翻绷绷、跳皮筋、城门城门几丈高等等。

我觉得这些游戏很有意思。跟我们现在玩的游戏比，他们是实物游戏，是真实的，我们玩的是虚拟的，不真实。这两种游戏我觉得各有各的玩法，各有各的乐趣。

我还看到一种微雕工艺，就是用放大镜，在象牙上刻出很小很小的字来，再喷上墨，把字外面的墨擦掉，就成了微雕。

我还看到了金陵三十六行，有打铁、箍桶匠、钱庄、当铺、弹棉花、卖冰棍、烤红薯、卖菜、卖蒸儿糕、帮人洗衣、挑担儿、卖开水、卖兰花、磨剪子戗菜刀(被我译为：磨剪子不要钱，抢你一把菜刀)、修绷子、育婴坊(我猜就是过去的托儿所)……

这些行当里头有少数不复存在，有多数还存在，但是存在的方式不一样了。比如说，烤红薯还有；钱庄还有，但现在叫做银行；帮人洗衣的地方还有，但现在叫做干洗店；育婴坊还有，但现在叫做幼儿园。

我还看到一头叫做“拴孩石”的小石狮子，介绍说，过去爸爸妈妈要忙工作，没时间管小孩，他们就把一岁以内还不会走，但是已经会到处爬的小孩子拴到一块石头上，这样小孩就不会乱爬，不会出危险了。唉，过去的小孩真可怜。这种"拴孩石"是爷爷或者外公特别为小孩子雕刻的，一般都会雕成老虎和小狮子的样子。

最后，我们又在甘熙故居品尝了南京小吃。我们点了鸭血粉丝汤、生煎包、炸春卷、大红袍水饺。别的都还好吃，就是生煎包是蘑菇馅的，我不爱吃。我妈妈说，下次点之前还是要问一下它是什么馅的。

虽然我上次跟同学也来过甘熙故居，还有小时候我爸爸妈妈也带我来过，但这次我来了还是有新的发现。我感觉每次参观都不一样。

附：

不要把过去的老房子都拆光

文/吴大奇

8 月 9 日的早晨，下了很大的雨，我和老妈打出租车去甘熙故居。

我这样风雨无阻，是为去参加我们学校的萝卜头雏鹰假日小队的活动。这次的活动是参观甘熙故居，我和同学们还被特邀为甘熙故居的非遗小传人。

资料上说，甘熙故居有九十九间半，但讲解员姐姐告诉我们，实际是造了有三百多间，现在存下来一百六十二间。我看到这些房子都很古老，讲解员姐姐提醒我们要注意脚下，不要滑倒，因为青砖路上长了很多青苔，下了雨之后会变得很滑。

现在是夏天，我们在屋里用空调，过去住在甘熙故居的人就在屋里挖井，这个井有三个作用：第一防火，第二饮水，第三就是当空调用。我觉得井当空调用，确实是个好办法，但是有一个缺憾，就是不能够调温度。

我觉得我们现在有很多高楼大厦住，不需要把过去的老房子都拆光光，那样就是不孝(我说这个词的时候感觉都要掉泪了)。我们要更好地保护这些老房子，做好非遗小传人。

(**妈妈感言**：说实话，孩子这一句"我觉得我们现在有很多高楼大厦住，不需要把过去的老房子都拆光光，那样就是不孝"出来时，我真的蛮震惊的。当时我就问他：你知道"不孝"是什么意思吗？他答：当然知道。好吧，我其实不应该怀疑孩子，总以为人家不懂事，其实人家心里明白着呢。果然，孩子就是希望，他们就是新时代、新世界的希望。我原本以为平常的参观之旅，没想到却会带给孩子这样的思考。)

南京小吃真好吃

文/吴大奇

8 月 9 日，我跟我们班萝卜头雏鹰假日小队的同学一起去参观甘熙故居。到中午了，我们肚子饿了，就去甘熙故居的茶餐厅吃南京小吃。

我吃到了鸭血粉丝汤、小笼汤包、红豆冰糕、春卷。鸭血粉丝汤是用鸭血、鸭肝、鸭肠加上粉丝汤配上各种调料做成的，是南京人特别爱喝的一种汤。我吃小笼汤包时，妈妈提醒我：轻轻提，慢慢移，先开窗，后喝汤。我感觉小汤笼包烫烫的、软软的、嫩嫩的、咸咸的，好吃。红豆冰糕吃起来冰冰的，外面像是没切开的凉皮，中间软软的红豆酥特别甜，吃到肚子里凉快快的。春卷脆脆的，里面的菜很香很好吃，我吃了又吃，差点都吃撑掉。

南京有这么多的小吃，欢迎大家都来吃一吃噢。

(**妈妈感言**：吴大奇小朋友的干妈，武汉人，过一段时间就会跟我讲："亲，我想南京小吃了噢。"我就笑她："你什么人啊，武汉那么多小吃，你却想南京的小吃。"她就来一句："是哎，我也觉得奇怪，可是我就是喜欢南京的小吃。"她是有多羡慕我生活在南京，吴大奇小朋友从小耳濡目染，是有多为他的家乡自豪啊。有人说，一个人对故土的怀念，其实是他的胃对故乡饮食的怀念。从小吃着南京小吃长大的孩子，无论他将来走得距离家乡有多远，都会念念不忘家乡的味道吧？）

放鹅长大的孩子

因为一块"拴孩石"，儿子感慨，过去的小孩真可怜。可我心里却在想，我们看到的未必是全貌，或者真相。这样一块"拴孩石"都是爷爷或者外公特别为小孩子雕刻的，会雕成老虎和小狮子的样子，这份手工慢慢打造、精心雕琢的过程里，也包含了祖辈对孩子无限的爱和希望吧？

我是乡下出生的孩子，从小放鹅长大，如果有一天你在展览馆里看到我的那只放鹅竹竿，你会不会觉得辛苦？其实，我却觉得那是我最幸福的时光。

我虚九岁时才上学，直接上的小学，没有经历过学前班或者幼儿园。

在此之前，我就是一个放鹅小姑娘，整天拿着一杆长竹竿，撵着一群鹅在田野上混。

我从不觉得我放鹅有多苦，我甚至感激命运让我的童年有这样一段时光。

那时候，可能农家的孩子只要不上学，总要为家里做些力所能及的活儿的，我是一个小姑娘，个子小，但人机灵，也乖巧，于是，每到春季，奶奶就捉一二十只鹅幼苗回来，在家中饲养到可以到田野上吃青草了，就把放鹅的任务交给了我。

大概六七岁时，我就开始干放鹅的营生了吧。我自己没有太多的记忆，倒是家人，提起我放鹅，总会津津乐道地谈起一件事。

也不知那年我几岁，村里有位年过八十的老奶奶去世，算是喜丧，他家搭帐篷，请吹鼓手，摆酒席，热闹得很。村里很多人都去了，一方面是去看热闹，一方面也是去吃酒。据说，我一直坐在村前的田边看着一群小鹅，哪儿也不去。这时邻居家的婶婶来田头给菜浇水，看见我憨憨地坐在那儿放小鹅，就说："你怎么不去姑奶奶家看热闹，她家今天有吹吹，吹得好听着呢。"据婶婶说的，正是我当时回答的这句话，令她把这件事说了很多年。我说："我在这儿也能听到啊，不用跑到她家里去。我要看小鹅呢。"

在婶婶们看来，能说这样话的孩子太能干了，太有责任心了，况且我不仅说到了，还做到了。这跟村里其他的小孩比起来，我简直太懂事了，当时村里没有一个小孩不跑去看热闹的。

我相信，婶婶对我说这话产生的惊喜，其实来自于比较。如果不跟其他孩子比较，我这样做，这样说，在我看来，顶多就是一种性格使然。相较于热闹的人群，热闹的事，我更喜欢待在恬静的大自然中。

正如，我自己对于放鹅生活的记忆，全是跟自然有关的。

现在看来，我都觉得我那段放鹅生活简直是一段神仙时光。我每天找到一块空旷开阔的田野，把小鹅们赶到那里之后，就把自己放倒，躺到草地上呼呼大睡。比起今天的孩子，我那时候每天不知要比他们多睡多少觉。

我睡在草地上，睡在麦地里，睡在油菜地里；睡在田埂上，睡在地垄间，睡在枯水沟里；睡在风吹过的地方，太阳晒过的地方，花香熏过的地方。我睡得酣畅淋漓，元气十足。

睡醒了，我也不起来，就仰面躺着，眼睛看着天，看着天空中悠然飘来飘去的云。我的童年没有书本进行阅读活动，但我却觉得当时的我进行了世间最美的阅读：我看着那些云变化来变化去，一会儿猪，一会儿狗，一会儿山，一会儿屋，形状各异，变幻多端。我记得后来我们的课本中有一篇是讲火烧云的，我学得开心极了，课文中的每一个字都是我的亲眼所见，甚至我的所见比课文中讲到的还要多。

我的眼睛在看，头脑里同时还进行着各种各样的想象活动。至今，我自认是个想象力丰富的人，大概就是那样锻炼下来的。

我幻想天的尽头，那些堆积在一起的云朵就是一座城堡，在这座城堡里住着很多神仙和仙女。他们在城堡里快乐地唱歌、跳舞，每天都开心不已。

我幻想蓝蓝的天空下，那些疏朗有致的云朵会自动排出很多字来，我还不识字，正好可以先认认天上的这些"云朵字"。后来当我工作后，知道真的有"云朵字"这种特效字体，我就相信这种字体的创作者小时候一定也跟我一样看过很多云。

前两天在微博上，有一个牧师说他们在为很多人集体做洗礼的时候，天空中出现了一个云朵组成的"王"字，并且有照片为证。他充满感恩，评论中有人感恩，也有人觉得人太会欺骗自己了，可是对于我来说，看着那张照片觉得很开心，因为这就是我小时候的梦想。我觉得即使照片是P的，人类只要还有这样的想象力，人类的存在之于地球，才是可爱的，才是可延续的。

因为放鹅，我白天基本都在户外度过。睡觉，看云，是我的两大基本运动。我的第三项运动就是跟鹅玩对眼游戏。

俗语中有呆头鹅的说法，但在我看来，鹅真的一点儿也不呆，它们只是大智若愚罢了，并且还很天真可爱。

话说，我睡觉时，一点儿也不担心鹅会跑掉，因为鹅跟我已经很熟了，我睡觉时，它们吃饱喝足，就围着我四散蹲着，把嘴插进翅膀中，也呼呼大睡，用我们的家乡话就叫"蹲摊"。

常常我一睁开眼睛的时候，在还没有看到天之前，就先见到它们白白胖胖的身体。有时候，我看云累了，就看它们，我发现，有个别鹅这时候并没有睡着。原本它是睁着眼睛的，见我看它了，连忙就把眼睛闭上。哟，我一见它那个小样儿，就跟它玩儿起来。我见它闭上眼睛了，也假装自己把眼睛闭起来，但却眯虚着眼睛偷看它。果然，只见它又睁开了眼睛，我就猛地睁开眼睛，并且还故意睁得特大，瞪着它。哈哈，这下可好玩了，只见它吓得惊慌失措，紧忙慢忙地闭上眼睛，紧张得身子都抖动了起来,逗得我哈哈大笑。

连一只鹅都会玩这样的把戏,你想想,当我的孩子有一天也跟我玩躲猫猫这样的把戏时,我能不心领神会吗?就像我陪着鹅一直玩一样,我也会陪着我的孩子一直玩,除非他先玩腻了,宣告放弃。

我印象中,鹅从来没有玩腻过,孩子也从来没有玩腻过。

我也从来没有玩腻过,只是现在没有这样的机会了。

我的孩子知道我跟鹅玩过这样的游戏,有时候躺在床上,他就会要求我:老妈,我们也来玩会跟鹅对眼的游戏吧。

当然好啊。

有时候我当鹅,他当放鹅郎;有时候他当鹅,我当放鹅姑娘。我们就这样玩下去,乐此不疲,毫不厌倦。

玩的时候,我会在脑海里小小穿越一下,想,在我小的时候,当我跟鹅玩对眼游戏的时候,一定无法想象,有一天,我会把这个游戏复制到我和我的孩子之间玩起来。

这算不算人生奇迹之一?

儿子,我们好久没有玩对眼游戏了,要不要今天玩一把?

噫,算了!

暖心小贴士

甘熙故居

甘熙故居位于南捕厅 19 号,地铁 1 号线三山街站下,公交车 28 路、35 路、38 路、100 路张府园站下。

据说,中国最大的帝王宫殿是北京的紫禁城,九千九百九十九间半;中国最大的官僚府第是曲阜的孔府,九百九十九间半;而南京的甘熙故居就是中国最大的平民住宅了,九十九间半。

甘熙故宫既是南京市民俗馆,又是南京市非物质文化遗产博物馆,里面可看的东西可多了,还有南京特色小吃,孩子在里面可看、可玩、可体验、可品尝,每次去,就准备上一大天的行程吧。

夫子庙和瞻园

以前出大人才的地方现在变普通了

今天我们去了两个地方，夫子庙和瞻园。

夫子庙我们是坐公交车去的。

下了车之后我们就走到夫子庙，开始逛了。一到里面去，就发现有好多小吃。好多店里都卖臭豆腐，我不想吃，我妈妈说，还是尝一尝吧。我妈付了十块钱买了一份，我妈妈说，原来臭豆腐卖两元一份，后来是五元一份，现在卖到了十元。我吃了一块，感觉辣辣的，不太好吃，不过不像一般臭豆腐那么臭，我倒觉得酱蛮好吃的。

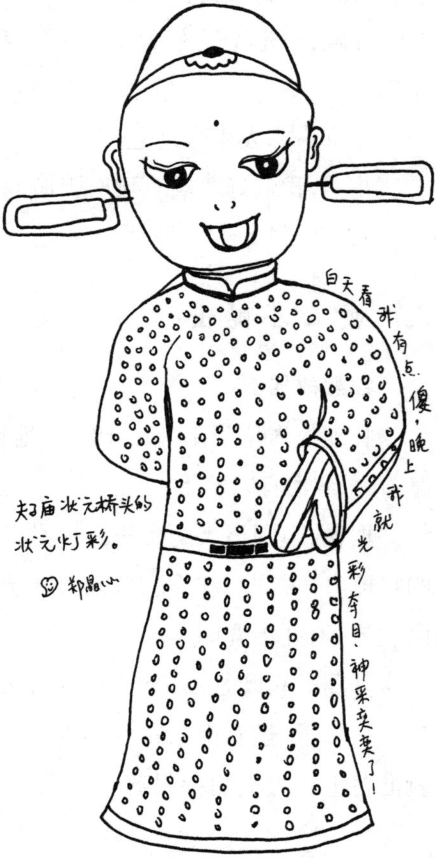

我们还去了一家叫做莲湖糕团店的店，告诉你，他家的烧卖特别好吃，我连吃了三个，太好吃了。我吃第一个的时候吃到一股烤鸭的肉味，我想里面一定有肉，就把它全吃光了。又买了第二个，又吃了第三个，发现没有肉，我妈妈说，这是用烤鸭汁浇上去的，所以光有味，没有肉。太好吃了。

夫子庙和甘熙故居都卖小吃，各有各的样儿，但我觉得夫子庙的更多一点儿。

我们还逛了一些考状元的地方，还有

什么状元豆之类的，给我一个印象就是，以前这里是出大人才的地方，现在变得普通了，变成了人们买年货的地方。

我们还到了一个叫乌衣巷的地方，里面有一家店叫纳西，店里挂着各种各样的灯笼，我看到了用废零件做的汽车、用布做的母鸡之类的玩具，蛮有意思的。

我们又去了瞻园，那里面讲太平军起义的各种故事。太平军为什么最终又失败了呢？因为太平军的知识少，胜利的时候特别骄傲，大搞建设，又搞吃吃喝喝，不管国家，太奢侈了，要花老百姓很多钱，所以最后也被老百姓们推翻了。

瞻园里还有一个朱元璋写的虎字，民间传说，摸摸虎头，吃穿不愁；摸摸虎嘴，驱邪避鬼；摸摸虎身，步步高升；摸摸虎背，荣华富贵；摸摸虎尾，十全十美。这是我从百度上看来的。我摸了一下虎尾，就等着十全十美了，哈哈。

如果夫子庙的商铺都变成书店

说句实话，南京本地人现在都少来夫子庙了吧，除非要带外地的亲戚朋友来逛一逛，因为夫子庙早已失去了它当初的气质，开始还说它是商业气息越来越浓，现在已经完全是商业化了。

但当初它的气质是怎样的？我们也并没有太真切的体会。我初识夫子庙，它就有很多店铺，吃的喝的，穿的用的，无所不售，店铺里用高高的音量放着当下的流行歌曲。当南京人说，这首歌都成“夫子庙歌”了，就说明这首歌已经流行到烂街了。

吴大奇一贯对吃喝玩乐逛街等活动并不算有太大兴趣，但是夫子庙秦淮风光带既然入选“新金陵 48 景”就说明，虽然它的气质发生了变化，但它的骨子里还是“夫一子一庙”，只是需要我们更耐心、更用心地去寻找、去体味它当年的风骨了。

我觉得孩子有时候就是一个哲学家，我之所以有这些感慨，完全因为吴大奇的那句话：“给我一个印象就是，以前这里是出大人才的地方，现在变得普通了，变成了人们买年货的地方。”

我不知道，有多少南京本地人认真想过夫子庙到底是一个什么样的地方？当他们选择少来或者不来夫子庙的时候，他们想找回的是什么？放弃的又是什么？

我不是南京土著，我一开始所结识的夫子庙就是这样的，所以我之前真没有进行过怎样认真的思考。我儿子是南京土著，他来了，逛了，看了，他有了这个小小感慨，他的所说所思未必深刻，但或者，童言无忌，他说出的反而直抵事物的本质？

因为他这句话，我有一个美妙的想象：如果夫子庙里那些店铺全部都变成了书店，一条街、两条街、三条街地逛下来，全是各式各样、形态各异、各具个性的小书店，该给人们带来多少惊艳且惊喜的感觉？

这样的夫子庙，怕是会破吉尼斯纪录——世界上书店最多的地方，然后世界各地热爱读书的人们会不会都惦着，有一天一定要到南京的夫子庙去看一看，找一找全世界无处可觅、只在夫子庙方可得寻的书？

暖心小贴士

夫子庙

到夫子庙的公交路线有很多，1 路、4 路、7 路、30 路、31 路、40 路、44 路、47 路、304 路、801 路、802 路、804 路、游 2 路皆可到达。

夫子庙是一组规模宏大的古建筑群。在夫子庙，常遇外地游客问路："夫子庙在哪里？"我猜他想象的夫子庙应该就是一座庙堂吧。

带孩子去夫子庙，可能吃好吃的乐趣更大于了解这里的历史。不用担心，你给孩子买一袋状元豆，他就会好奇什么是状元？这个豆子为什么叫状元豆？历史不经意间就传承下来了。

夫子庙灯会我们每年也会去看的，元宵节是观灯的最高潮，所以看灯，要赶早，正当节时去，那就可能是去玩"人挤人"的游戏啰。

瞻园

瞻园位于秦淮区瞻园路 128 号，从夫子庙一路逛着逛着就可走到了。地铁 1 号线至三山街步行，公交 301 路至琵琶巷步行可到。

瞻园有山有水，树木丰盛，山是假山，造型各异，用石奇趣，假山上有亭，亭周是四时树木。瞻园里的园中小径也相当有特色，都是用青砖、瓦片、雨花石铺成各样图案，一路走去，步步有花。

最吸引孩子的就是瞻园的镇园之宝——虎字碑。相传是朱元璋赐给徐达的，以表彰这位功高盖世的“虎将”。又有趣的是摸虎字碑的传说，管它是真是假，就让孩子去摸一摸吧，这也是触摸历史的方式之一，对不？哈哈。

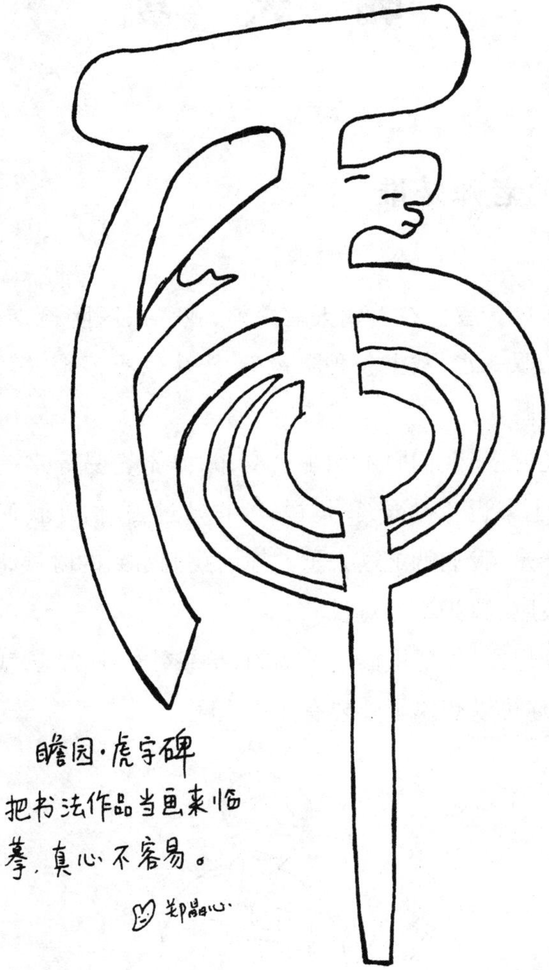

朝　天　宫

孔子的老师是谁

今天我们去了朝天宫。在去朝天宫之前，我先去医院检查视力。医生给我点了一种可以散瞳的眼药水，戴上一种眼镜架，医生就不停地换镜片给我看，看哪种镜片最适合我的眼睛。

在去朝天宫的时候，我们原本想坐公交车，好不容易等来一辆公交车，车上人满满的，而且马路上车也堵得很，我妈说，等它开过去，估计我们都参观完了，不如我们走过去吧。于是，我们就走过去了。等到我们走到的时候，果然还没有一辆公交车进站，我想，哎哟，我妈说得对哎。

我们到朝天宫里面，发现里面空荡荡的，结果外面那么堵，我想，这时候要是文武官员都站满了，你可以想象里外要有多少人啊。

朝天宫最早时候是吴王夫差冶炼兵器的地方，所以朝天宫下面那座小小的山就叫冶山。后来，朱元境当皇帝的时候，就把这里起名叫做“朝天宫”，意思就是朝拜天子。我想，天子就是太阳，太阳射出的阳光怕云，云又怕风，风又怕墙，墙又怕老鼠，那是不是说天子就怕老鼠呢？那皇帝又认为自己是天子，这样来说，皇帝是不是也怕老鼠呢？我觉得也有可能噢，哈哈。

朝天宫也曾作为文庙，我妈妈说，文庙其实也就是夫子庙的意思，就是孔子教学的地方。听说孔子有学生三千多人，我就很好奇孔子的老师是谁。我妈就帮我上网查了一下，原来，孔子小时候家里贫穷，他那个时代并没有固定的学堂，但是有老师。孔子算是自学成才，但是他只要有问题就去问人，他请教过的老师有郯子、苌弘、师襄、老聃，他还请教过小孩子呢。他还说过，三人行必有我师，意思就是，三个人一起走的时候，其中一个必然是他的老师。

朝天宫的旁边是江宁府学，里面有一个兰苑，我曾经跟爸爸妈妈来听过昆曲，可惜都是苏州话，还是古代的苏州话，我一点也听不懂，幸好有字幕，我可以看一看。

当我们读历史时，我们在读什么

把景点连着走的时候，渐渐就发现它们之间的关联，比如夫子庙和甘熙故居的小吃，比如朝天宫的文庙和秦淮河畔夫子庙的关联，包括前面总统府和梅园新村之间的关系。历史就是这样牵牵连连，你中有我，我中有你。如果单纯地从书本上学习，知识点和知识点之间可能就是分割的，但走进景点，却像是走进一部立体教科书，由一个链接点开另一个链接，步步关联，层层深入。我并不确定小朋友可以吸收到多少，但就像他问出“孔子的老师是谁”这样的问题，在夫子庙时他还没有想到问，到了朝天宫他想到问了。这就是行走的收获吧，要不古人说“行万里路，读万卷书”呢！

一片风景，就是一扇历史的窗。我们时常觉得历史距离我们很遥远，可走在这些景点中，就像打开一扇扇窗，去触摸历史。漫步于那些历经时代风雨的建筑中，感受那里面的气息，你就会真切地体会到，历史是曾经，也是我们所在的当下；是过去，也是此时此地。历史是国家的、重大的，也是个人的、微小的。那些创造了历史、书写了历史的人，在我们眼中，可能是历史人物，是无比“大”的，可是对于他的家人来说，亦是有着血肉之躯的父亲(母亲)、丈夫(妻子)、儿子(女儿)，是很“小”的。所以说，我们在阅读历史，同时也在创造历史，我们是“小”的，同时也是“大”的。

有一天我跟我家小伙子开玩笑：“哎，你说过去人们养儿是为了防老，我们现在也不指望养儿防老，那我们还养儿子干吗呢?”

小伙子毫不犹豫地回答：“是为了人类生命的繁衍啊。”

我笑：“哈，人类那么多人呢，为什么要我这么做呢?”

小伙子斩钉截铁地说：“你就是人类!”

从表面上来看，小伙子的话是有语病的，他或许应该说“你就是人类之一”，但我其实理解他的意思，小孩子的话有时候直抵真理核心，所谓语法是现代人们创造出来自个儿玩自个儿的。如果我们用老子“道生一，一生二，二生三，三生万物”，用佛家“一花一世界，一叶一如来”的视角来看，小伙子说得没有错，我就是人类，我生儿子就是为了人类生命的繁衍。

历史会带给我们什么?

历史带给我们的不仅仅是一些知识和一些过去的人和事，历史带给我们的就是一种视野，这种视野让我们不仅仅看到自己，还看得到别人；不仅仅看到脚下，还看得到天空；不仅仅看到眼前，还看得到未来。

其实，我们做父母的，并不能够许以孩子未来，我们所能做的就是今天陪他读几本书，走几段路，看几处风景，带给他一种视野。未来，他的人生可能平凡，生活可能平淡，但能够拥有一种“生活除了眼前的苟且，还有诗与远方”的视野，我觉得亦很好了。

暖心小贴士

朝天宫

朝天宫位于白下区莫愁路朝天宫 4 号，公交 4 路、28 路、48 路、82 路、83 路、302 路、312 路可到。

到达朝天宫，最夺人眼球的就是这里的红墙金瓦。走在长长的红墙之下 ，仿佛走在深深的历史阴影之下。

走在这里很有意思,朝天宫内寂静清幽,历史沧桑;朝天宫外喧嚷热闹,寻常百姓在这里安居乐业,休闲娱乐。有时候,单单体验一下这种对比,也会比枯读历史书收益良多。

南京云锦博物馆、侵华日军南京大屠杀遇难同胞纪念馆

（过而不入）

仙鹤街的故事

今天我们去了南京云锦博物馆，是坐地铁去的。

我们坐的地铁恰好有“新金陵 48 景”的宣传图画，扶手上还写着“新金陵新梦想”。

我坐地铁的时候，故意坐在车尾，过道的尽头有一面镜子，其实它是半透明铝铂，把脸贴在上面看，就可以看到驾驶室。我看到的这个驾驶室是地铁尾部驾驶室。我等车开起来了，还没看到有驾驶员，后来发现尾部不需要驾驶员。我现在知道了，地铁和在轨道上跑的东西都有自动程序，基本上不需要人控制。人控制的时候只是紧急情况。当然了，列车运行时司机也是不能休息的，列车的刹车和油门中间，有一个小方块，这个东西必须每30秒踩一下，来确认司机是不是睡觉了或者生病了。

云锦博物馆有两层(不包括第一层购物的地方)，在第二层的时候我妈妈给我讲了一个仙鹤街的故事。说有个织锦师张师傅手艺很好，他每年都织出好多漂亮的云锦。有一回，财主家有老人过生日，就要这个织锦师织一幅仙鹤祝寿的云锦。张师傅就织啊织啊，使劲地织，织得太累了，他睡觉的时候梦见有两个姑娘帮他一起织，织得很快。突然他醒了，发现，咦，织布机上真的有织好的云锦。他准备把云锦拖下来，发现怎么也拖不完，他就很开心。这事被财主知道了，财主就派人来抢云锦，云锦上的仙鹤就飞下来，把财主的眼睛都啄瞎了，财主吓得连忙逃跑了。后来人们就把张师傅住的这条街改名为仙鹤街。

虽然这只是传说，但是你看看以前的财主有多贪呢。我也很好奇，那仙鹤街之前的名字叫什么呢？

我们还看了做金丝的全部过程，先是把金条融化成金液，接着把融化冷却后的金块打薄，打成金箔，拍成金叶，然后做金捻子，装金开子，接着剪金箔，贴金箔，压金箔，把金箔切成金线，最后这个金线就可以织云锦了。我以前都以为云锦的金丝是金色的丝线，现在才知道原来是真正的金丝，真昂贵。

我见到了现在还在工作的织布机，而且不是现代的机器，是仿古代的织布机。我看织锦师在那儿忙的时候，很有意思，他们的手绕来绕去，看得我眼都花了。我大概理解了一下他们是怎么织的，是这样的：他们把各种各样的彩线绕在金线上，用一种很精细的木框子把这一行金线和彩线绕在一起，就织成了一行很细的布。现在大家都知道布是怎么织的了吧，不光是云锦。

云锦博物馆对面还有一个南京大屠杀纪念馆，我妈妈说她看得受不了，不想再看了，我说那我们就在门口看一下吧，后来我就在门口看了一下。我觉得我妈妈像饼干一样脆弱。

由黑暗童话说起

其实我是一个格局很小的人,很少想家国命运之类的事,目光所及,也就是自己手上的一份工作,自己身边的几个人。一直觉得,把自己的工作做好,可以带给身边几个人一点儿开心就很好了。

这次走到大屠杀纪念馆前过而不入,却又让我不得不要去好好想一下,我要如何对孩子说,妈妈为什么不带你进去参观?即使今天,我可以简单而笼统地对孩子说:"妈妈受不了!"但总有一天,我要给孩子一个明确的"交待"。其实这样的"交待"随时都会到来,每年的12月13日,南京整座城都会笼罩于呜咽长鸣的警笛之中。前面几年,遇上这样的日子,孩子都在学校中,孩子说老师会带领他们起立、默哀,让他们牢记国难,好好学习,将来长大了报效祖国,其余也没有多说什么,于是我也就没有多说什么。

不说不看,是因为我还没有准备好。

我是很喜欢看童话的,年少时并不觉得唯美、纯真的童话世界有多虚幻,心想只要我们愿意,我们就可以生活在童话世界中嘛。成年之后,仍对童话秉持一份信仰。直到有了孩子之后,我也想给孩子读童话,在为孩子选择书目时,一不小心就在网上书讯中发现,原来我们读过的格林童话都是经过删减、修改的,说真正的格林童话中充满暴力、恐怖。不管这消息是真是假,反正对我来说很震惊,这个世界真的是连童话的一点纯净都无法保持了吗?最后,我还是选择给孩子读经过删减、修改的童话。不过,我们家小男生,对童话并没有显露出多大兴趣,我读给他听他也就听一听,不会追着要听。他倒是从小就显示出鲜明的理性思维,常常点评我对某件事情的看法是:你太童话了。

是吗?我太童话了,如果我不童话是怎么样的?至此,我才在网上试读了几篇所谓的黑暗童话(我还是没有去购买这样一本黑暗童话的书放在家中),果然黑暗童话很黑暗,每一个童话主人公在他们纯美的表象下,都深藏着黑得不能再黑的真相。然而,此刻,我再读黑暗童话,并不觉得有多么震惊了,反倒觉得读出了几分悲凉和无奈。不管格林童话的初版是不是真的那么黑暗,还只是后人对于它的无畏解构和重新编排，它出现在今天这个时代，我想还是有原因的。这个时代是什么样子呢？我也很难去一一描述，但总的来说这个时代很难去相信——相信真，相信善，相信美，所以总喜欢去解构，去颠覆，有一种“破”的快感。

看电影《南京！南京！》，我从电影开始哭到电影结束，一场电影看下来，双眼红肿如桃，很多天都没有缓过神来，当时就有一种强烈的，想要“破”一点儿什么的欲望。或者直接就说了吧，想要把这个世界打破了，再像女娲那样，重新捏土造人，重新创造一个自由美丽的新世界。我相信，黑暗童话的出现，也是基于这样的心理需求吧？黑夜给了我黑色的眼睛，我却用它来寻找光明。黑暗童话的另一面，应该依旧是那个我们一贯了解的纯净美好的童话世界。

想起来我昨天做过的一个梦了，我正在乡间的田野之中玩耍(我是一个乡下长大的孩子，梦里常常回到乡下的田野中)，突然感觉到自己走到了一片黑暗的边缘，这片黑暗中的景象不是我眼睛看到的，而是我感受到的，我“看”到一群男孩子在里面打架，他们打得昏天黑地，这片黑暗就是因他们而起。我起先一阵恐慌，连忙避开，可是后来我感觉到如果我很害怕地往前躲，黑暗却一直跟着我。我就叫自己镇定下来，平静下来，站在那里，看着那团黑暗，慢慢呼吸，呼吸，我心里说，要原谅这群皮孩子，他们不知道自己在干什么，就是被一股盲目的力量牵制住了，所以才打在了一起。这么想着时，突然我感觉自己身子一轻，竟从地上飞了起来，起飞的速度很快，“嗖”地穿越了那团黑暗，一下子竟然又来到了一堆刚割下的稻子上。我仔细一看，原来，我是躺在我爸我妈的板车上，他们割了稻子，堆到板车上，用绳子网了，拖回家去，他们把我网在了最上面，一起往家拖。此时此刻，我躺在稻子上，感受到着新割稻子的清新气息，看着蓝蓝的天空，板车一摇一晃地咯吱咯吱行进着，我惬意地像躺在摇篮里。我用嘴巴够了一根稻草，轻轻一嚼，一股青草的汁液在嘴巴里弥散开来。我仍然不是眼睛看到的，只是用感觉“看”到的，那群孩子早就不打架了，他们放牛的放牛、捡稻穗的捡稻穗去了，那团黑暗在我穿越之后就已经烟消云散了。世界原本天朗气清。

这只是一个梦，可未尝不是灵感赠予我的一个童话，或者说一则寓言。仇恨是容易的，可面对黑暗，只有爱与宽恕才是光，才会消解黑暗于光明之中。

写着这些文字，慢慢梳理自己的思绪，到这里时，我觉得自己仿佛可以有力量带孩子走进大屠杀纪念馆了，但或许还需要再等等。因为，我想，我们不仅要告诉孩子过去发生了什么，还要告诉孩子现在可以做什么。

我们需要学会怎么去爱和宽恕。

暖心小贴士

南京云锦博物馆

南京云锦博物馆位于茶亭东街240号，乘地铁2号线云锦路2号口出来即到。

顺着一条名为云锦的路（仿佛这条路都是用云锦铺就的），走进云锦博物馆，去看现在的织锦师现场展示那1500多年的手工织造历史，颇有几分浪漫和穿越感。

相信每个孩子见到织锦师一根纱、一经一纬、一寸一寸地织出那一大片一大片的美丽云锦，都会感慨于织锦师的细心和耐力。做成一件事，仅仅有聪明和才智是不够的，这是一种无声的教育，父母毋庸多言。

侵华日军南京大屠杀遇难同胞纪念馆

侵华日军南京大屠杀遇难同胞纪念馆位于江东门街418号（近云锦路），从云锦博物馆步行几分钟即到。

明 孝 陵

我喜欢南京原来叫上元

今天我们去了明孝陵，跟我们一起去的还有玮玮和她的妈妈。

我们先参观的明孝陵博物馆，明孝陵博物馆里的东西都是模仿明孝陵的一些场景，妈妈问我们：明孝陵是什么意思。我们都说不知道，妈妈说：明就是明朝的意思，孝就是朱元璋老婆的谥号“孝慈”里面的一个字，陵就是坟墓的意思，明孝陵里面葬的是朱元璋和他的老婆，所以这个地方就叫明孝陵。

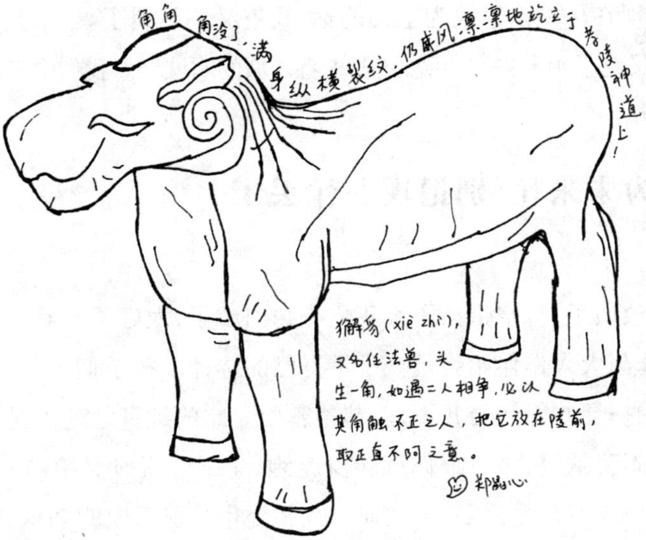

我们在石象路上看到石狮、石象、独角兽、麒麟，还有骆驼和石马。独角兽的故事我记得是这样的：比如说有两个人打架，独角兽可以一眼看出到底是哪一个是不正确的，它就会用它的那只角去顶他。麒麟融合了四种动物的样子，有牛、虎、龙、狮，我和玮玮就分别找那四种动物的样子在麒麟身上的什么部位。还有一种石马，旁边的介绍上说它"双目有神，神情高昂"，可我们却看它，连眼睛都没有了，哪还有神和神情高昂啊。可能是风吹雨打磨损掉了。

然后我和玮玮用苹果手机里面的一个跑步软件记录我们跑了多少步，消耗了多少热量。我们跑步的时候就看到了石头做的文将和武将。我妈妈问我们是怎么区别文将和武将的，我说，我是看衣服的。文将穿的是布做的衣服，上面没有疙疙瘩瘩，武将穿的是铠甲，你可以明显看到上面有疙疙瘩瘩的东西。还有他们戴的帽子也不一样，文将戴的是布做的帽子，武将戴的是盔帽；他们手上拿的东西也不一样，文将手上的是笏(这个是玮玮妈妈说的)，笏是古代大臣上朝时手上拿的手板，上面记的是要汇报给皇帝的一些事情，武将手上拿的是剑。

明孝陵博物馆旁，我们在一处景点上看到，南京过去有过很多名字，有冶城、越城、金陵、秣陵、丹阳等等。我发现了，现在南京很多区的名字就是南京原来的名字，比如说，江宁、白下，还有建邺。扬州原来也是南京的古名字。我记得我去朝天宫时，那里也说曾经叫过冶城。我数了一下，南京从古时候到现在，一共有 19 个名字。这些名字里头我最喜欢"上元"，我喜欢"上元"中的"元"这个字，我觉得很好听。但是要是现在再把南京改为上元的话，我就又不习惯了。

我和玮玮又约了明天去中山陵，还要去看台城的明城墙。我们中午还要一起吃饭。

为未来忙，别把现在忙丢了

玮玮妈妈放假了，有空带孩子跟我们一起出游了，太好了。其实孩子最好的伙伴是孩子，选择与大人作伴始终是孩子不得已的选择。孩子们一起说一起笑，一起打一起闹，哪怕一会儿好一会儿不好，都透露出无比的纯真。这才是童年最真的滋味，想哭就哭，想笑就笑，想不跟你玩转身就跑，想跟你玩时又哈哈一笑，两只小手就牵上了。知识学习是很重要，可如何与人相处也是很重要的功课，跟同龄伙伴在一起，他们会互相看、参照，渐渐了解什么样的行为是别人可以接受的，什么样的行为是别人不可以接受的，这些经验是成人怎么也教不了给孩子的，其中的微妙更需要孩子从与伙伴的相处之中习得。我们也从 80 后、90 后，到今天的 2 000 后的成长过程中，清楚地看到，"独"一代的孩子更需要学会与人合作，与人相处。今天的两个妈妈都觉得,可以与人融洽地相处,是衡量幸福感的重要指标之一,也是衡量一个现代化人才能力高低的重要指标之一。

其实我们已经走了这么多天,真的很期待有小朋友可以加入进来,可是真的很难得。大人和孩子都没有时间啊!

大人忙,孩子更忙。其实要说起来,今天中国的家长也真是不容易当,在当前这种应试教育体制下,既想要孩子学习好,不被体制淘汰,又想孩子在所谓的"素质教育"上拔能头筹,不能居于人后。

怎么想怎么做,都没有对错之分,谁都需要为自己的人生挣得一个美好的未来,家长为孩子们的未来殚精竭虑,其心可鉴,其情可感。只是,有时候,我们需要记得,为未来忙,别把现在给忙丢了。未来重要,现在也重要。

有一本特别的书叫《不说,就真来不及了》,它收集了很多人临终前想说却又不方便对认识的人说的话,因其真实性带来了意想不到的效果。这本书的诞生是因为20多年前,本书作者袁苡程在纽约大学读心理学研究生,她的论文选题是人类的忏悔心理。为搜集各种临终遗言作为第一手素材,她首先去了藏书无数的纽约市公共图书馆,结果发现能找到的东西基本仅限于名人的临终遗言。于是她重新整理思路,突发奇想,花了350美元在《纽约时报》上登了一个小广告,征集临终遗言,结果真的来了很多信,那些来信深深地打动了她,后来她决定把这些故事呈现给更多的人。

"作为一个世界500强公司的总裁,我曾经叱咤商界,无往不胜,在别人眼里,我的人生当然是成功的典范。但是除了工作,我的乐趣并不多,到后来,财富于我已经变成一种习惯的事实,正如我肥胖的身体——都是多余的东西组成。

此刻,在病床上,我频繁地回忆起我自己的一生,发现曾经让我感到无限得意的所有社会名誉和财富,在即将到来的死亡面前已全部变得暗淡无光,毫无意义了。

我也在深夜里多次反问自己,如果我生前的一切被死亡重新估价后,已经失去了价值,那么我现在最想要的是什么,即我一生的金钱和名誉都没能给我的是什么?有没有?黑暗中,我看着那些金属检测仪器发出的幽绿的光和吱吱的声响,似乎感到死神温热的呼吸正向我靠拢。

现在我明白了,人的一生只要有够用的财富,就该去追求其他与财富无关的,应该是更重要的东西,也许是感情,也许是艺术,也许只是一个儿时的梦想。无休止的追求财富只会让人变得贪婪和无趣,变成一个变态的怪物——正如我一生的写照。

上帝造人时，给我们以丰富的感官，是为了让我们去感受他预设在所有人心底的爱，而不是财富带来的虚幻。"

这段文字在网上被很多人误传是乔布斯的临终遗言，其实这是一位名叫乔纳森·布克的某世界500强公司总裁给作者写来的信，写信时66岁。在信中，他写道，在他生命的最后时刻，他想起的竟然是自己儿时的小女伴，他回忆起她栗色卷发，白皙并有雀斑的皮肤，棕色漂亮的眼睛，忆起他们见第一面就互相心生喜欢，所以他才在信中说："有人说爱和情感是虚幻的，财富才是真实的。可此刻我无比清楚地知道，我生前赢得的所有财富我都无法带走，能带走的只有记忆中沉淀下来的纯真的感动以及和物质无关的爱和情感，它们无法否认也不会自己消失，它们才是人生真正的财富。"

我一直深深感动于这句话："有人活着时以为他永远不会死，到他快死了才发现他从来没有好好活过。"所以年过三十，有了孩子之后，我不再把自己的愿望留到未来，如果我有什么想做的，我就尽量让自己现在就去做到。我也不以此为借口就松懈自己的工作，我知道努力也很重要，因为我们的未来就根植于我们的现在，如果我未来想要出一本书，那么我从现在就要开始写，对不？未来或现在，都不是我的借口，我既不为未来而忽略现在，也不因为贪恋现在而逃避未来。

学佛的朋友曾教给我一句话，令我受益匪浅："不住此岸，不住彼岸，不住中流，问君安身何处？无过去心，无现在心，无未来心，还汝本来面目。"

走在明孝陵景区，走在明孝陵博物馆，你在历史中逛得愈久，愈会觉得，没有一个时代是完美的，没有一个时代是只有快乐而无痛苦的，也没有一个时代是只有痛苦而无快乐的。所以，我们真正拥有的最大财富是现在，是好好生活在现在，想吃就在今天吃，想笑就在今天笑，想走就在今天走。

活好现在，未来也自在。

暖心小贴士

明孝陵

明孝陵位于南京东郊"钟山风景名胜区"，到明孝陵的公交车特别多，游3、20路、315路等，进入景区就可以步行至明孝陵，或其他景点。

明孝陵里空间开阔，神道石刻值得慢慢走，慢慢看。我认为去明孝陵的最佳时间是早晨或傍晚，尽量避开人流高峰，方可以体味明孝陵帝王寝陵的大气之美。

中　山　陵

中山陵下雪奇遇记

今天我们去了中山陵。

昨天我知道了明孝陵是什么，今天的中山陵一看就知道应该是孙中山的陵墓。

去中山陵之前，我爸爸告诉我说，孙中山的灵柩走过的地方现在的名字中都有中山两个字，比如说，中山码头、中山北路、中山东路、中山门，最后到中山陵。那我就想，孙中山的灵柩是从北京运来的，那北京有没有地名叫中山的呢？我一查果然有，原来北京也有中山路，在朝阳区，不知道是不是跟孙中山有关系。

今天刚去的时候，雪还下得比较小，天气预报也说是小雪。可等我们要下山的时候，小雪却变成了大雪。我觉得和雪尘暴差不多。

下小雪的时候，好像在下也好像没下，我们都没有在意。突然，我妈妈在台阶上发现一朵六瓣雪花，它虽然很小，但是却看得很清楚，像小齿轮一样，非常漂亮。我妈妈想拍，可是刚刚发现的小雪花已经融化了，玮玮和她妈妈就到处找啊找，专门找六瓣小雪花，我也在找。我们都找到了，可是都来不及拍，它们就融化了。玮玮妈妈忽然叫起来说："噢，快来，我裤角上有一朵。"我妈妈立即就凑上去拍了一张。后来，玮玮妈妈又在我妈妈的书包上发现了一朵，然后她又拍了两张。终于拍到小雪花的照片了，大家都很开心。

下小雪的时候，我们到了中山陵的顶峰，参观完孙中山的陵墓，下山的时候，小雪突然变成了大雪。我们还没有反应过来，大雪一下子就下下来了。地上本来没有雪，忽然就有了雪，我感觉这层雪很厚，好像已经踩不到底了。我就想了一个主意，背对着下雪的方向走，这样可以减少雪花落进眼睛里的机率。我叫玮玮也这样做。我和玮玮在路上一左一右地跑，寻找雪下得小的地方。我们在树荫下找到了，那里风刮不进来,雪自然也会小一点,我们就走得舒服一点。

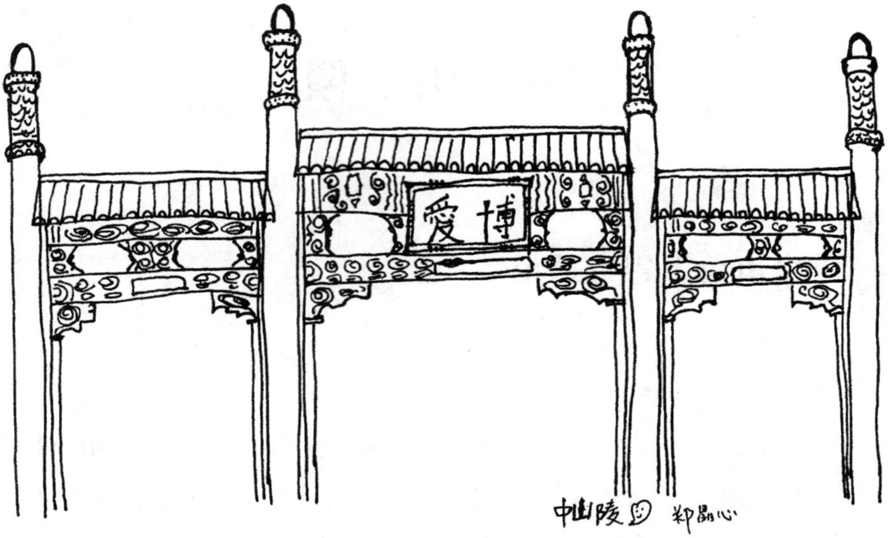

今天玩得很开心,特别是我们的冒雪之旅。我们看到了六瓣小雪花,遭遇了小雪瞬间变大雪的过程,很神奇。我妈妈说,人家是“少年派的奇幻漂流”,我们是“奇奇和玮玮的中山陵下雪奇遇记”。

你是谁创造的苏菲

今天准备去中山陵之前,大奇爸爸说,要不就不去了吧,天气预报说今天有雪的。我说没关系,下雪我还正好想看雪呢。跟玮玮妈妈确认好,她们娘儿俩也不介意,我们就一起上山了。后来,我们都说,今天这一趟太值了。首先,这个天气,中山陵的游人立即少了很多,跟我们平常所见始终被喧闹的游人遮蔽的中山陵大为不同。天阴着,蕴酿着雪,层层台阶的两边青松肃立,这才是参观中山陵恰如其分的氛围。其二,登到顶峰,放眼眺望,眼前一片开阔,远处层峦叠翠,雾气迷蒙,好一幅中国水墨画。其三,下山途中,小雪变大雪,我们眼见稀稀拉拉的雪花瞬间变得稠密,随着一阵猝不及防的旋风,原本灰色的地面眨眼间一片白,现场人群一片惊呼。玮玮妈妈说,这是我们今天的奇遇。虽然孩子觉得这算是雪尘暴了,虽然我们被大风雪裹着行进艰难,可是我们都有一种难言的感动,感动这平凡生活中的奇遇，感动这风雪变幻间呈现的美。写着这些文字，我感觉自己还沉浸在那种震惊中。从没见过这样下雪的，太美了，太神奇了，我仿佛窥见了造物的秘密。

我很爱《当世界年纪还很小的时候》这本书——很久很久以前，当世界年纪还小的时候，世界上还没有人类，牛奶不用人挤，鸡也不必人喂，动物们日子过得挺自由自在的。这样的日子维持了好长一段时间，这时候的世界既宽广又原始。有一天，终于出现第一个人类，是一个女人。她看看四周，嗯！这地方不错，她说。她仔细观察四周的东西。好主意！这些树木。说这话时她正站在浅绿色的山毛榉下。母牛和鸡也让她想到一些好主意，这些动物真是不错，可以提供牛奶、鸡蛋，而且它们的肉还可以吃。于是她就搬来一张小板凳，坐下来开始挤牛奶。哪里来的小板凳？——啊哈，小板凳哪里来的？世界怎么来的？我们生下来时已经有了房子，有了床，有了锅和灶，有了大米和萝卜，鸡已经叫了鸡，鸭已经叫了鸭，鸡会生蛋，鸭也会生蛋……可是，它们都是怎么来的呢？儿子四五岁时，也曾在一个早晨吃着煮鸡蛋时问我："妈妈，鸡蛋是鸡生的，那鸡是哪来的？""鸡是鸡蛋孵的。""可是，鸡蛋不是鸡生的吗？""对啊。""那是先有鸡，还是先有蛋？"小小幼儿，毫不费力地就提出了那个著名问题，他却以为他的提问十分寻常。

毫无疑问，对这个问题我没有能力回答，我跟儿子坦白："儿子，你这个问题是一个相当有名的问题，它有名就是因为世界上没人能回答得了它。""全世界的人都没有人可以回答吗？""是的，所以妈妈也回答不了你，只能等你长大了，如果你对这个问题还有兴趣，可以自己去研究。""好呀。"小儿轻轻松松地应承了下来。

我们不必去苛责小儿的不知天高地厚，天怎么来的，地怎么来的，我们都还不知道呢！

自然，我们有很多神话，盘古开天，女娲补天，可是老师又告诉我们，这些只是当时的人类对于无法理解的自然现象的一种解释。那么，事实又是什么呢？

我们多么好奇！

写到这里，我突然生出一个灵感：我们走过那么多地方，寻访那么多历史和古迹，会不会就是在探索——世界是怎么来的？我是谁？

有一个即将要过 15 岁生日的小女孩名叫苏菲，有一天她放学回家，从信箱里收到一封信，信上没有落款，只有简单的一个问题：你是谁？正是这封神秘来信，这个奇怪的问题，牵着苏菲踏上了寻访欧洲哲学史的历程。当苏菲了解的历史越多，懂得的伟大思想越多,她却在这旅程中突然发现,原来她竟是一个作家创造的人物。作家创作这本书,是要送给女儿一件生日礼物。为了要掌控自己的命运,苏菲最终从作家的书中逃了出来,来到了作家生活的世界,见到了那个跟苏菲有着相同容貌并且同龄的女孩,可是女孩却看不见她。苏菲终于明白,她和女孩是活在两个世界的,她虽然只是人类意识创造出来的产物,但却是永恒的,永不消失的,而人类的生命却是短暂的。生命虽短暂,思想却永恒,这就是苏菲一路寻访所获得的启迪,她终于明了她的使命。我和儿子一路寻访,最终又会获得什么呢?

我不知道,也不急于知道答案,当下,且让我们享受这寻访的过程吧,正如苏菲的哲学导师艾伯特在得知自己和苏菲都是作家创造的人物时,说的那样:"吃吧,喝吧,尽情享受吧!"

暖心小贴士

中山陵

中山陵是伟大的革命先行者孙中山先生的陵墓,灵柩于 1929 年 6 月 1 日奉安于此。

去中山陵,需要携带一颗宁静、敬畏的心,即使无法避开节假日的人流高峰,也请在喧哗中保持敬畏,别把这儿当成又一处"下车拍照"的景点。

幕燕滨江风光带、栖霞山和栖霞寺

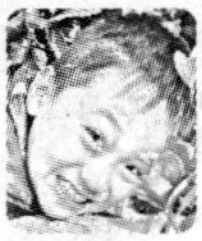

当我心有老虎

我们先去的是幕府山滨江的化龙丽地(妈妈注:五马渡),我爸爸说:“你看,第一只跑得最快的马已经化为龙了。”传说,从前有一个姓司马的人,他在当皇帝之前,骑马渡江到南京来,他的马跨过了长江之后就变成了龙,这说明他一定能当上皇帝。后来,这个姓司马的人果然在南京当上了皇帝,那时候把南京叫做建康。现在,就在马变龙的地方立了这么一尊雕像。正好就在长江边上,所以才有了“化龙丽地”这个景点。

在雕像下面有一层薄薄的冰,我和爸爸就在上面慢慢踩啊踩,踩到冰都要破了,我们才下来。我还和好大一块冰合了影。

我们又去了燕子矶，我爸说，矶就是江边的石头。燕子矶也没啥好看的，就是几块石头上面立了一块碑，据说乾隆皇帝六下江南五登燕子矶，连皇帝都干这么无聊的事情，怪不得皇帝很傻呢。

不过介绍上说很多人都来过这里，连李白都来过。李白很爱喝酒，他那天心情不太好，就到了这里。他喝酒的时候坐在一块石头上，那块大石头很像一个古代的酒杯，所以那块石头叫"酒樽石"。

陶行知也在那里立过一块碑，上面写着"想一想死不得"，因为有很多人不开心的时候会到那里去投江，所以陶行知就立了这块碑劝人们想一想，不要去死，要好好活着。陶行知真是好心啊。

我们又到了栖霞寺。栖霞寺那里是讲佛教的，我们的年卡不起作用，我们就买了票，我买的是半票，10元一张，我爸我妈是20元一张的票。

我们进去之后，看到很多佛，还有很多拜佛的人，拜佛的人手上都拿着长长的香，我爸说这种香叫高香。其实我不太喜欢进寺庙，但是看看也挺有意思的，那就看一看呗。

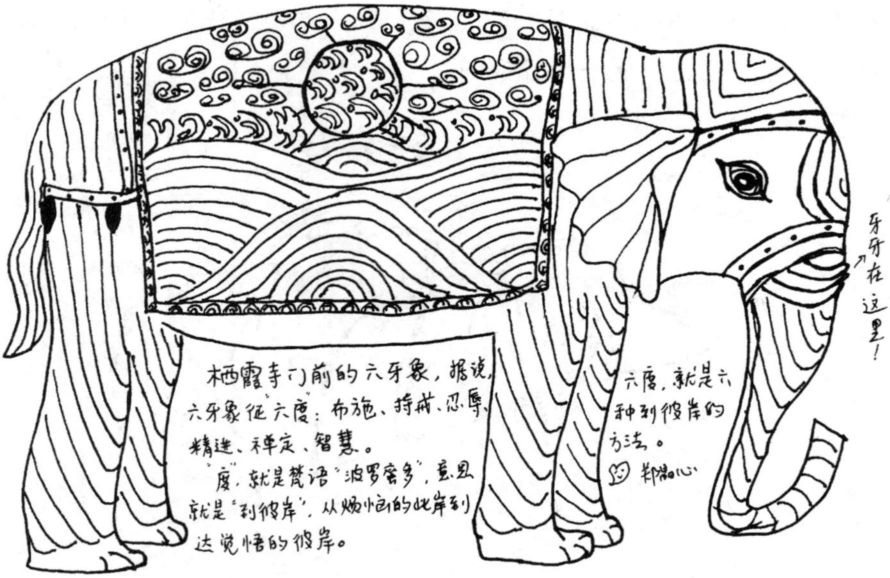

我们还看到了舍利塔，舍利塔后面就是千佛岩。千佛岩是在很大的岩石上敲开很多洞窟，洞窟里供着各种各样的佛，有的佛面前还摆上了香烛和供品。不过，现在这些石窟有的已经很破了，有的佛的头已经没有了，不知道是怎么回事。

在千佛岩走着的时候，我很害怕有老虎出来，但是我们没有遇到老虎。我想，这里应该也没有老虎，因为老虎是热带雨林动物。但是当我心里有老虎的时候，比真正有老虎还让人害怕。电影《少年派的奇幻漂流》里也有一只老虎，那个派通过智取把老虎制服了，他并没有被老虎吃掉或咬伤，只不过是心理上的恐惧而已，这说明想象的老虎比真实的老虎还恐怖还可怕。

真正的勇敢，是带着害怕前行

一

有一阵，儿子特别喜欢看科幻片，看的时候津津有味，晚上睡觉的时候却有点儿睡不着，说是害怕。我问他怕什么，他说是头脑里老想着电影里的一些让人紧张的镜头，害怕睡觉的时候，电影里演的事真的会发生。我又问他，你用理智想一想，你觉得会发生吗？他答，不会，但还是会害怕。

你看，理智有时候就是难以控制人的情绪。

一次，我带领一群十来岁的小孩画曼陀罗画。曼陀罗画是瑞士心理学家荣格创造的，画法很简单，就是在一张纸上，先画一个圆，然后在这个圆内作画，作画主题可以随心，也可以命题。曼陀罗就是轮圆的意思，为什么要画曼陀罗画？荣格发现，我们每个人的内心是分裂的，所以需要一个圆将它整合起来。通过曼陀罗绘画，我们可以静心，可以释放不良情绪，可以表达自己都没有意识到的心理。对于孩子画曼陀罗，其实不用解释那么多，只要让他们随心随性地在圆内作画就好了。

我给每个孩子发了一张纸和一盒蜡笔，纸上已经事先画好了一个圆，画的主题就是害怕。孩子们立即积极地忙碌起来。我仔细观察着他们，发现男孩子画的内容大多数跟一些游戏或者书中恐怖的人物形象有关，比如伏地魔、吸血鬼之类。女孩子就细腻多了，她们画的都是日常生活中常见的一些动物形象，比如蚊子、蛇等，还有一些风景。

画好后，每个孩子都站起来跟大家分享他的画和心情。画伏地魔的男孩说：

"我最怕伏地魔突然从地底下钻出来。"听他这样说,就有男孩笑他:"伏地魔有什么好害怕的,那只是书里编的,又不是真的。"我就笑:"哎呀,没用啦,理智是知道这不会发生,可人的情感就是会控制不住地要去害怕。"笑人的男孩举着自己的画站起来说:"我最怕黑了,你看我画的全是黑。"果然,一个圆内被他涂满了黑,一层又一层,真正是黑得密不透风。我说:"哇,你的这个黑圆,让我仿佛看到宇宙诞生之前的模样。这个害怕好有力量。"

轮到女孩子说了,一个女孩说:"我最怕眼镜蛇,我就画了一条眼镜蛇。"她说到眼镜蛇,让我想起了一个笑话,我就分享给她:"一个人问另一个人,如果遇到眼镜蛇怎么办?另一个人说,打掉它的眼镜。"孩子们都笑了。

以上种种,传递给孩子们一种信息:害怕很正常,不能完全由理智所控制;害怕也可以是一种力量;害怕也可以以一种轻松、搞笑的方式去面对。这是我喜欢的一种形式,以分享的方式将核心的信息传达给孩子们,而不是以说教。如果说,这时候我仍然还有些刻意而为之的话,那么下面两个女孩分享的内容却令我大大地意外和震惊了。

二

那个十分乖巧、做事认真的女孩举着自己的画站起来说:"我画的是蓝天、大海,旁边的是树林,我最害怕的就是大海波涛汹涌,大海上面的天空是漆黑一片,旁边的树林也是黑得什么都看不见……"

我看着女孩的画,听着听着,忍不住就转身向大家说道:"你们觉得是在听她说害怕吗?还是听她在朗诵一首诗?她的害怕竟然这么诗意!"

孩子们都笑了,我对女孩说:"我觉得你有这样的害怕根本不需要去克服,就让它陪着你好了。"

女孩开心地笑了,我也感到一种格外的愉悦。

接着是另一个常常会害羞的女孩站起来,她说:"我也怕蛇,我画的这中间是蛇,两边是我做的梦。"然后她看了我一眼,又羞又怯地说,"梦看见我被蛇咬了。"

听女孩说完最后一句,我当时就惊叹地催促坐在她身旁的爸爸:"赶快把她的这句话记下来,说得太好了。"在现场,我只是一味地赞叹这句话好,下了课后,平静下来,我才意识到这句话好在哪里,它意境深远,充满悬念,拥有无限的想象空间。

它让我想起《爱丽丝梦游仙境》，神秘而浪漫；又想起庄周梦蝶，庄周不知是自己梦到了蝴蝶，还是蝴蝶梦到了他，女孩和梦的关系也是我是梦，梦是我，我非梦，梦非我。《爱丽丝梦游仙境》是经典文学作品，庄周是诗化哲学大咖，可这只是孩子的一句话，她说这句话仅仅是为了表达自己一种害怕的情绪。

我第一次深刻地领悟到，原来害怕也有这样多样化的面貌，我们先前对它只有一种单一的认识，认为它只是一种负面情绪，需要我们去克服，需要我们去消灭。当孩子告诉我们，他们害怕某种东西，害怕什么的时候，我们第一时间的反应就是你应该要克服它，把它从你的头脑里、从你的心里消灭掉，做一个勇敢的人，却从来没有想到，原来，害怕也可以这样有力量，这样可爱，这样诗意，这样美！

三

我们为什么一定要克服害怕、消灭害怕呢？害怕，令我们行动谨慎，做事周全，这是一种自我保护的本能。我想，这种本能应是祖先通过血脉传承给我们的东西。如果我们的祖先没有害怕，他们如何躲过野兽，避开自然灾害，远离危险，顽强地生存着，从而得以将人类的生命一代一代地繁衍下来？

感到害怕其实没什么，重要的是我们不要害怕“害怕”。现在，如果白天儿子看过什么电影，晚上临睡之前又想起某些镜头感到有点害怕，我就说：“没关系，怕就怕吧，如果你在梦里又看到了，就当自己又看了一遍电影。”爱看电影的儿子笑了：“那太好了，睡觉还可以接着看电影。”

真正的勇敢不是不害怕，而是带着害怕前行。

儿子心中的那只老虎呢？儿子说：“老虎最后总会走的！连头都不回一下！”

暖心小贴士

幕燕滨江风光带

幕燕滨江风光带西起上元门，东至燕子矶公园，背靠幕府山，面朝大江，中间一条宽阔平坦的滨江大道。公交 8 路、125 路、149 路都可到达燕子矶公园。

在幕燕滨江风光带可以从不同角度观赏到长江，在五马渡口，在燕子矶头，你都可以远眺长江，还可以远观到长江大桥、二桥之雄姿。

我有一个忘了是从何而得的经验之谈，如果你想跟孩子谈未来、谈目标之类的话题,可以带他到登高望远之处,这样你们的话题可因眼前视野的开阔,而不致变得偏颇和狭隘了。

在"万里长江第一矶"的燕子矶头,你可以跟孩子谈一谈人生追求,谈一谈生命价值,相当应景印心!

栖霞山和栖霞寺

栖霞寺位于南京城东北处的栖霞山下,从南京火车站可乘南上线、南栖线公交车前往。

栖霞山有红叶可赏,栖霞寺规模宏大,殿宇气派非凡,身游其中,即使不懂佛法,亦可深刻感受佛法之庄严瑰丽。

珍珠泉、浦口火车站

在珍珠泉遇到烟波

去珍珠泉之前，我在网上查到一个故事，说以前建康(就是现在的南京)闹了旱灾，只有浦口这里的一片泉水还存在，老百姓根本不知道今年闹旱灾了，后来他们就把这片有水的泉叫做珍珠泉。

我们去了珍珠泉，就知道珍珠泉是怎么来的了。山上的雨水经过小溪，流到下面，形成泉水，泉里还有一些地下水，地下水往上冒的时候，会产生很多小泡泡，这些小泡泡白白亮亮的，就像珍珠一样，我想这才是珍珠泉名字的由来。

我们走到珍珠泉的源头，发现水面上飘着一层雾气，这就是所谓的烟波。我爸爸解释说，这是因为水的温度在零上，而气温在零下，水面上冷热交替，所以就产生了这种烟波。我在水面上看到小鸭子，小鸭子好像游在云上一样，这可是我第一次遇到烟波。

因为泉水是温的，我爸爸就在珍珠泉的源头脱了鞋子，脱子袜子，进行泡脚运动。我就在旁边用手不停地扒拉着水，一开始感觉水凉凉的，后来就越来越温了。我爸爸说："如果你掉下去的话，那就不叫泡脚运动了，就叫泡澡运动了。"我都笑死了。

后来我们又在岸边发现一只小船，我爸爸就借助小船上的水桶和木板，把我带到珍珠泉的源头。我爸爸说："捞珍珠了，捞珍珠了。"我就伸手到水里捞啊捞啊，结果一个珍珠也没有捞到，遗憾。

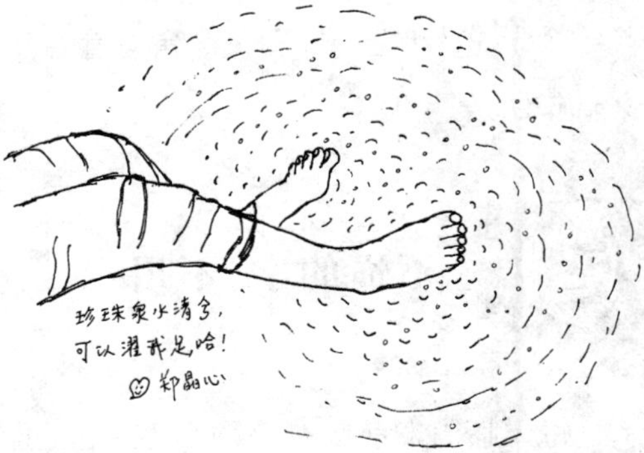

浦口火车站已经是被废弃的车站了，我爸爸说："如果做个火车博物馆就好了，还可以挽救回来，不然就真的被废弃了。"我觉得那个地方是有点荒凉，被堆了很多货物，铁轨上有很多垃圾。不过，所有的遗址都留下来了，比如，南京北站的牌子，还有候车室、售票处，还有办公室等等。这里的房子都比较老旧，和现在的火车站来比的话，差得远了。我爸爸说以前只有有钱人才能坐火车，我就知道了，原来坐火车在当时是很昂贵的一件事情啊。

我们回去的时候，我在铁轨上发现了一群母鸡和小鸡。我把母鸡和小鸡都赶走了，只剩下一只公鸡。我把头猛地伸出去，大叫一声，公鸡也吓得仓皇逃跑了，哈哈。

今天是大年三十，我一直等着看春晚，今天终于等到了。我去看春晚了，祝大家新年快乐，拜拜！

不懂的字，不用

每天临出发前都有一种小小兴奋，虽然走的都是已经熟悉的景点，但你仍然不知道你今天会看到什么从前没有看到的。在已知的外面缭绕着一层薄薄的未知的烟雾,这足够吸引我们一天天热情地出发了。

有过两次单位组织到珍珠泉春游的经历,但这次把珍珠泉当作“新金陵48景”之一,和孩子再次寻访,却真的看到了过往都不曾看到的风景,或者可以说,看到了珍珠泉真正的风景。

珍珠泉的故事第一次认真听说,过去的我们是有多不屑去听这些传说,觉得这些故事幼稚天真得紧,谁会信！所以,当年的故事传到我们耳边,当然是耳旁风,风过无痕。可是现在为了孩子,我们沉下心来听了这个故事,弯下腰去讲了这个故事,我们才体会到了人类原住民(我总觉得现在的我们是地球的侵略者)时代生活朴实的智慧,美好的情感,纯然的自豪感。

儿子当然对于故事很感兴趣,我总羡慕孩子这个年纪的纯粹,虽然入了小学之后,他也渐渐更趋于社会化,但心灵仍是以大面积的纯粹为底色。他听了这个故事,就觉得当年的浦口人民真幸福,因为有这眼泉,而不知外面的世界有旱,可以过着安居乐业的日子。听他这样讲,我当时不觉得,现在想来自己真是有够煞风景,我说:“那是因为那个时代的人们资讯不发达,人们没有电话、手机,更没有网络,要是现在不要说是南京市区与浦口的这点距离,就是很远的地方发生旱灾,人们通过网络知道浦口这里有一口永不干涸的珍珠泉,人们怕都要来抢水的吧?”儿子说:“估计是。”你看看,我教给孩子的都是什么,他的越来越社会化,越来越世俗化,难道不正是因为我们的言传身教么！为了挽救自己的失言,我说:“所以你看,我还是比较喜欢古代社会,现在电子时代资讯太泛滥了。”儿子说:“我还是喜欢有电脑,有网络。”孩子坦白,也比我们坦荡。其实,说到底,我也未必真有勇气可以过那样与世隔绝的生活。不过一代人有一代人的命运,我们未必不曾在那个时代生活过,既然又来到这个时代,自是有这个时代的体验和功课吧?

不必谈那些虚头巴脑的话题,这次的珍珠泉之行,令我震惊的是,我第一次亲眼见到烟波。刚一走进园子,走到珍珠泉边上,整个湖面热气袅袅,像一大锅烧开的水。就在这时,我甚至都没有想这是为什么,就听到儿子说:“烟波!”我突然心里就一惊:“啊？这就是烟波?!这就是我们常常在文章会运用、会写到的‘烟波’?!”烟波就是这个样子的,可是我们在用到“烟波浩渺”这样的词时,从来没有认真去想过“烟波”是什么样子的!

我想起来龙应台写过的一件事,二十二岁时,她给她的一位学物理同学写信,信中用到了"蔚蓝"一词,后来那位同学同她见面的时候,就问她知道不知道"蔚蓝"是什么意思?龙应台当时愣住了,总觉得这个词是这么常见的一个词,人们都用惯了,她真还没有想过"蔚蓝"到底是什么意思。那同学就说:"你为什么要用你并不真正理解的字或词呢?"不管这位学习物理学的同学是不是太过于较真,但龙应台之后,写作的时候就一直记着:不懂的字,不用。

我的小孩用轻轻松松的一句话就带过了他的发现:"我们走到珍珠泉的源头,发现水面上飘着一层雾气,这就是所谓的烟波。"却不知他的这个发现带给我的震惊。想起来龙应台的故事,我又有些忍不住好笑,是不是每一个女文学青年(好吧,我是中年了)的人生旅程中都会遭遇这样一个用科学思维来看世界的男人(我所幸遇到的是自己的小孩)?哈哈。

仿佛这次来珍珠泉注定是一趟惊喜之旅,后来,在我在湖边以碧绿的湖水为背影自拍的时候,儿子叫我:"老娘,快来捞珍珠。"他老爹也起哄:"快来快来!"我这才认真看向水里,真的,我看到一串串白白的、浑圆的水珠咕噜咕噜地向上冒着,到湖面便消失无踪,但下面的又接着冒上来。原来这就是珍珠泉的珍珠,而我以前来这里看时,只把它们看作是普通的水泡。"生活并不缺少美,缺少的是发现!"对于这句老话我又有了新的、真切的体会。

哪里是我带着孩子寻访风景,而是孩子带着我发现美丽。

暖心小贴士

珍珠泉

珍珠泉位于南京市浦口以西 6 公里处,从鼓楼公园乘 168 路公交车直达景区。

珍珠泉山青、水秀、泉奇、石美,风光秀丽,生态环境优良。这里有年轻人喜爱的过山车等大型游乐项目,有儿童喜欢的野生动物园,还有一座梦幻剧场,保留节目有人嘴喂虎食、狮虎迎宾、老虎滚桶等,孩子们都是一边看一边惊呼!百兽盛会上,更有骑手们精彩的马术表演和惊险的高空索道表演!

到珍珠泉,自然不要忘了去看珍珠泉的珍珠。有一个小秘诀,要看到珍珠泉的"万斛珍珠",你可以在岸边拍手、跺脚、呼喊,立即就会有串串珍珠从清澈的泉水深处汩汩升起,其中原理,让孩子自己慢慢琢磨去吧。

浦口火车站

浦口火车站在江北，最方便的抵达方法就是乘市内公交到中山码头，然后搭乘轮渡，过了江即到。

说起浦口火车站，就想起朱自清那篇著名的散文《背影》。带着孩子在废弃的铁轨上走一走，拍几张照片，不文艺的人也会带出几分文艺气息。铁轨总是象征着远方，象征着离开，但废弃的铁轨就像是被凝固了的远方，被取消了的离开，所以你走在上面，不用担心，没有离愁，仿佛走在一个时间片段里，你知道你总归会回来。

老山森林公园、冶山国家矿山公园

仙人为什么要住在脏兮兮的“仙人洞”里

老山森林公园和冶山国家矿山公园这两个地方都路过我姨妈家，所以我们就顺路去了。

据说老山森林公园里进行过人工植树运动，所以公园里有好多树。树多就会有很多害虫，科学家们就想了一个办法，他们人工驯养灰喜鹊来捕捉害虫，如果是用化学药物，对树木也会有伤害。

我在老山森林公园的时候想查资料，但是山里根本没有信号，出了山才有信号。后来网上说，老山具有绿肺功能，可以挡住辐射，我想怪不得手机没有信号呢。

老山森林公园里有一座山峰叫馒头山，进公园的门口有一块石头上面写着“老山”两个字，这块石头也像一只大馒头，我想象这两块馒头一定很好吃。

去冶山国家矿山公园可是经过了一番寻找的，我们先是用 GPS 导航，GPS 只把我们导到可以看到冶山的地方。我们又找啊找，问了很多人，才找矿山公园。矿山公园还没有正式开放，现在还在修建。我问哥哥，为什么不见人来建造，哥哥说，现在过年啊，人家也要休息啊。我说哦。

进了矿山公园，我们发现一个好大的矿坑，我爸爸说，这里挖铁矿的工程从清代就开始了，一直挖到现在，所以挖出这么一个大坑来不是奇迹。

大坑上面的岩壁上有很多洞，有个洞旁边写着“仙人洞”，我想，仙人怎么会住在这儿呢，脏兮兮的。难道仙人比我们还傻吗？

我们还在矿坑旁边发现了很多小的矿石，我妈妈还捡了好几块。其中有一块我爸爸说是铁矿石，可以用来提炼铁，拿在手里很重的感觉。

我们还在矿坑的旁边发现了另一个坑，我爸爸说，这个坑是用来填埋建筑垃圾的。我就捡了几块石头扔到坑里，石头每弹跳一下，我爸爸就会说：疼啊，疼啊。我觉得我爸爸怎么有点傻傻的。

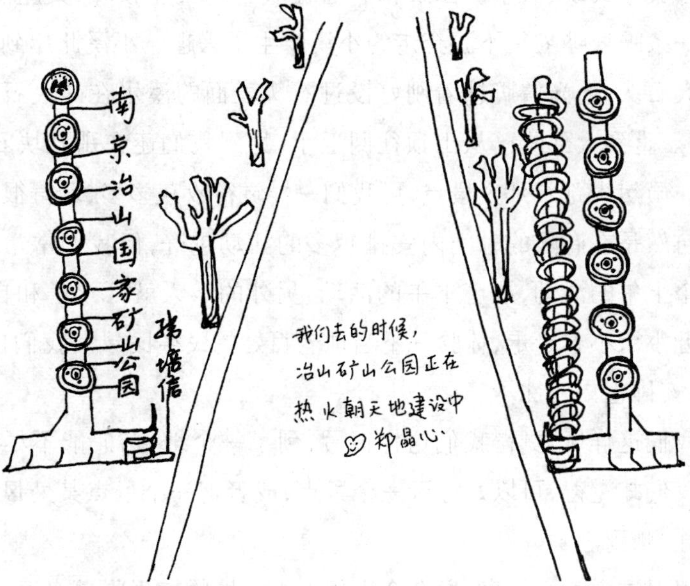

我们在矿山公园里转啊转，发现了一个已经建好的观景台，我爸爸说，这里一定是观看矿坑视角最好的地方。我们去看了，还真是的，从这里看过去，矿坑的岩壁像刀劈的一样，看上去十分壮观，怪不得要在这里建观景台呢。

网上资料说，冶山国家矿山公园是我们国家第一个矿山公园，我好期待它早点建好开放啊。

每次只画一幅画

正值过年期间，老山公园和矿山公园里人都很少。这个假期我们出来行走，所到之处，人都蛮少的。我们很喜欢这样的冷清。因为冷清，我们就可以慢慢地走，好好地看了。如今，看书是一件寂寞的事，看风景却变得热闹过剩了。其实，我觉得，看风景也是一件需要寂寞的事。想当年，徐霞客独行天下，所到之处，一定不会像今天这样到处可见人影了。

我们也有跟团旅游的经历，跟团旅游，就要跟着大家的节奏来，但我们带着孩子，一般都会从大家的节奏里减掉三两个拍子。这其实是很容易做到的，比如有一次我们跟团去某个大峡谷，别的团员都赶着往峡谷的某座顶峰、某座瀑布去了，我们孩子却对一条哗啦哗啦往下游奔走的小溪产生了兴趣。小溪此岸到彼岸间有几块光溜溜的大石头，他光着脚趟着刚好没过石头表面的溪水在几块石头上走来走去，乐此不疲。直到大部队已从山顶往回返了，见到我们还在那几块石头边上耍，都吃惊不已。虽然少跑了几个景点，可我们一样觉得收获多多，玩得很尽兴。

团队游自然是在有限的时间内安排越多的活动越好，但我们常常根据自己的兴趣就参加个上午的活动，或者下午的活动，另外的半天就给孩子和自己放鸭子，或到宾馆附近小街小巷走走，体验一下当地老百姓的民生民风。我们自己行走，时间就更充裕，安排也更随性了。

朋友听我们这样玩，觉得我们这样很亏，到了一个地方，怎能不尽量多玩一些景点呢？可我们却觉得，可以好好玩一个景点，或者把一个景点某处风景好好赏玩个够，才是真的赚到。

我一直记得这样一个故事，说有个人想到大英博物馆里临摹名画，以提高自己的画技，可是博物馆里的名画太多了，他看都看不过来，更不要说画了，他为此烦恼不已。他的老师听说了，就告诉他："你每次去只需认准一幅画临摹就可以了，直到这幅画画完，你再转向下一幅。"那个学画者如醍醐灌顶，从此每次去大英博物馆，眼里就只有他要画的那幅画，而没有别的作品了。

这种学画的思想其实也可以运用于我们带孩子旅游中。孩子的体能有限，接受度也有限，与其泛泛而游，争分夺妙地赶景点，让他目不暇接、眼花缭乱，看似抓了一大片，却不如根据他的兴趣让他在某个地方玩个够，实实在在收获一个点。中国古人不就有“弱水三千，我只取一瓢饮”的智慧么！

儿子三四岁时，有一次我又带他去海底世界游玩，从出口处出来，刚一出来，就听见台阶下面闹哄哄的。待到我们下去一看，一个年轻妈妈抱着年幼的儿子呜呜地哭，她儿子的额头上鲜血直流，她正用纸巾捂着。旁边围了一圈人，有人问着怎么了怎么了，有人帮着打了120。等待救护车的时间里，那个妈妈就哭诉着：“我们旅游车两点钟集合，下午还要去另外一个地方，小孩在海底世界里看得不肯出来，我连拖带拽地才把他弄出来，急急忙忙地下台阶的时候，小孩就跌倒了……”

我带着儿子在一旁静静看了一会儿，救护车一会儿就到了，医护人员很快就帮那个小孩包扎好了额头，那个妈妈直到这时才停止哭泣。于是，我们就去坐自己回家的公交车去了。

娘儿俩合坐在一个座位上，看着窗外海底世界大门前的海狮雕塑慢慢远去，那群人慢慢散去，儿子突然说：“带孩子出来玩，要不赶时间，不赶景点，慢慢走，安全第一。”

我马上就听出这话里有他老爸说话语气的痕迹，也许是哪天他老爸跟人聊天他听进耳朵里去了，但这个时候，他能适时地表达出来，我依旧惊喜不已。我使劲一握他的手，说：“儿子，你说得对！”

暖心小贴士

老山森林公园

老山森林公园位于南京市浦口区岔路口9000号，去老山森林公园没有直达车，需从鼓楼乘D2路、67路至江浦客运站，从这里乘608路、610路、611路至森林公园站下。

老山国家森林公园在浦口区中部的老山林场，里面有10万亩森林啊，走在里面，不用去玩那些现代娱乐设施，比如真人CS啥的，单单只在山间栈道上漫步，听林中各色鸟鸣，就已经很惬意了。

冶山国家矿山公园

冶山国家矿山公园在六合冶山镇，从南京过去，可乘坐玉六线、中六线到六合蒋湾站下来，换乘628路，到冶山镇下车，然后步行至矿山公园。

经过媒体的报道和宣传，现在知道矿山公园的人可能多了，应该要好找一些了。我们去时，到达冶山镇，问"矿山公园"很多人都不知道，后来知道当地人直接叫冶山铁矿。

我们去时，矿山公园还在建设中，但孩子最感兴趣的就是小火车了，黑黑的小火车拖着黑黑的煤厢，一直开往六合石柱林所在的桂子山景区。看它迷你的身影，驶在窄窄的铁轨上，仿佛从历史深处驶来，要驶向遥远的未来。小火车终点站处有一个很特别的进站设施，孩子也在那里琢磨了半天。

六合石柱林

看石头怎样形成森林

今天我们从外婆家拜完年，去了六合石柱林。

六合石柱林就在六合国家地质公园里面，我们进去先参观了几间展馆。有一间展馆里放了一个好大的模型，里面有好多座山，有桂子山、奶山、横山、方山、金牛山、冶山。

我还对一块展板上写的“什么是金陵神罐”比较感兴趣，说是在以前，如果一些石头被外力影响而围成一个圈，圈里面有一种叫玄武岩的物质，玄武岩变成一种叫二氧化硅的物质，这种二氧化硅具有很强的粘性，可以把这些围成圈的小石头渐渐粘成一个罐子。你可以在这个罐子填上土，在里面种上花，这就是金陵神罐了，你觉得神奇吗？

参观完展馆我们就去看石柱林了。

石柱林就在桂子山上。我把“石柱林”三个字分开来讲，石就是石头，柱就是柱子，林就是森林，意思就是石头柱子做成的森林。

石头怎么会形成森林呢？因为那时候的桂子山是一座活火山，火山喷发之后，熔岩喷发出来，流到地上，冷却的时候，我想大家都听说过热胀冷缩吧，冷却收缩，就形成了这么一个石柱林。有的石柱是五边形的，有的石柱是六边形的，我还看到一种圆形石柱。它们都整齐地排列着，紧紧地靠在一起。

我在山下面的展览馆看到介绍说，石柱为什么朝的方向不一样呢？这是因为冷却面不同。如果冷却面不同，石柱的朝向也不同。比如说，冷却面是向上的，那石桩也是向上的。

石柱林的旁边有一道长长的走廊，墙壁上挂着几幅画，我妈妈说那是农民画。

画上面画着种田、打铁、看月亮、骑毛驴回家、做年糕等等。我感觉有一种过年的气氛。

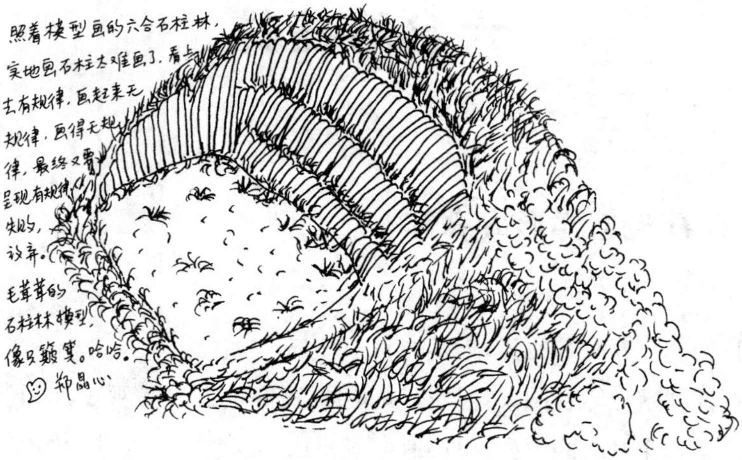

我们进石柱林的时候，发现一段铁轨，就沿着铁轨进来了。后来回去，我们又沿着铁轨出去了。这是一段小火车的铁轨，是通往南京钢铁厂的。小火车的两条铁轨之间只有八十厘米宽，跟大火车的铁轨比，它迷你多了。我在铁轨上走着，时刻提防着有小火车要来撞着我们，可是我走半天也没有小火车来。我爸爸说，小火车也放假了。

当文学 style 老妈遇上科学 style 儿子

平常，当文学 style 老妈碰上科学 style 儿子，尤其是当科学 style 儿子要跟文学 style 老妈进行“科学深度”聊天时，常常就是“鸡同鸭讲”的情形。

寻访“新金陵 48 景”，每天，文学 style 老妈要给科学 style 儿子当“大秘”，帮他记录下他一天行走中所见所闻，如果他只是讲故事、讲感受还好，但当他说到那些专有名词，那些科学原理，他老妈只有两个字：不懂。有时候，帮他把字打下来，会一再问他：“你确定是这样的？你确定是这个名词？”把儿子气得，说：“你只管打下来就是。”有时候，他说得太复杂了，完全就像一个实验报告书，我就直喊：“我不懂我不懂，你说通俗一点，你说得这么科学，读者不爱看。”他就只好想办法，怎么能够描述得让他老妈稍微懂一点。至于其他读者,他还没顾得上。

这次石柱林之行,我完全是个跟班的,一点儿也插不上嘴,就听他们爷儿俩在那儿说得热闹,头头是道。根据之前的经验,我一般会把他们停留时间很长、讨论得很热烈的展品或者知识介绍的展板拍照,留下影像资料。为的不是纪念,而是在儿子跟我口述游记时,碰到我听不懂、他也实在跟我无法解释清楚的地方时,我好去照片里查证一番。

就像昨天我们在冶山国家矿山公园,儿子和他老爹挑拣着地上的石头,他们会说这块石头是氧化铁,可以炼钢;我却觉得这块石头颜色真好看,赭石色,我捡起一大块,设想带回家是不是可以磨成粉,做颜料用。

所以,就今天小小的一段"石头是怎么形成森林的",他说了半天,说了很多,可是我就是无法听明白,我打开照片看资料上的介绍,也还是晕乎晕乎的,后来,没办法,就请儿子说个最简单版本,我照实录下就是了,对与错且不去管了。所以,如果读者有看到游记中有可能产生的知识性错误,一方面请谅解小孩子的年幼,理解力有限,知识储备有限;另一方面更要原谅我这个当妈的无知,在这方面无法帮助到孩子。其实我也想到要请他爹来做个校对和勘误,但是考虑到他毕竟还是个孩子,留下他当前对某个知识点的理解,长大了给他看,也许他会笑的吧?

我想表达的是,很多时候,我们俩的兴趣点不一致,行走过程中,产生的趣事还真不少呢。

想起来,我们在青岛啤酒博物馆时,儿子就特别爱看那些数据流程图表,一张一张、一个流程一个流程地看下来,而我呢,就找有没有故事可看的。

我其实很羡慕小孩,如果我给他讲故事,他也听得津津有味;但如果我没有故事可讲,他自己对那些数据和流程也琢磨得兴致勃勃。

有时候儿子兴致上来了,就会呱叽呱叽跟我讲一堆他的什么新发现,我"嗯嗯"应着,儿子抗议道:"你别光嗯啊,说点儿什么呀?"我说:"儿子,你给我谈的这个是一个系统,而我的脑子是另一个系统,这两个系统不兼容,所以我只能嗯嗯,告诉你我在听,但无法给你建议。"

儿子说:"你的系统该升级了,1.0 的版本落后了,要装 2.0 的了。"

我倒是想哎。

暖心小贴士

六合石柱林

去冶山矿山公园就经过六合石柱林，乘628公交车至石柱林站下即到。

六合石柱林景区同时是一座国家地质公园，在这里孩子可以了解石柱林是怎么形成的，火山是怎么喷发的，雨花石是怎么形成的等等丰富的知识。

奇妙的地质，诉说着大自然亿万年前的秘密，爱探密的孩子，就带他去六合石柱林吧。

高淳国际慢城、高淳老街

请等我一二三四五六七……十下

我们今天是从苏州的姑姑家拜完年来高淳国际慢城和高淳老街的。

去慢城的时候，我在车上睡觉。等到了慢城，我妈妈叫我："儿子，到了。"我爸爸说："快看，那边都是蜗牛。"我说："在哪儿呢？"我爸爸用了一个词来形容这里的蜗牛，叫圆不噜嘟的。我说："哪里有圆不噜嘟的蜗牛呀？"然后我爸爸就把我带到了一处蜗牛雕塑那儿。我看到那只蜗牛雕塑大大的黄黄的，背上背着很多房子。我想这只蜗牛真奇怪，它比普通的真蜗牛大一千倍一万倍都不止，一定是从外星来的吧，你见过这样的蜗牛吗？

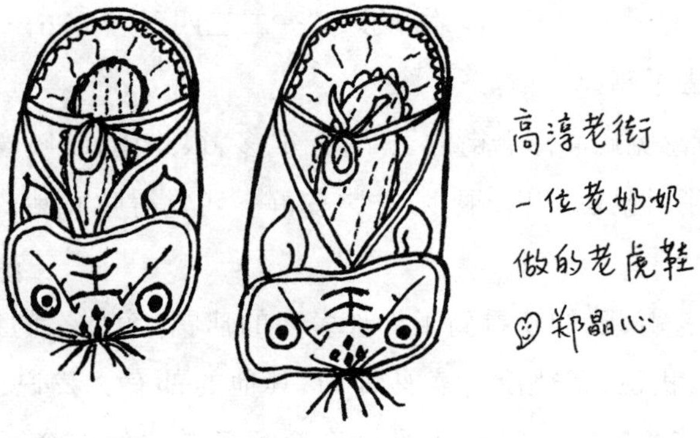

我和我爸还演了蜗牛，我骑在他的背上，把身子弓起来像寿司卷一样，当蜗牛的壳；把两只手举起来当蜗牛的触角，我爸爸就缩成一团当蜗牛的肉，真好玩。

慢城这里好多地方都有这样的蜗牛标志，每个指路牌上都有，还有景点说明上也有，我就知道了，这个地方为什么叫慢城了，你看蜗牛爬得多慢啊。我很喜欢蜗牛，其实我的网名也叫小蜗牛呢。

我们又看到一座亭子，亭子下面的墙壁上又画着一只蜗牛，这只蜗牛身上背的房子跟那只蜗牛雕塑身上背的房子有点不同，这只蜗牛背的房子里有一座房子上画着一只钟，而雕塑蜗牛背的房子上却没有。

我们在亭子那儿看画的时候，有一个开车的叔叔停下来问村里的老爷爷："慢城有什么好看的风景呀？"老爷爷说："你沿着这条黑路往下走就可以了。"我一开始还不懂老爷爷说的黑路是什么，我妈妈就指着刚刚我们走过的柏油路问我："儿子，你看，这条路是什么颜色的？"我一看，呀，真是黑色的，怪不得老爷爷说是黑路呢。我想如果是水泥路，老爷爷会不会说是白路呢？你看当地人说的土话多有意思呀。

我爸爸和那个开车的叔叔也聊起了天，我爸爸说："慢城要看风景也就这样，你可以走走看看，也挺有意思的，但是不经看。"我妈妈告诉我说："慢城其实告诉人们一种生活方式，人要慢慢地生活，不要着急。比如说，有些风景可以坐车去看，可以走路去看，快生活就是坐车去，慢生活就是走路去。"我喜欢走路去，开车会漏掉很多风景。

我是小蜗牛，其实我喜欢慢生活。我在家的时候，我爸我妈老是催我这样那样，我就说："等一下。"有时候还会说："等十下。"可我爸老跟我赖，如果我说"等一下"，他就说："一，到了。"如果我说"等十下"，他就说："一，十，到了。"所以我就说："等一二三四五六七……十下。"他才能够等"一二三四五六七……十下"。

接着我们就去了高淳老街。

我一下车，就感觉到高淳老街的繁华，人很多，很热闹，吵吵嚷嚷的，和国际慢城有着很大的区别，慢城那里人很少，非常安静。我觉得吵有吵的乐趣，安静有安静的好处，你说呢？

一进入高淳老街，我们就看到了许许多多的店铺，卖什么的都有。如果你要我说得精准一点，我说，就缺没有卖马桶的，其他的都有。我说："为什么卖马桶的没有呢？是那些卖家害羞吗？"我妈妈哈哈笑着说："你这个玩笑开得还真对，过去还真有卖马桶的，现在都有下水管道了，就不需要那种马桶了，所以就没得卖了。"

高淳老街的房子都是古建筑，有些房子上面还写着某某某旧址，或者某某某居住地等等。我们还走了一条很窄的小巷子，这条巷子的宽度只能一个人经过，对面有人来的时候，就要侧过身子让一让。

我还吃了一些小吃,有豆腐干、桂花糕和藕夹子之类的,我爸爸还给姑姑家将要出生的小宝宝买了一双老虎鞋。古代人认为老虎很强大,小宝宝穿老虎鞋可以保护小宝宝,不让其他不太好的东西危害到小宝宝。我小时候也穿过的,爸爸妈妈可能也是这样的想法吧,给我这样一种祝福。

我们买的这双老虎鞋就是那位老奶奶手工做的,报纸上还登过她做老虎鞋的故事呢。老奶奶手工做老虎鞋也是一种慢生活噢。

慢城有什么好玩的

我喜欢慢城。或者准确地说,我喜欢我现在看到的慢城。未来的我不敢保证。

车子沿着寻常乡村难得见到的宽阔的高速公路驶近慢城的时候,我的眼睛就没有离开过窗外的风景。

我是乡下长大的孩子,对宁静的乡村有着一种天然的亲近。这里有辽阔的视野,有清新的空气,更有缤纷的色彩,各种生机勃勃的植物。如果有可能,我想到我老的时候,我会再回到乡下去住。打一口井,侍弄一块菜地,养几只鸡,我想看的书成堆成堆地码在走廊里,不需要书架,看完一本就直接扔进灶膛里当柴火烧掉。这样直到我死,也许可以把那些书烧得差不多了。

高淳国际慢城不仅仅是一个适宜养老的所在,如果这时候你在职场打拼累了,也可以选择来这里修身养性,休养一阵子。

这里真静。从偌大的村口大门进来,宽阔、黑亮的马路上只有我们一辆车无声驰过。没有人,一直没有人,我们一路所见都是各种蜗牛雕塑。也可能是因为过年,也可能是这天天气比较冷。我们的车开一段,遇到有可爱的蜗牛雕塑的地方,就停下来,带孩子逛一逛,看一看,跟蜗牛合个影。

村子真的很美。冬天,天空中飘着若有若无的雨丝,我们如行走在一幅水墨画中。这个时候的慢城,适合徒步。可是老公很快就没了耐心,又要我们上车带我们去转,去寻找风景。

终于在我们驶进村子深处的时候,看到有人在施工。这里要建一座星级酒店,将来慢城的名气越来越响的时候,会迎来越来越多的游客,自然,他们就会需要吃,需要住,条件还不能太差。

"那时候,慢城就不再会是慢城了吧?"

从我国很多景区的发展来看,我们的担忧不无道理。所以,我庆幸,我们这时候可以来。

车抵工地,看了一会儿挖掘机热火朝天地工作后,我们就再掉头往回走。这时,有三辆车子与我们迎面擦肩而过。再驶到村中心的时候,我们又把车停了下来,绕着一座画着蜗牛图的亭子转了几圈。

就在这里,孩子爸爸和别的游客聊起了天。那位游客一直追问当地一位出来散步的老人,"慢城有什么风景可看的?"我很想说:"这里,你抬眼处,就是风景,你们还要找什么风景呢?"我老公似乎对这个问题心有戚戚,就跟他接上了茬,他们一致认为慢城的风景可看,但不经看,乡村嘛,也就是河啊,树啊,庄稼啊,能有什么花头呢。我在旁边听着,心里想着:有谁会真正懂得乡村的灵魂呢?我跟我的儿子说:"慢城提倡的是一种生活方式。"

儿子对慢生活的概念不得要领,但他一直自称小蜗牛,自然喜欢这里,因为这里有很多的蜗牛,他仿佛回到了他自己的王国。

真的,今天的我们,还可以享受到慢生活吗?

在去高淳之前,我们一直对这个"国际慢城"很好奇,它到底怎么个慢法,怎么个国际法?就在我在百度弄清它的渊源之后,我看到还有网友问:"慢城有什么好玩的?"

老天赐我们一座"慢城",我们却要到"慢城"来寻找好玩的!难道我们在城市里玩得还不够么?

现在,我来到慢城,享受它特别的宁静,也看到它可能的发展前景,我只祝愿它可以发展得慢一些,再慢一些,让慢城成为永远的慢城。

暖心小贴士

高淳国际慢城

慢城在高淳县桠溪镇，自驾车从机场高速公路—过机场收费站，转溧水高淳方向—高淳西(不下)—高淳(不下)“双牌石”转盘(下)—直行10公里往“桠溪生态之旅”—瑶池山庄直行，见“桠溪国际慢城”牌，进入。

慢城是指建立一种放慢生活节奏的城市形态。

慢城到底有什么好玩的？就请你慢慢体会吧！

高淳老街

高淳老街又称淳溪老街，位于南京市高淳区淳溪镇，是高淳的商业中心，江苏省内保存最完好的古建筑群，被誉为“金陵第二夫子庙”。

我喜欢老街的两层楼古建筑，喜欢老街的各种稀奇古怪、今日日常生活已不可见的宝贝，喜欢老街的豆干及其他一些小吃，百吃不厌……

逛老街，运气好，还能碰到老街人家娶媳妇，他们的新娘子接回家居然要穿绿衣裳。穿绿衣、戴墨镜、顶红头帕，据说这是高淳传统婚礼的“标配”，新奇吧？不过，现在大多数高淳姑娘已不按传统习俗办婚礼了，所以，能看到绿衣裳的新娘子，需要不一般的“人品”噢！

紫金山天文台、明城墙遗址

去看一本天书

今天我们去了紫金山天文台和明城墙遗址。

到了紫金山天文台，我们发现现在因为南京气候污染，紫金山天文台的房子大部分都成为办公室，测量的仪器都成为了文物。

除了现代的，还有一些古代的。比如说简仪和浑天仪都是古代的，一听这些名字大家也能想到。简仪是浑仪简化改进而成的，浑仪和浑天仪并不是一个东西。浑天仪是显示星星的方位的，浑仪是测量星星的方位，大家要搞清楚，不要弄混了。

浑天仪是按照以前的“浑天说”来制造的，还有一种“立天说”。“立天说”认为地球是平的，并且地球是太阳系的中心，而不是太阳。“浑天说”认为地球是圆的，太阳是太阳系的中心，而不是地球。

还有一个地平经纬仪，测量数据更准确了，不仅仅测量星星的方位，还测量了星星的经度和纬度。

还有黄线，如果你不清楚黄线是什么的话，我在这里就解释一下。太阳在一年内走过的路线就叫黄线，现在你知道了吧。黄线可以从天球仪(也就是浑天仪)上可以看到。

还有一种圭表，古代人就是用这种仪器来测出一年 360 天的，后人把地球绕太阳的 365 天，每一天为一度，即 365 度。那多出的 5 度是怎么回事呢？因为夏天的时候一天的时间比较长，每一天增长 1 分钟，积累起来，就积累了 5 天。加上这个 5 天的 5 度，就是 365 度。

我们又看了一种 600 mm 反光望远镜，反光望远镜和直光望远镜有什么区别呢？反光望远镜是把光线进行两次折射放大之后得到的图像，一般在双筒望远镜里运用；直光望远镜就是把图像一次性放大，一般运用在单筒望远镜里。600 mm 反光望远镜里的 600 mm 代表望远镜镜筒的口径。这种望远镜是用电机操作的，那时候的电机还没有直接被安装上望远镜，而是用钢丝索拉的，电机是安在钢丝索的卷筒上的。这种驱动方法叫非直接驱动，直接驱动是现代使用的方法，也就是把电机直接安装在望远镜上。

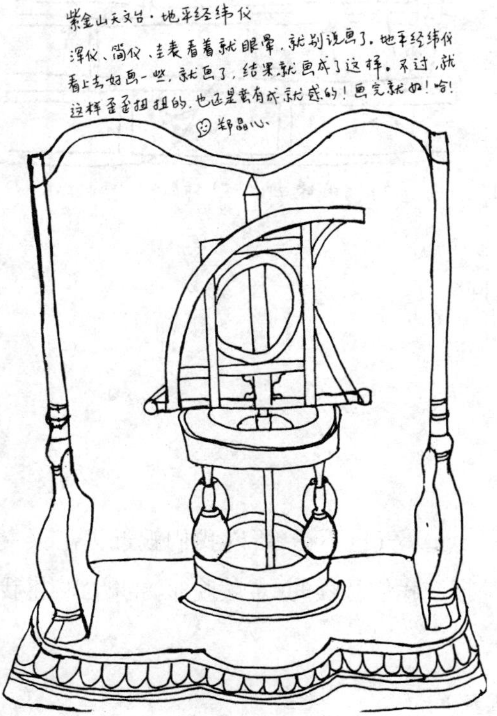

最后我们看了一个太阳望远镜。太阳望远镜也挺有意思的，可以观测到太阳，并观测太阳黑子和金星凌日的稀有现象。我们原以为我们看到的那个所谓的太阳黑子是望远镜上的脏东西，后来仔细一看，发现这些是真的太阳黑子，因为它是移动的，如果是脏东西应该是固定的，你认为呢？

我们在回去的路上，看到地上有被人丢弃的书，是有关天文内容的，我爸爸说它是天书，我说："天书？什么意思？"我爸爸说："关于天文知识的书不就是天书嘛，我哪里说错了呢！"

接着，我们去了明城墙遗址。

明城墙好高啊，我想："这种城墙大概有 5 层楼高吧。以前的童谣唱，城门城门几丈高，三十六丈高，骑大马带把刀，从你家门前走一招，问你吃桔子吃香蕉。我觉得，它所谓的三十六丈大概和现在的 5 层楼差不多高吧。"

朱元璋当皇帝的时候，怕城池被敌人攻破，所以建了这么一段城墙。我在书上看过，好像朱元璋 65 岁时，又把这个城墙加固了 3 米，因为他们的城池差点失守。

我对明城墙展馆里介绍的一样东西特别感兴趣，讲的是在一个木头架子上，放着一支矛，矛不停地戳向城墙，把城墙戳出一个洞来，这个东西叫攻城推车。我猜，这个东西应该就是古代用来攻城的武器。

古代属于冷兵器时代，冷兵器就是不带热能的攻击武器，所以城墙就能起到防卫的作用。但是城墙如果使用热兵器的话，那就很难守住了。所以现在的城墙就变成废物了，好听点讲就叫文物。

我在展馆里还看到介绍说19世纪末时期的鼓楼其实只是一座城门，并没有公园，现在才有了公园。想象那个时候的人从一个大城门和旁边的两个小城门里进进出出，还挺有意思的。那时候的马路都是土路，好一点的是石子路，应该没有更好的了。下雨的时候，土路肯定变成了烂泥路，石子路也会变得很滑，想想，觉得那时候人的日子多难过啊。你们认为呢？

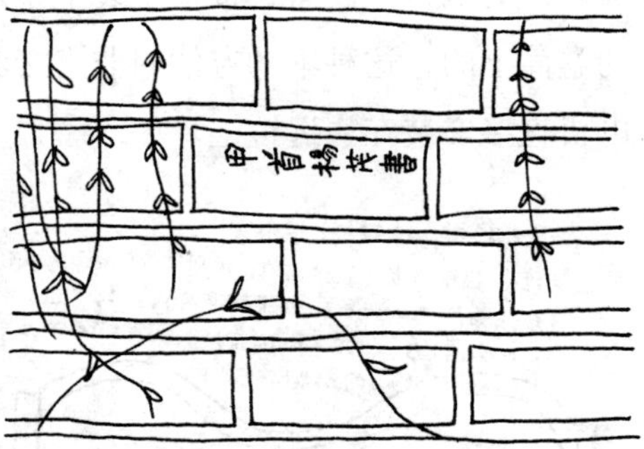

六百年明城墙之片段 ☺ 郑晶心

最后我们就沿着城墙走到了停车场，回家了。

感受比知识更重要

明天大人们就要上班了，假日的最后一天，天气也不错，所以我们就近去了天文台和明城墙，没有跑远。照抄前面一路跟踪报道我们行程的《金陵晚报》的格式，将我们前面的行程总结列表如下：

行程表 1

2013.1.26	第1天	南京大学北大楼、鼓楼公园和大钟亭、颐和路民国公馆、玄武湖（去年徒步行，这次过而不入）
1.27	第2天	鸡鸣寺、明故宫遗址
1.28	第3天	莫愁湖
1.29	第4天	总统府、梅园新村
1.30	第5天	宝船遗址公园、静海寺与天妃宫
1.31	第6天	甘熙故居
2.1	第7天	夫子庙及秦淮风光带、瞻园

续表

2.4	第8天	朝天宫
2.5	第9天	云锦博物馆、南京大屠杀纪念馆(过而不入)
2.6	第10天	明孝陵
2.7	第11天	中山陵
2.8	第12天	幕燕滨江风光带、栖霞山和栖霞寺
2.9	第13天	珍珠泉、浦口火车站
2.10	第14天	老山森林公园、冶山国家矿山公园
2.11	第15天	六合石柱林
2.14	第16天	高淳国际慢城、高淳老街
2.15	第17天	紫金山天文台、明城墙遗址(已走30景)
待走		阳山碑材
		胭脂河和天生桥
		长江大桥
		阅江楼
		紫峰大厦
		清凉山与石头城
		南京博物院
		汤山温泉
		汤山古猿人洞
		南唐二陵
		南京火车站
		南京晨光1865创意产业园(金陵机器制造局)
		牛首山
		方山
		雨花台
		奥体
		南朝石刻
		金陵刻经处(待走18景)

在我们寻访这些景点期间，年前妈妈不时要回单位做些必要的工作，年后要走亲访友，所以很多时候，我们一天就只能安排一个景点，但我们一贯的宗旨就是不贪多。不要说小朋友重新寻访这些我们大多数都曾走过的景点大有收获，即使大人第二次第三次寻访也会带来新的触动。

之初，我们也计划有些过熟的景点不再去了，但越到后面，小朋友的游记越说越顺，灵感的火花不时迸发，不时有一些金句出现，带给我们惊喜，所以我们计划，后面没有完成的景点会在周末的时间陆续完成。我的好朋友玮玮妈妈说："看你们的手记，更深地感觉到经历对人来说有多么重要。经历就是脚站在大地上，真实地感受生活，感受自然，感受自己的呼吸。"

电影《心灵捕手》里的心理学教授西恩曾经对一个"只敢与书本建立关系，而不敢与世界直接建立关系"的天才少年威尔说过这样一段话："问你艺术，你可能会提出艺术书籍中的精湛论调，有关米开朗基罗，你知道很多，他的满腔政治热情，他与教皇相交莫逆，你对他很清楚吧？但你知道西斯汀教堂的气味吗？你没试过站在那儿，昂首眺望天花板上的名画吧？你肯定没见过吧？"

在很多提倡"与孩子的天性合作"的教育理论中，都在强调，感受比知识更重要，比单纯地接受知识更重要。

西恩教授又对威尔说："也许我可以通过知识来看你，但那不是真正的你。"其实世事莫不如此，也许我们可以通过知识来看一个人，来理解一件事，但那都不是真正的人和事，它只是一个被各种知识概念包装起来的礼物，你只有拆开那包装，才会拿到真正的礼物。

所以中国的古人才会有"读万卷书，行万里路"的说法，所以中国自唐代起就开始盛行"游学"，所以我们的"寻访'新金陵 48 景'"之旅还会走下去，我们不为报纸的报道而走，不为与别人聊天时拥有谈资而走，我们只为认识世界、与世界建立亲密关系而走……

暖心小贴士

紫金山天文台

相信南京的孩子都不止一次地去过紫金山天文台，乘 20 路、48 路、67 路公交车到白马公园站下，沿栈道上山即到。

在天文台可以看到浑天仪、简仪、圭表、天体仪等多种古代天文仪器，这必然会引起孩子对天文知识的求知欲，所以如果自己家里的孩子是一个小“十万个为什么”，那么父母一定要好好做准备噢！

如果父母实在不懂，无法给予孩子解答，也不要紧，可以陪着孩子一起去查资料，去寻找答案。父母不是百度百科，不是万能的，但如何利用百度百科，如何借助外在的工具去求知，让孩子自己习得去求知的方式，这也是给孩子的重要一课噢！

明城墙遗址

进入玄武湖，都可以看到明城墙，乘公交 304 路至玄武湖公园站下，正好就到明城墙台城景区，即可登城参观。

明城墙距今有 600 多年的历史了，建成它就花了 21 年，你可以想象，如果一个孩子在朱元璋要修建城墙那年出生，他的父亲被征去建筑城墙，此后，直到孩子过了弱冠之年才建成，这城墙像不像这位父亲养大的另一个孩子？

明城墙，可以请父亲陪孩子一起逛。我觉得城墙是有性别的，且是雄性。

二年级学期中假日

阳山碑材

你有办法把“阳山碑材”立起来吗

今天我们去了阳山碑材。阳山碑材那里有一座仿照明代人生活的村子，叫大明文化村，村子里有镖局、当铺、赌场、绣楼，我们还看到一个杂货店，杂货店后面还有大明演艺场。

镖局是以前人运贵重货物，怕路上有强盗来抢东西，就到镖局请人保护。当铺是这样的，过去如果有人没钱用了，就可以把家里值钱的东西拿过去抵押，当铺给你比这个东西低一点儿的钱，你就有钱用了。等到哪一天，你在当期内，你有钱了就可以拿钱把这个东西赎回来，还要交一定的手续费。

赌场我大概清楚是什么样子的，你可以用其他东西和一定的赌金，打个赌。比方说，一块面包，有一个人说我可以吃掉这个面包，另一个说你肯定吃不掉，于是他们俩就打了一个赌，开了一定的赌金。如果第一个人把面包吃掉了，那第二个人就得给第一个人相应的赌金。如果第一个人吃不掉那个面包，那第一个人就得给第二个人相应的赌金。这就是打赌。

绣楼是这样的，有钱人家女孩子提亲，就会有很多未婚的男孩子站在楼下，小姐站在楼上，把一个绣球抛给她看中的人，抛给谁谁就跟她结婚，你们说，奇不奇怪呀？古代的风俗可真多，也可以叫正规的歪门邪道。

在大明演艺场我们看到了舞狮子，舞狮子就是两个人配合操作，顶着狮子样子

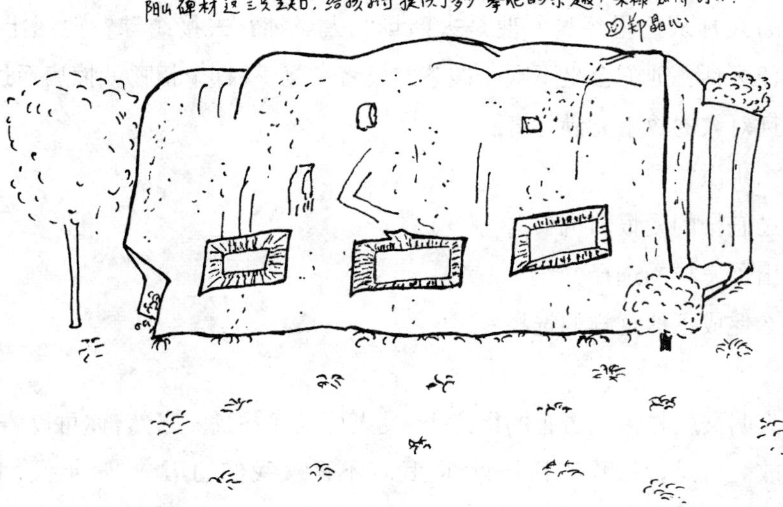

的布，像狮子一样在梅花桩上跳来跳去，梅花桩是栽在水池里的，如果人一不小心就会跌到水里。那些演狮子的人都有几次差一点儿掉到水里，但是他们其实都很注意，我妈妈说，这是他们故意吓唬你的。你想想他们演了那么多回了，还会掉到水里吗？肯定是他们装的，逗你笑或者逗你吓一跳的。这也是一种演出效果哎。

然后我们就爬山，来到了阳山碑材。据说阳山碑材这里原来要建一个要比现在的碑材还要大几倍的碑，因为立不起来，皇帝和其他的大臣想尽了办法也不行，后来碑材就扔在那儿了。你有办法吗？关于怎样把碑材立起来，报纸上也登过很多办法，但是这些办法似乎都不太可行。

我还在那里玩了一种被我妈称为“绳子攀登”的游戏。我们找到一处碑材的缺口，我爸和我妈都在缺口的上面，我在下面，我爸把一根绳子放下来，我拉着绳子脚蹬着石壁爬上去。先是我妈拉的绳子，我上去的时候比较费劲，我爸拉的时候我就一步登天，上去就很容易了，因为他的力气比较大。这就是“绳子攀登”游戏，还挺有意思的，你以后到阳山碑材，也可以玩一玩噢。

旅行，就是陪孩子慢慢走

每每站在大明文化村的街道上，脚踩在这一块青石板上，或者踩在那一块青石板上，我总爱想象，若干年前，这一块石板上曾经站过怎样的一个人？或者，曾有一个什么样的人打从这里经过？他是去赌场？去当铺？去接绣球？他遇上了什么人？会说什么话？他们会坐下喝一碗茶？或者一扬手，打个招呼就擦肩而过了？

我永远对人的故事充满好奇。

他怎么生活？

经历过怎样的爱恨情仇？

他作出了怎样的选择？

是什么促成了他这样的选择？

……

站在大明文化村古色古香的街道上，没人可以回答我。当然，你可以告诉我一堆历史典故。可是，亲，我实话告诉你，我真不喜欢我们的历史书，年代、地点、纪事，枯燥、干巴，没血没肉。所以，我只好爱上小说。小说里人有灵魂，历史中人只有事迹。

所以，我陪我的儿子寻访"新金陵 48 景"，如果你曾经好奇过我怎么陪我儿子的，我现在就可以告诉你，只有一个字：走。顶多三个字：儿子，走。了不起就是五个字：儿子，咱们走。

就是往前走，一直走。

风景只在路上，收获只在路上，"知识的灌输"从来不是带孩子行走的第一要义，甚至它可以排在你想要的所有行走意义的尾巴巴。

如果一定要问什么是必须的，那么就是"耐心"二字。

耐心地陪孩子走，耐心地让他去看，耐心地让他去感受，将来有一天，他一定还会再来这里，自己来，陪朋友来，带女友来，但无论未来他怎么来，他一定会记得："啊，那时候，我跟我妈妈来过这里，但我妈妈居然什么都没有告诉我，我直到今天才明白原来是这样的！"

你总结出这句话的关键词了吗？

——我自己，明白的！

你知道世界上有"醍醐灌顶"这个词吧，就是为这样的时刻准备的！

你知道世界上有"开窍"这个词吧，就是为这样的孩子准备的！

但是，假如你什么都告诉了他，你什么都懂，把你的知识如同 COPY 一般灌输到他的脑海里，那他的好奇心还有成长的空间吗？那他的探索精神向哪里发展？

我相信，过些日子，他也一定会忘记他日记中所写的那些关于赌场、关于绣楼的说明文字，但他一定会记得，他是怎样在大明文化村的街道上跑来跑去，站在一块块指示牌前认真地朗读上面的文字介绍，甚至这时候恰好有一缕阳光打在他侧着的脸上，他感到一种格外的温暖。

所以，我会天天帮助孩子记录他的游记，但我实际上更相信，他记下的他会遗忘得很快，他没记下的才会在他的脑海里深刻印藏。如果说这些游记一定要有什么价值的话，那它们的价值就是，有一天，它们会成为记忆导索，沿着这导索，他可以一点一点走进他的记忆深处，走进他的童年时光。

暖心小贴士

阳山碑材

阳山碑材遗存于南京市江宁区汤山镇西北侧的阳山南坡，距市区约 23 公里。自驾最方便，乘公交车游 5 路可直到明文化村，123 路、南汤线至坟头村下可至。

明文化村，是以开采阳山碑材为主脉设计建造、力求再现历史场景的一个村子，收拾得很干净，青石板路坚固，街道两边商铺林立，明时期的生活习俗体现得很生动。带孩子过去，就像穿越回去，体验一把明朝人的生活滋味。

旅行，有时候就是把自己从现实生活中抽离出来，投入另一种生活观感。当我们可以与我们现实生活保持一定距离的时候，它就具备了美感，具备了我们可以重新投身其中的诱惑力。

胭脂河和天生桥

天生桥是天生的

天生桥我来过两次，第一次是小时候来的，那次来时我们坐了船，从胭脂河过的。我问妈妈为什么叫胭脂河，我妈妈说不知道。我妈妈反过来问我，胭脂是什么颜色的，我说是红色的，然后我就看到这里的石头都是红颜色的，这样我突然就明白了，原来胭脂河就是如此得名的。胭脂河是一条人工河，不是天然的，是朱元璋为了打通秦淮河和太湖的通行方便，就派了两位大臣去喊了很多民工来凿成的。据说其中有一位民工带了一块胭脂河的石头回家，被皇帝知道了后大骂了一顿。谁叫胭脂河的石头漂亮呢，那个民工带回去的石头一定红得像胭脂一样。

这次我们去天生桥，过了天生桥旁边的一座悬索桥。这座悬索桥不是朱元璋那个时代造的，是现在造的。在这样高的河面上是很难造桥的，而且河的间距又很宽，同时又要保证河里面的船的通行。大家都知道，河岸越上方的土越酥松，所以要让悬索桥尽量往下移。我估计造悬索桥包括前面的设计需要两年时间。

我们过悬索桥的时候，桥晃死了，我没事，就慢慢走，跟我们一起玩的小弟弟"啊"地就哭起来了，他根本就是爬着过去的。我妈妈也怕得要命，紧紧抓着旁边的绳网，一步一步挪过去的。小弟弟先是害怕，后来就好玩了，跟着我走了一遍又一遍，还使劲抓着绳网摇啊摆啊。我妈妈就走一遍，再也不敢走了，坐在桥那头看着我们玩。

我们过了悬索桥之后，就往天生桥走。说起来挺好玩的，胭脂河是人工的，而天生桥是天然的。不过说得准确一点，应该是桥的用料是天然的，它还是人工凿出来的。想想凿桥民工的手艺真厉害，不过他们也没办法，如果他们不凿，皇帝就要砍头了，真狠。

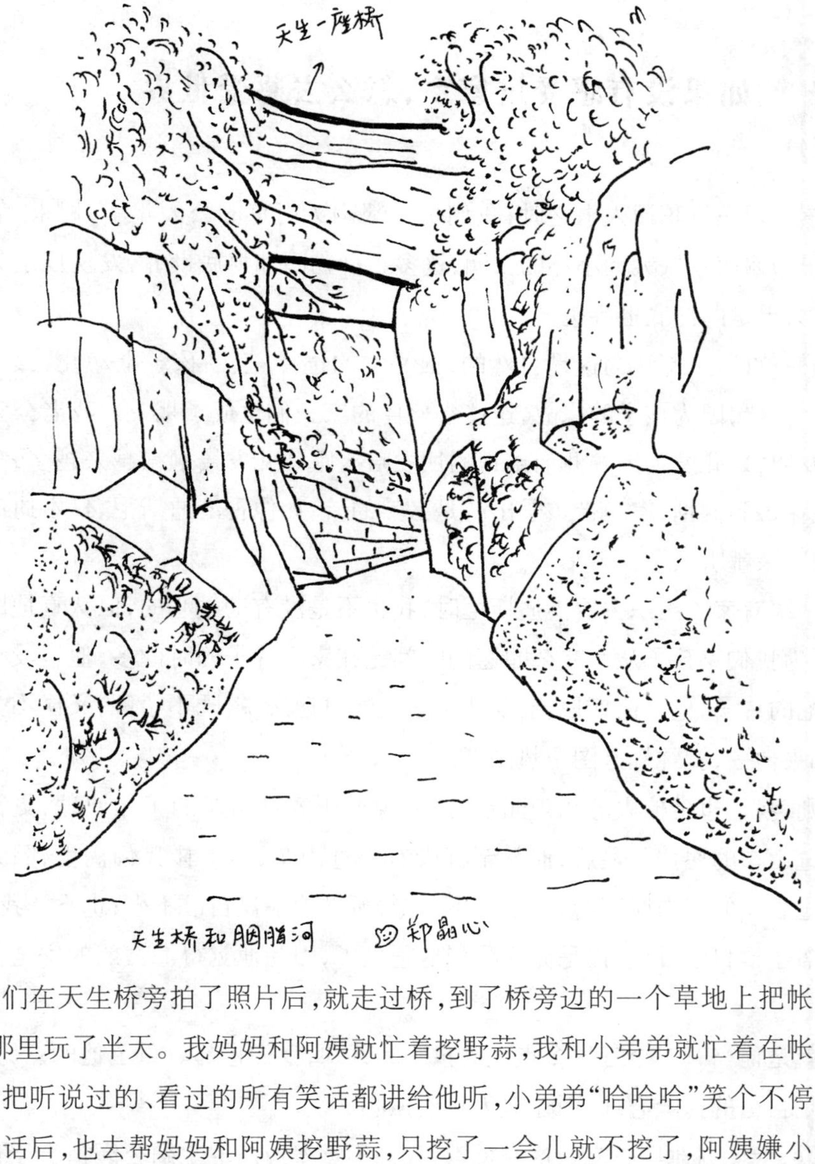

天生桥和胭脂河 ☺郑晶心

我们在天生桥旁拍了照片后，就走过桥，到了桥旁边的一个草地上把帐篷搭起来，在那里玩了半天。我妈妈和阿姨就忙着挖野蒜，我和小弟弟就忙着在帐篷里闹腾。我把听说过的、看过的所有笑话都讲给他听，小弟弟“哈哈哈”笑个不停。我们讲完笑话后，也去帮妈妈和阿姨挖野蒜，只挖了一会儿就不挖了，阿姨嫌小弟弟不会弄。后来阿姨也不挖了，我妈妈挖了好多，回家给我们做了好大一盘鸡蛋炒野蒜，味道挺香的，但是野蒜有点难嚼，好像是我妈油放少了，要放整整一瓶油才会好嚼。我姨妈就把剩下的野蒜洗洗干净、剁剁碎，放到玻璃瓶里，用盐码起来，每次我们蒸鸡蛋就放一点，蒸鸡蛋就很香了。

如果没有感受过家乡，怎么去感受世界

从孩子两三岁稍通人事之时，我们每年都购买南京的公园年卡，周末、节假日里带孩子跑遍南京城大大小小的公园，逛多了动物园和海底世界，发现孩子更喜欢海底生物，于是跑海底世界更多。

我们一直以来都认为这是自然的，很平常的选择，直到孩子上幼儿园之后，孩子有了小伙伴，因为孩子的缘故，这些小伙伴的家长们也成了朋友。我老公管我们这些朋友叫“娃儿友”，因娃儿而结识的朋友哈。跟娃儿友接触得越来越多，我们才发现，现在每到假期，家长带孩子出游是必然的，诸如像香港迪斯尼、日本迪斯尼等地，我们耳朵都听熟了。

第一次有家长组织去香港迪斯尼时，我也不是没有动过心的，但认真地回想了一下，因为我们家孩子从小在公园逛的时间比在家看片子的时间多，他也没看过几部迪斯尼的片子，他去迪斯尼玩，那些主题人物对他来说，既不了解，又谈不上什么感情，如果他去，就纯粹是图个热闹了。

再则，我们也带他去苏州乐园玩过，发现他研究过山车的工作原理，更甚于他要去坐过山车的愿望。最后，他甚至都没有坐过山车，也不让我们俩坐，因为从他了解的过山车的工作原理看，过山车不安全，所以他不仅自己不坐，也不让我们坐。

海盗船他自己没坐，但是允许我和他爸坐了，因为他觉得海盗船的安全性大于过山车。

这就是他当时一个三岁多点大的孩子的认知，我们也都尊重了他的意愿，没有为了满足自己的探险心理，而让他为我们担心。

所以，考虑到他喜研究的这一特点，我们不觉得迪斯尼主题公园适合于他。或者，其实，即使不玩，去看一看也未尝不可，但考虑到性价比，还是觉得没有这个必要。

其实，也是经历过较长一段时间的观察和比较，我们才发现，我们的小孩更适宜考察型游历，而不是单纯走马观花地观光游。

我们现在带他寻访的“新金陵 48 景”，偶有一两个景点，以前没在意，就没有去过，绝大多数都去过数次。从一开始，就是带他在那里逛逛，爬爬台阶，在草地上练练步，坐在亭子里吹吹风，看看小猴打架，看看小花小草绽放，到慢慢地给他讲这个园子的故事，再到这次以他自己为主，来寻访这些景点的渊源，探究这些景点的历史脉落，这是一段我们开始也没有想到、只是走着走着才渐渐清晰明了了思路的游历过程。

有一个场景我一直印象深刻，那是一个阳春三月的周末，老公出门办事不在家，我带儿子在家不想做饭，就带他去家附近宁海路上的一家鸭血粉丝汤店去吃鸭血粉丝汤。宁海路上有很多家有特色的小吃店，你要上网查一查，会发现，资深玩家的攻略上都写着：地道的南京小吃不是在夫子庙吃的，而是在宁海路。

我和儿子拣了一个靠窗的位置，一边吃着一边看着大大的落地玻璃窗外，来来往往的行人如鱼般穿梭。有些人明显可看出是外地游客，背着大大的旅行包，戴着户外的帽子。这时，有三四个像这样穿着的人鱼贯进入鸭血粉丝汤店，站在前台，大声询问着鸭血粉丝汤怎么个吃法，鸭肠、鸭肝之类可以另外加么，等等。

儿子小声跟我说："他们连鸭血粉丝汤都不会吃。"

我说："他们可能是外地游客，来南京旅游，就想吃点南京的特色小吃，但是不知道怎么个吃法，就像我们去了武汉，不知道武汉的热干面怎么个吃法一样。"

儿子若有所思地"哦"了一声，过了一会儿问我："我们去外地旅游，人家也到南京来旅游？"

"当然啊。"我笑了，说，"南京也是很有名的文化城市啊，每年来南京的人可多呢。你看这个周末天气多好啊，所以人们就来了。"

其实平常我们在公园游玩，也会碰到很多游客，但因为大家都在游玩，所以反差并不是很大，但今天恰好我们没有出门，当我们在生活区里碰到外地游客的时候，那个对比就很明显了。就像我们特地跑到扬州的深街小巷里去吃共和春面，而不在闹市区的大店里吃一样，我们跟当地人的区别也是很显眼的，只是我们身在其中，浑然不觉罢了。

今天我们悠闲地坐在阳光照射得暖暖的窗户下，悠闲地吃着爱吃的家乡小吃，看着异乡来的游客以一副探险、寻宝的姿态走进来吃一碗我们自认寻常的鸭血粉丝汤，这个场景让我们感到有趣。我们通常都认为生活在别处，风景在别处，其实，生活又何尝不就在我们当下,风景又何尝不就在我们眼前呢?

我采访过很多留学生朋友,他们来南京留学,有一个共同的理由:就是因为被南京这座城市的风采吸引,所以跨山越水地来到这里。眼下生活在这里,学习在这里,他们感到梦想成真,十分开心。想到,千万里之外的人们对这座城市的好奇心和了解程度,有可能大于我们本乡本土生活在这里的人们,我觉得有些好笑,也觉得颇值得我们玩味和思考。

想起来我们在孩子两岁那年的元旦,带他去他干妈所在的城市武汉游玩。元旦当天的假干妈陪了我们,后来她要上班,我们自己游玩,我们每天跟她汇报行程,她每天都跟我们惊叹:"这个地方我都没有去过哎!"

到行程结束,我们跟她分享我们的游玩照片,她一再表示羡慕嫉妒:"哼,你们玩的地方比我玩过的还多。"

武汉明明是她的家乡,我们是外地人来观光的,结果,我们走过的地方却比她走过的还多。为什么?这其实也简单,我们大多数人不都是这样的嘛!除了感觉"生活在别处"之外,还有一个心理认为:就在自己身边,抬脚可以到了,随便哪天去就好了,可是,就是因为唾手可得,我们反倒不当回事,一直没有安排上日程。就这样,日日蹉跎下去,我们对家乡的了解程度反倒不如异乡游客了。

我们向往普罗旺斯的薰衣草,却不知就在我们家乡的近郊,也有一片薰衣草种植基地。我们可以说此紫色非彼紫色,但如果我们看过此紫色,对彼紫色的感受会更鲜明?

就像,你吃惯了家乡小吃里的鸭肠鸭肝,有一天,你坐在一家法国餐厅里,吃它闻名遐迩的美味鹅肝,你才会体会到:噢,原来他们是这样吃的!但如果你没有吃过家乡的肝,你品尝法国的肝时,大概会说"嗯,真好吃",但也就仅此而已罢了。

如果你没有强烈地感受过家乡,你怎么可以强烈地感受世界?

暖心小贴士

胭脂河和天生桥

南京天生桥风景名胜区位于距南京溧水城西 3 公里处,没有直达公交车,可在中华门汽车站坐普客或快客到溧水汽车站,然后打车到景区,亦可自驾前往。

我感觉,天生桥和胭脂河仿佛是一对双生兄妹,有胭脂河,阳刚的天生桥显得柔媚了;有天生桥,温软的胭脂河显得有骨了。

乘着小船,徜徉于胭脂河上,看两边奇石嶙峋,灌木丛生,从傲娇的天生桥下穿梭而过,真真切切地感受到"江南小三峡"的风情,不去三峡亦可矣。哈哈。

长 江 大 桥

和爷爷们一起徒步过大桥

今天是 5 月 1 日，我和爸爸妈妈还有爷爷和大爷爷去南京长江大桥，我爸爸先把我们送上大桥，然后他去江北停车，停完车后又步行回来找我们。坐在汽车里过长江大桥时一点感觉没有，走在大桥上发现桥的钢缆嘎吱嘎吱地响，我还发现有些钢缆还生锈了，都不能承重了。走在大桥上面，看着那些可以承重的纲缆都绷得紧紧的，让人心怦怦跳，好像它马上就要断一样，但是越没断看着越险，越没断就觉得它越会断。

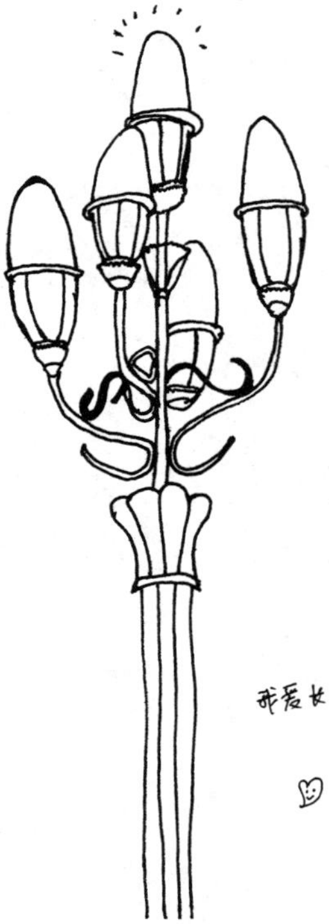

爷爷他们倒挺得正常的，也没有提心吊胆的，反倒是爷爷的儿子紧张，真是奇怪。我喊："老爹！"老爹也不笑，我又喊："老爹！"老爹还不笑，搞得我都笑了，原来他也害怕，心里没底，故作镇定。

我老娘还好，比我镇定一点，不过也不算镇定，也啊啊地叫了几声。大桥下面经常有火车通过，一通过她就叫。

长江大桥桥栏上每隔一段都有一幅水泥版画，版画上面有的是工人在工厂工作的情景，有的是农民在收割的情景，有好多向日葵、五角星、红旗的图案，我爷爷、大爷爷和我爸他们一边看画，一边讨论。我爸说，有一次他和朋友起了个大早，特地来到大桥上，用相机把那些版画全部拍了下来。我妈还告诉我，他们小时候学习获奖了，拿的奖状上面都是长江大桥的图案。我爸爸还告诉我桥头堡的很多故事，可是我都不太了解，但是知道它们都很有历史意义。我感觉长江大桥每一个角落(还包括大桥上的蚂蚁，哈)都能说出一堆故事，都有很大的历史意义。我妈说，那是啊，这是我们中国自行设计和建造的第一座桥梁。

我在百度上看南京长江大桥的知识，它是 1960 年 1 月 18 日正式动工，到 1968 年 9 月铁路桥建成通车，这一年的 12 月公路桥通车，经历了整整 8 年才建成。没想到建个大桥要费那么多时间，我还以为“嘭”一声大桥就建起来了呢。

解放以前，长江上面还没有一座桥呢，要过江只有轮渡；现在呢，就南京这一段，都有“五桥一隧”了，科技发展得多厉害啊。

用脚感触大桥生命的脉搏

我想大多数南京人可能跟我之前一样，开车、坐车经过无数次大桥，但从来没有一次是徒步走过的。这一次，如果不是因为远在西安的大爷爷来南京，我们大概也不会想到要徒步过大桥。

大爷爷是第一回来南京，年轻时就听说南京长江大桥的名声，这次来南京，自然想要好好看一看大桥。那如果我们再开着车带他呼啸而过，就没有意思了。所以，我和老公就决定，我们带着孩子，带着大爷爷以及自家的爷爷，徒步走一趟大桥。

大爷爷和爷爷都是老人家了，孩子又小，我们自然不着急，走得很慢。我只是没有想到，老人和孩子都在桥上走得若无其事，倒是我，反倒紧张起来。虽然今天我们已经有了二桥、三桥、四桥，但是大桥依然是贯通江南和江北主要的天堑之途，桥上来来往往的汽车穿梭不绝，于是引得大桥一阵阵震颤。遥望桥下奔腾的江水，感受脚下时不时的颤抖，我凭空升腾起一种莫名的恐惧。即使我的理智再三告诉我，大桥很安全，可是我依然如履薄冰，一步步小心地往前挪。儿子看出我的紧张，紧紧拉着我的手说：“不要紧，不要紧，大桥可结实呢。”我嘴里“哦，哦”着，紧张情绪却终难排遣。大桥人行道和自行车道就是一条道，并且很窄，不时地就有自行车和电动车经过，我赶忙就要扶着桥栏贴边站立让路，这时候，就是儿子一手拉着大爷爷，一手拉着爷爷，陪着他们让路。我真的很惭愧啊。

两位爷爷和孩子一路走一路聊，老人跟孩子聊着他们当年对于长江大桥的印象，当年长江大桥的风光和荣耀，我其实也颇感慨，想来我小时算是一个听老师话、认真做功课的好孩子，期中、期末都会往家拿奖状，而那奖状的背景图案往往就是南京长江大桥。想起那时我们的小学课本还有一课内容，就是讲大桥的。那时候，对于我这个乡下孩子来说，南京是个多么遥远的城市，南京长江大桥只能是图上的景致，幼小如我，从来没有想过，我这辈子有天会真的走在长江大桥上。

我想我的感受并不算太例外吧，我老公对此也是深有感触。几年前，他还曾经约了朋友，端了相机，两人起了一个大早，趁大桥上没有什么人没有什么车的时候，拍下大桥上所有的石雕版画。那些向日葵、镰刀、戴钢盔的工人、烟囱高耸入云的工厂等等都曾是我们引以为傲的景观啊。

一会儿，老公停好了车，也沿着人行道，迎着我们走来了。我给他们爷孙三代男人面朝五月灿烂的朝阳、以大桥雄伟的桥头堡为背景合了个影，我想，大桥不仅是宏大历史的创造者和见证者，也是我们个人生活的见证者和记录者啊。

暖心小贴士

长江大桥

看长江大桥，你可以开着车看，可以坐在公交车上看，可以骑着自行车看，但徒步看大桥，却是一种特别的体验。

你第一次体会到，你与大桥如此接近，你感受到了它跳动的生命脉搏，它不再仅仅是一座桥梁，还是一个经历了许多风雨、肩担两岸畅通重责的生命体。

徒步过大桥注意事项：

1. 首先要做好心理准备，当你离开汽车的包裹，双脚真正站到大桥上，你的身体会跟随大桥的震颤而震颤。

2. 大桥的人行道和自行车、电动车道是混合的，所以你要尽量往里贴边走，扶好桥栏，注意避让车辆。

3. 穿一双舒适的鞋，除了大桥，其他桥上人都是没有机会上去的，所以就好好走一走，好好感受一下吧。

4. 拍照时找好安全位置，注意脚下。臭美第二，安全第一。

南京奥林匹克体育中心

把我们的天空初始化一下

今天我们萝卜头雏鹰假日小队去奥体参观比赛场馆。我们一共参观了五个场馆,分别是:游泳馆、跳水馆、小球馆、媒体新闻中心、田径场。

媒体新闻中心虽然没有进去,但是它的墙上都是2014青奥会的广场海报,每面墙都是。

跳水馆里有很多跳板,有高有低,有大有小,有胖有瘦。跳板的长度还可以调节,它上面有两个轮子,运动员上去之后可以用脚在上面滚一滚,这样就可以调节长短了。跳水板的板子一定要有韧性,不然就容易接触到水面,还容易断裂。

跳水馆的旁边就是游泳馆,游泳馆里的水温是29度,现在是夏天,还打着暖气,把我们热死了。然后我们就走了,来到小球馆。

小球馆里包含乒乓球、壁球、台球比赛的场所。我们先看到的是壁球馆,壁球馆就是一间间空荡荡的屋子,但是屋子里划着线,地上的线是表示发球区域,墙上的线是发球线。壁球馆外面的墙上还贴了一个壁球竞赛规则,我看到壁球可以打中侧壁,再从侧壁打到正壁上,也可以从正壁打到侧壁,然后由侧壁打到正壁上,还可以直接往正壁上打。

壁球馆的中间走廊上有一排高高的裁判椅,壁球比赛的裁判只能坐在裁判椅上观看比赛,不允许进入场地。

接着我们就进入了台球馆和乒乓球馆。台球馆和乒乓球馆还在装修、刷油漆,球桌都摆在一边。因为在刷油漆,馆里面好大一股油漆味,又没有开空调,张老师让我们看了一会儿就让我们走了。

接下来我们就去奥体最大的场馆——田径场。到了田径场,发现从里面可以看到两抹金陵红，一抹在我们的头顶，我们看不见它的正脸；一抹在我们的对面，就可以看得很清楚，被阳光照得红光闪闪，很耀眼。原来我们看金陵红都是从外面看，看到的是细细长长的，从里面看就很宽了，这就是远小近大的原理了。而且从里面看到的比从外面看到的更红，这也是一个远近的原理。

透过田径场的弧形大房顶，我看到现在的天空都非常非常的蓝，大朵大朵的白云平常都很稀有。因为有很多工地工厂都停工了，所以才有这样的天气。如果现在的天气可以像电脑初始化那样，我肯定愿意把天气也初始化一下，这样子我们就可以再呼吸到原始时代的新鲜空气了。

他就在爱中

吴大奇第一次提到"家乡"这个词是三岁多时，那年过年，我们带他去长江边上、幕府山一带游玩。现在这里也已是新金陵48景之一，当时那里还是建设初期。

我们在那里走走逛逛，玩了好久。将要离开时，他却提出来要去一处茅草顶的亭子里再玩一玩，看一看。问他这亭子有什么好玩的呀，他说，这亭子是我的家乡。

小孩子的答案并不当得真的，我只是被他用"家乡"这样的大词感到有些讶异，同时奇怪他是从哪里得来的这个词源。某个睡前故事中？某本绘本书中？都不得而知。但他煞有介事地用了,我们也就得煞有介事地对待。于是爸爸在车里等候,我带他去“他的家乡”再看一看,玩一玩。

既然成了我儿子的家乡,我也认真地打量了这座亭子,这是一座木头亭子,圆形顶,六根柱,我觉得它最可爱的地方就在于它的顶。在它的顶上铺了厚厚的茅草,就像一个小孩顶着一头厚蓬蓬的头发一样。

当时我还说:“儿子,你的家乡好冷啊。”

他坦然地说:“是啊,我的家乡就是这样的。”

我帮他和他的家乡认真拍了照片。

回到家,我们看照片,他指着茅草亭子给他姑姑介绍:“姑姑,这是我的家乡。”姑姑哈哈大笑。

再次说起,可见小人家很当真噢。

如果这座亭子真的就是他的家乡,他上辈子曾经在这里住过、生活过,那么,南京这座城,的的确确就是他的家乡了,他不是随随便便来到这里的,是经过选择的。他是地地道道的南京人,而我们作为他的父母,却只是他借用了来到家乡的管道而已。

所以,对于我带他寻访新金陵 48 景,并不是说我带他他就乐意了,而是恰好也是他所想要的。今年暑假一开始,他就提出,想再走一走 48 景,我说第一天气太热,第二爸爸给我们安排了今年暑假我们去一趟内蒙古。我们有位好友家乡是呼和浩特的,我们一直想跟随她一起去看看草原,正好今年暑假她安排了一个长长的探亲假,所以我们就安排同行了。小伙子后来虽然同意了我们的安排,但并没有太兴奋。只是在我们后来不断地谈聊中,他才有所期待。

可见他对于他家乡的感情,还是浓于别处,浓于他乡。

我觉得热爱,真的不是培养起来的,而是他的血脉里天然就有的。他生下来,血肉之躯中就携带了这份情感。你随便找个触点,这份爱就汩汩流淌了出来。

所以,你现在要是问小伙子:你爱你的家乡吗?他很可能会回答:我不知道呀。

其实,他就在爱中。

暖心小贴士

南京奥体

南京奥体中心位于南京河西新城中心区域,是亚洲仅有的四个 A 级体育馆之一，世界第五代体育建筑的代表。到奥体的公交线路有很多，地铁 1 号、2 号线都可以到达。

奥体是十运会和第二届亚洲青年运动会的主会场，也是今年南京青奥会的主会场。

对于孩子，奥体意味着什么？

意味着可以看到精彩的体育赛事……

意味着可以和爸爸妈妈一起去游泳、去打球……

意味着运动、健康、活力……

那两抹优雅又活泼的“金陵红”，是家乡烙刻在孩子们心中的印记之一。

南唐二陵、牛首山

在南唐二陵里荡秋千

南唐二陵我在小时候曾经来过，那里有一条长长的碑廊，我爸爸曾在那儿读过书。我记得我家有一张照片，就是拍我爸爸在这儿读书的，我印象很深刻。

今天我又来啦，发现碑廊上的碑都是用水泥做的，原来我还以为是青石做的呢。

碑廊后面就是一片树林，树林里面有个游乐场，我先看没有几个项目，但是我看到有一个轮胎秋千，就比较感兴趣了。一般的轮胎秋千是来回荡的，但是我就在那儿转啊转啊，就是坐在秋千上转，把吊秋千的绳子转得拧到一起，越拧越紧，然后一松脚，一圈两圈三圈四圈五圈六圈七圈，拧紧的绳子开始回放，甩到我头晕为止。但是每次我都觉得我没有到极限，还可以再来一次。然后我就再来，再来，再来，一次接着一次，一次接着一次，直到实在转不动为止，啊……声带都快喊破了。

玩完秋千，我们就去参观历史文化博物馆。博物馆里比较有意思的是，有两个石俑的身体连在一起，像蛇一样，叫作双人首龙身俑。

你们知道南唐二陵的二陵是什么意思吗？陵就是墓，当时科学家们在这里发现了两座墓，经过考察是南唐时期的，所以命名为南唐二陵。经过科学家的细细考察之后，发现这两座墓是李昪和李璟的，他们是父子俩，李昪是爸爸，李璟是儿子。

我们先进了钦陵，发现里面有一只湿温度计，上面显示着湿度90%，再往里头看，在一间陪葬的小屋子里有一台造湿机，造湿度就是增加空气里的湿度的。顺陵里面也是一样，也有湿温度计和造湿机。我看介绍说，顺陵里面还有星月图案，我就去找，但是找半天没有找到，就算了。

那边还有一座湖，我们在湖边看了日落，拍了照片，然后我们就回家了。这次去南唐二陵，看到了小时候没有看到的东西，还是很有收获的。

（妈妈注：从南唐二陵回家，老公又带我们去了一下牛首山，结果发现牛首山正在施工中，封山，不对外开放。）

给孩子“空”

儿子口述完他的日记，我问：“就这么多？”他说：“就这么多！”我说：“你在现场的时候，说了那么多话呢？感觉那时候说的话比现在日记里写的有意思得多！”他说：“那时候我的大脑是自动运转，现在是被我逼着运转的。”我说：“噢，原来如此。我知道了，自动运转就是没有意识的，逼着运转就是有意识的，你前两天不是说了嘛，在黄金 72 小时内，如果没有逃生的概念，虽然有逃生的能力，但也不会活过这 72 小时；如果有逃生的概念，虽然没有逃生的能力，可能会活过这 72 小时；如果又有逃生的概念，又有能力，那肯定可以活过这 72 小时。所以我们也要锻炼锻炼有意识的说话，逼着运转一下。”

他说：“今天晚上我就运转到这里了。”我说：“好。”

那么，在现场，小伙子说过哪些话呢？我就实录一下吧。

荡秋千的时候，他转啊转得好开心，说：“我感觉好像回到了童年。”

我说：“哈哈，你现在不是童年吗？”

他说：“现在不是了，两三岁的时候才是。”

玩跷跷板的时候，突然远处的村庄里传来了公鸡的打鸣声。正是傍晚时分，公鸡打的是晚饭鸣？小伙子说：“母鸡下蛋的时候没有想到我们会去拿它的蛋，公鸡打鸣的时候没有想到我们会拿它当闹钟。”

他说了这句话，我赶紧就拿出苹果手机，打开备忘录要记下来，这年头我的记性越来越不好，他说的长一点的句子我时间长了就忘了。他看我低头在手机上忙碌，非常明白我在干嘛，一边玩着一边说：“你不要备忘，就当我什么也没有说过。”

我说：“可是你说了呀。”他无奈地表示：“好吧。”

玩了秋千，玩了跷跷板，又去玩平衡木，总之就是一直乐此不疲，我望望四周，偌大一个游乐场，只有我们母子俩。这个游乐场是设在树林里，树林旁就是碑廊，里面都是李家男人的诗词作品。再旁边，就是李家父子的陵墓。我说："当年，皇帝们选在这里造陵墓的时候，再也想不到我们会在这里玩。"小伙子说："皇帝可以想到人会抠鼻屎，也想不到到人会在这里玩。"

在陵墓旁边，我们还注意到一口古井，这口井是当年守墓人在这里生活用的。小伙子很好奇地表示，守着一座墓有什么意思，为什么这些人不想着要离开，到更多人真正生活的地方去生活？我跟小伙子简单讲了一番古代人的守墓制度，小伙子说："可能那时候有人想离开也离不开。"

小伙子说得像绕口令，可是我懂。

在陵墓里，小伙子的注意力都有在湿温度计和造湿机上，而我却在神游，皇帝们曾经费尽心机把自己失去生命温度的身体藏在这里，以为可以千年不败，结果却被后人们都挖掘了出来，他们的肉身早已不见，也不知他们的灵魂是否还在这里游荡？陵墓里打扫得格外洁净，没有尘土掩盖的青砖无可掩饰地透露出历史沧桑感，我走在只有我们娘儿俩的空荡荡的陵墓里，有一种恍惚和迷失感：当下，这一刻，我在，我儿子在，明天的此刻，我们一定就不在这里了。那么，此刻，我可以从这里携走什么？

我不贪心，我不要什么万年基业，不要什么丰功伟绩，不要什么星月同辉，不要什么长生不老，我只要我儿子的这几句童言稚语足矣。

李家是皇族，我是一介凡人，我觉得无论是过去，还是在将来，尤其是现在这一刻，我都比贵为皇族的李家人幸福。

南唐二陵的历史，李家男性的故事，我估计也就给我儿子留下一鳞半爪的印象而已。可是，那又怎样呢？重要的是他在这里荡了秋千，尽情地转了，尽情地尖叫了，并且在这里自由自在地"自动运转"了。

天气还算晴好，景区公园里空空荡荡并无几个游人，孩子更是稀罕少见。其实我不是不感慨的，在我们来南唐二陵前，我们是跟着一大群同学参加了一个集体活动，活动结束后，同学们都回家上兴趣班了，只有我们家大奇什么课也没有，一家三口兴冲冲地直奔南唐二陵而来。说实话，现在的孩子难得有不上兴趣班的，平常大奇想要约某个同学出来玩，常常会落空。

我没有给我儿子报任何班，并不显得我有多高明，恰恰相反，很多培训班都很高大上，硬件软件都相当 OK，可是费用自然也跟着高大上起来，并不是我等普通

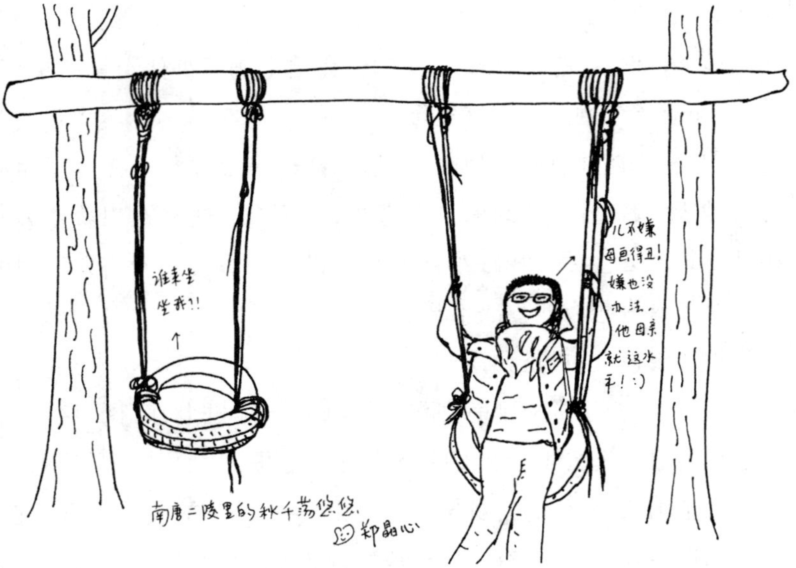

工薪层能够承受得起的。我经常看到报端有新闻报,很多家庭主妇总结一年的家庭开支时,发现给孩子的课外培训费用就占了大头。甚至,有为孩子的培训,自个儿节衣缩食的。这在我跟我老公看来,实在不太划算。于是,我们就不去上了。至于上得起的,咱们又觉得不需要,那就不上呗。

小儿除了学校的课业任务,没有另外的培训班要上,自然乐得轻松,他因此也有了很多轻闲时光。闲时,他喜欢做各种物理或者化学小实验。跟着我到菜场买菜,他挑了一颗紫甘蓝回家。别以为他是要吃,他把紫甘蓝的叶子掰下来,放进锅里,锅里放上清水,然后就开始煮。煮 5 分钟,他倒出一杯水;煮 10 分钟,他又倒出一杯水。如是几番,他有了几杯不同颜色的紫甘蓝水。直到把紫甘蓝的叶子煮烂,把原本的紫色煮到一点儿也看不出颜色来,他才罢休。然后他在那些水里放入白醋,然后就等看紫甘蓝水的颜色会发生什么样的变化。

橙色警告雾霾天,他在家里把几只纸杯和一团棉花捣鼓来捣鼓去,最后做出一个我看不出啥名堂、他曰之为"空气净化器"的东西来。

有一次他还在家里拿着几根跳绳当电线,在房间中天罗地网地布置起来,并且还用透明胶带裹上电池绑在不同部位,表示某处是电源,某处是报警器。我问他这是什么,他说是"婴儿爬床警报器"。他对我谈了他的创想,要在小婴儿的小床边、小床腿上以及房间门口装上报警器,如果小婴儿从床上爬下来,就会碰到床边的报警器;如果没碰到,还会碰到地上的;地上没碰到,还会碰到房门口的。总之,在这三个地方设了防,父母即使在外面,也会知道小婴儿从床上爬下来,就可以保证他的安全了。

我不知道孩子的创作灵感从何而来,但我却明确知道,不管他的灵感来源于何处,一定都是来源于“空”,有空的时间,有空的大脑,然后他才会冒出这个灵感。

龙应台曾经说过,制度性教育教了我们如何认识“实”,但却没教我们如何认识“空”。我深以为然。今天,我们的孩子不仅要身处应试教育的密集灌输,还要面临各种所谓的素质教育。我不敢一棒子打死说所有的课外培训都是名不副实,但即使所有的素质教育都很高大上,我也觉得没有必要把孩子的生活填满,把孩子的脑袋填满。我们还要给孩子“空”——孩子的身体空下来,才会有茁壮成长的空间;孩子的心空下来,才会有智慧生长的空间;孩子的脑空下来,才会有灵感勃发的空间。

就像今天,我们走在公园小径的青砖路上,孩子一直在兴致勃勃地聊着他脑中的奇思怪想,我既不必说真棒,也不必说不可能实现,只要嗯嗯听着就好了。我享受这一刻的休闲时光,我认为人生不必排得满满当当,我们的身越闲,心越空,真正属于我们自己的原创思想、原创灵感才会生出!

就像当下这一刻,我们坐在凤凰池边的草地上,坐在池塘倒映的夕阳余辉旁,发着呆,一会儿看看天,一会儿看看水,不说一句话,仿佛我们可以永远地坐下去。人生悠长,有这一刻的霞光映照,我觉得孩子整个人生的底色都可以是温暖的、美丽的、静谧的、空灵的。我们哪里也没有去,却仿佛已经走得很远。眼前即远方,我没有给孩子一个禅字,禅却就在孩子的眼睛里,就在孩子的心里,就在孩子的身体里。经常我们想要教给孩子很多,可有时候我们什么也不说,给孩子的却更多。

空有时候比满更重要!

暖心小贴士

南唐二陵

南唐二陵位于南京南郊祖堂山南麓,可以乘公交先至江宁,然后从江宁乘南京东谷线、江宁游 1 路公交车至南唐二陵下。

南唐二陵分为钦陵和顺陵,钦陵的墓主叫李昇,顺陵的墓主叫李璟,李昇是李璟的爸爸。

那李昪和李璟又是谁呢？

历史上有多少称权夺势的人物，谁能都了解、都记得住他们呢！但是说起南唐后主李煜，人们就知道了，原来就是写"问君能有几多愁，恰似一江春水向东流"、"林花谢了春红，太匆匆"的人！说起来，这是艺术作品的魅力，而非权势。

这下再说就可以明白了：李昪是李煜的爷爷，李璟是李煜的爸爸！

南唐二陵其实没有什么可看的，但那条长长的碑廊里大多是李煜的诗词作品，值得一看。书法洒脱隽逸的美，诗作惆怅飘渺的美，以刀刻斧凿刻于砖的姿态凝固呈现，别具张力和韵味。

牛首山

牛首山位于江宁开发区将军大道西，公交安丹线、155路在牛首山风景区下。

牛首山目前封山，据说要建"牛首山遗址公园"。虽然通知上说2014年8月底结束封山，但具体何时正式对外开放，还说不准。

紫峰大厦

可以在紫峰吃大餐，别想在紫峰买房

我去过紫峰大厦三次，其中两次是去吃自助餐，一次是我们班上组织参观，吃自助餐是在45层，参观是在72层。我先写我的参观，再写我第二次去吃自助餐的过程。

紫峰大厦一共有89层，是世界第七、中国第四、大陆第二高楼。我们排队进去坐电梯的时候，感觉像时空穿越一样，我上百度查了一下，说这个电梯是直达电梯，可以达到每秒9米的速度。我大概算了一下，如果在月亮离地球最近的距离下，以这个速度，大概半个月就能从地球到达月球。

有同学说坐电梯耳朵会疼，但是我没有。我们到了72层之后，就有一个姐姐上来给我们讲解。姐姐讲的什么我也没有听到，因为我在观景模式中。我观的景就是玄武湖，玄武湖中的三个小岛，玄武湖上的船，我看了有半个小时多，后来又用望远镜看了一下。望远镜把一艘船放得很大，我就盯着看了半天。我爹说，这样子跟《谍中谍2》差不多。《谍中谍2》中就有一个间谍把微型摄像机黏到高楼的玻璃墙上，结果就不用说了。其实也是，站在紫峰大厦上，如果能见度好的话，能看到整个南京呢。现在技术这么发达，远在几百公里外的气象卫星上的摄影机，可以把你举在窗外的报纸放到3米那么大。美国的无人机搭载的相机可以拍到74公里外的你家墙上的奖状，而且能读出上面的字。神奇吧？

参观紫峰大厦，我还知道紫峰大厦是世界第七大楼。第一名，迪拜哈利法塔，又叫迪拜大厦；第二名，沙特阿拉伯的麦加钟楼；第三名，台湾的台北101大楼；第四名，上海环球金融中心；第五名，香港的环球贸易广场；第六名，马来西亚的吉隆坡双塔；第八名，美国的芝加哥西尔斯大厦；第九名，深圳京基100大厦；第十名，上海金茂大厦(金茂大厦的观光层是 88 层,我在这里拍下面的黄浦江拍了好几百张照片,而且都是连拍)。

现在来讲我第二次在 45 层空中餐厅吃大餐的事吧。那一天是 2014 年元旦的前一天,我爸爸原本在前一天的前一天想请我们吃大餐的,结果没有订到座位,所以就在元旦前一天去吃了。

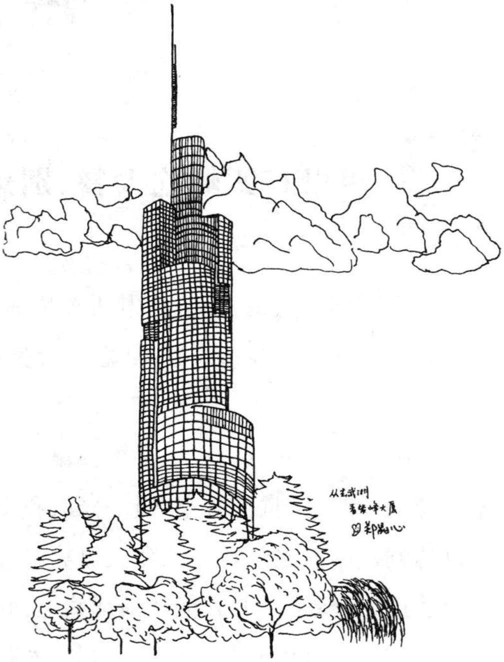

空中餐厅的食物基本都是一些“细食”,我先来介绍几道我印象深刻的菜吧。有一道是烤鸭皮包馅饼馅,吃起来像饺子的味道;还有一道是七彩鱼籽。我爸爸说,一颗鱼籽能孵出一条鱼,你已经吃了几百条鱼了,吃得真多呀。我说,哈哈,那只是鱼籽啦!还有一道菜是大蟹腿。这个大蟹腿是我们平常吃的龙虾的腿的二十六倍大,还有的是三十三倍大。我爸觉得吃得太过瘾,我要蘸着很多芥末酱才能吃得下去,太生了。我妈就是为吃这个来的,一来她就没命地吃,好像不吃这个她就没命了。还有一道我最最最喜欢的菜就是寿司,有三文鱼寿司、海带寿司、鱼籽寿司、生菜寿司、紫菜寿司、饭团寿司,等等,等等。我觉得寿司蘸着芥末吃,真是一绝。奇怪的是,紫峰大厦的空中餐厅居然没有米饭,只有一种非洲黑米饭。这种非洲黑米饭应该是小米和大米一起混煮的,还放了很多胡椒或孜然粉,我尝了一口,感觉很好吃。不过那时候,我已经吃得太撑了,所以就尝了一口。还有我最最最最喜欢的、比寿司还喜欢吃的就是烤鸭。我非常喜欢吃烤鸭。为什么呢?因为吃不下饭的时候,还可以把烤鸭蘸着酱吃。

我在紫峰大厦的空中餐厅饱吃了一顿,就回家了。我可以说紫峰大厦就像一个万能的小世界,里面什么都有,有吃的喝的,玩的乐的,所以推荐大家也来紫峰大厦吃喝玩乐。在紫峰大厦买房子就别想了,太贵了。

嗨，妈妈，你不是公主了呀

一部《爸爸去哪儿》火了亲子类综艺节目，随之各种“爸爸”亲子秀让观众眼花缭乱。陪着儿子看完《爸爸去哪儿》1 和 2，我又瞄了一眼《爸爸回来了》，诸如《爸爸请回答》《爸爸我来了》《爸爸你好吗》等等，都还没有顾上。

不管是哪个节目亮相，娃娃们都很萌，爸爸们都很用心和用功。即便状况不断，囧态百出，我们也可以体会到爸爸们的那颗爱孩子的拳拳之心。我们也看到，《爸爸去哪儿》2 中的爸爸们比 1 中的爸爸们越来越会当爸爸，孩子们呈现的状态也越来越正常和让人心安了。

为什么一个简单的爸爸带孩子的节目会这么火？

曾在朋友圈看到过一篇文章，《假性单亲妈妈，老公＝不存在》，什么是假性单亲妈妈？就是老公工作很忙、很晚回家、一天跟孩子说不到两句话，或是根本早出晚归、见不到孩子的面。运气好一点的，老公还有个星期天会待在家里，但所做的事情也只限于吃饭、睡觉、看电视、打游戏，两只眼睛都不会摆在孩子或者孩子妈妈身上。这类老公有个共同的口头禅：“你以为我喜欢这样吗？我还不是为了你，为了孩子，为了这个家！”

文章历数了妈妈们的辛苦，除了谴责这样的爸爸不负责任以外，还鼓励妈妈们要勇敢：如果你不想再当“假性单亲妈妈”时，请勇敢地告诉你的先生，向他争取你应有的权利和福利。

这篇文章得到很多人的转发，我也相信这类现象比较常见，其实还有一种更普遍的现象就是，一家人齐上共同带一个孩子，孩子的亲爸亲妈反而成为旁观者，主要的任务就是高兴的时候逗孩子玩一下，生活上一应大事小情以及教养细节等等都是爷爷奶奶外公外婆负责的。在这其中，因为母亲的天性，做妈妈的可能会跟孩子互动得比较多一点，也对孩子更上心一些，而爸爸们因为父性觉醒比较晚的特点，也因为自己从小也是父母呵护大的，家务事的能力根本就提不上筷子，他们自己生活内务都还需要父母帮忙打理，何谈让他们去管理孩子？

这样的话，妈妈们就比较着急，如果是全职妈妈，肯定不想当“假性单亲妈妈”；

如果是家有老人帮忙，妈妈们也希望爸爸能够多多陪伴孩子，带给孩子更多男性榜样力量。

节目火，自然就成了爸妈聚会时的谈资，我们笑谈《爸爸去哪儿》中的趣事，就有"娃儿友"对座中的爸爸说："你看看人家爸爸，带着孩子到处玩，你看看你，哪天带姑娘出门玩的了？"被批评的爸爸反驳："你看我时间排得过来吗？人家那是做节目，我们老百姓哪有空动不动就出门旅行？"事实也是，去迪斯尼，去海边，都是我这个"娃儿友"自己带着孩子跟团出行，爸爸不是在出差的路上，就是在准备出差。

我理解这位"娃儿友"，也理解今天的老爸们，真心觉得现在的老爸不容易当。确实，社会普遍现象是，现在的爸爸们参与育儿的越来越少了，所以这样的节目可以唤醒更多爸爸们的意识，更多参与到育儿当中去，对家庭，对社会，都是善莫大焉的好事。可是，我们也可以看到的是，今天的爸爸们的确面临的社会压力也比之从前不一样了。在他们还没有成为爸爸之前，他们是被女友挑选的"穷矮锉"或者"高富帅"，丈母娘要求他们结婚之前，必须要有房有车有稳定工作有高收入。他们一路拼过来，终于结了婚，生了娃，心还一直紧绷着，社会和家庭并没有给他们喘气和松懈的机会呀，房贷要继续还（说不定有了娃后已经换了大房子或者学区房），开旧了的车子要升级，娃儿的养育事业需要雄厚的经济基础，自己的事业要更上层楼，有谁告诉过他们，他们可以歇一歇了呢？

可是，他们还没有来得及憩息，他们当了爸爸，就又紧跟着被要求要当一个好爸爸，要扛得了枪，在外冲杀；还要拿得了奶瓶，在家奶娃。

这并不是一件容易的事。社会的浮躁把爸爸们裹挟其中，想要脱离，非得有极大的觉知力不可。再则，陪伴孩子是需要极大的耐心和静心能力的，如果一心追逐财富或者想在社会上出人头地，这样的爸爸是很难有这个能力陪伴孩子的。不管这个爸爸觉得自己多么爱孩子，如果他自己都没法静心和自己在一起，领略过静心爱自己的感受，他是给不出孩子这样的爱的。他需要有人教导，需要时间学习，或者他亦可以自学，如果他有这个心。世间很多知识都可以瞬间学会，唯有爱，不是一天两天就可以学到的。

所以，当我们的爸爸还没有时间去带孩子，还没有学会如何去爱孩子，妈妈们就要担起更多的责任，既要带好孩子，还要于无形中让孩子爸爸习得你的爱，习得你爱孩子的方式。妈妈们可能会说："凭什么呀？"我的观点是：嗨，妈妈，就凭你是妈妈呀,你的孩子经由你创造、经由你诞生的呀！你的天性当中就拥有比爸爸们更多爱孩子的本能和方法呀！当你还没有孩子时,你并不知晓,一旦有了孩子,有一颗爱孩子的心,很多事情你仿佛无师自通就会了,这时候,你才明白,噢,原来老天赋予你孩子的同时,还赋予了你这种种天赋和本领！此时不用,更待何时！

我想说的是,妈妈们,在你们未婚的时候,你们是公主,是男友手心里的宝;在你们结婚后怀孕了之后,你们是整个家庭的国宝大熊猫,全家人围着你转,小心呵护着你,你都可以尽情享受。可是当你有了孩子,你成为一个孩子的母亲,请你一定要记得:老公可以当你是公主,家人可以当你是熊猫,但你一定要放下一颗“公主心”,要担起一个母亲的职责,展开你的双翼,为你的“公主”和“熊猫”们撑起一片天空。都说,推动世界的手是摇摇篮的手,你的努力,你的身传,会带动老公默默发生改变的。在你和老公共同撑起的这片天空下,你们的“公主”和“熊猫”们才可以无忧无虑地成长,自由自在地长大。

紫金大厦的这顿晚饭后,迎来元旦,也意味着孩子的寒假很快就要来临,我决定今年寒假继续带领孩子把去年没有走完的 48 景中的几个景点继续走完。老公说:“等我手上事情忙得差不多了,也休两天假,跟你们一起走。”我说:“行,你有空就来,没空就忙你的。”每个家庭都有自己要遵守的秩序,这个秩序是要每个家庭成员都感觉舒适、都感觉自在的。这个秩序不能仅以爸爸为主,也不能仅以妈妈为主,更不能仅以孩子为主。如果一个家庭已经建立起一种大家都感觉舒适的秩序,每个人都尊重这种秩序,遵守这种秩序,那这个家庭就可以良好运转,这个家庭里的每个人都可以幸福生活。

这个时候,我的感觉是,不管是爸爸去哪儿,还是妈妈去哪儿,还是爸爸妈妈去哪儿,我们想带给孩子的都是快乐成长,都是对于当下时光的珍惜和享受,都是父母对孩子的爱和祝福。

暖心小贴士

紫峰大厦

紫峰大厦是南京最高建筑,是大陆第二、中国第四、世界第七的高楼。坐落于南京鼓楼广场一侧,东至中央路,西至北京西路,从南京的任何一处都可以看到它修长的身影。

去紫峰干什么?

除了消费,就是观光,享受一把俯瞰城市,"一览众山小"的快感!

卡耐基说,人都希望是"世界的中心",所以世界各地才会争相建高楼,迪拜终于有了"世界第一"的迪拜塔。

紫峰大厦总楼层89层,观光层在72层,从1层到72层,电梯38秒即到,速度为每秒9米,我每回坐都觉得有些晕。

还是脚踏大地比较踏实。

三年级寒假

南京博物院

修建后的博物院我最喜欢数字馆

今天我去了南京博物院，这是 2014 年第一次寻访“新金陵 48 景”。因为前面博物院都在扩建，没有开放。

我们是坐公交车去的，下了车之后发现有很多很多中学生也来参观，我们也跟在后面进去。进了博物院的大门以后，我就发现有一幢房子就像一块水豆腐，我跟我妈说：“我要去豆腐那儿。”我妈以为我要吃臭豆腐，说：“这里没有臭豆腐啊。”我说：“是那边的楼房。”我妈这才发现。我们就很好奇那栋楼房到底是什么，跑近了一看，原来是游客服务中心，我们就进去领票了。

领票之前，我们还在游客服务中心的楼前看到一幅立体地图，地图上介绍了博物院有六个馆，分别是：历史馆、数字馆、艺术馆、非遗馆、特展馆、民国馆。

领了票之后，我们发现游客中心的楼前有扶梯通到地下，下面就是非遗馆。我们就去逛了。后来我发现了，虽然博物院的六个馆在地面上是一栋一栋楼，但在地下都是通的。非遗馆里展览的都是中国非物质文化遗产，简称非遗，比如昆曲、雕版印刷，还有常州手绘梳、手绘葫芦、香囊、金箔等等。我在非遗馆里都没有怎么看，就惦着去数字馆了。因为这些非遗产品，我在别的馆里都看过了。我妈就喜欢看，然后还买了两把梳子，我就催她快走快走。出了非遗馆，我们就一头扎进数字馆。

在数字馆里我印象最深刻的就是，透明显示屏。透明显示屏像一层膜一样，不像普通的显示屏，背后不能透光。而且，这种透明显示屏是可以弯折的，据说是用铅做的。不过我有点儿不明白，铅怎么做成透明的。这种透明显示屏简称 LCD，还可以触摸，就不知道触摸是压感还是电阻感。

数字馆里还有一个好玩的项目就是古代南京的沙盘，有人会说了，这有什么好看的，可是数字馆里的这个沙盘，里面的人、车、船都会动，好像是个小人国一样，真有趣！

在数字馆里逛着逛着，我们一不小心就逛进了民国馆。民国馆其实就是街道，装饰得跟民国时期的一样，街道两边有银行啦、照相馆啦、餐厅啦、小卖部啦、报社啦，还有火车站、汽车站。

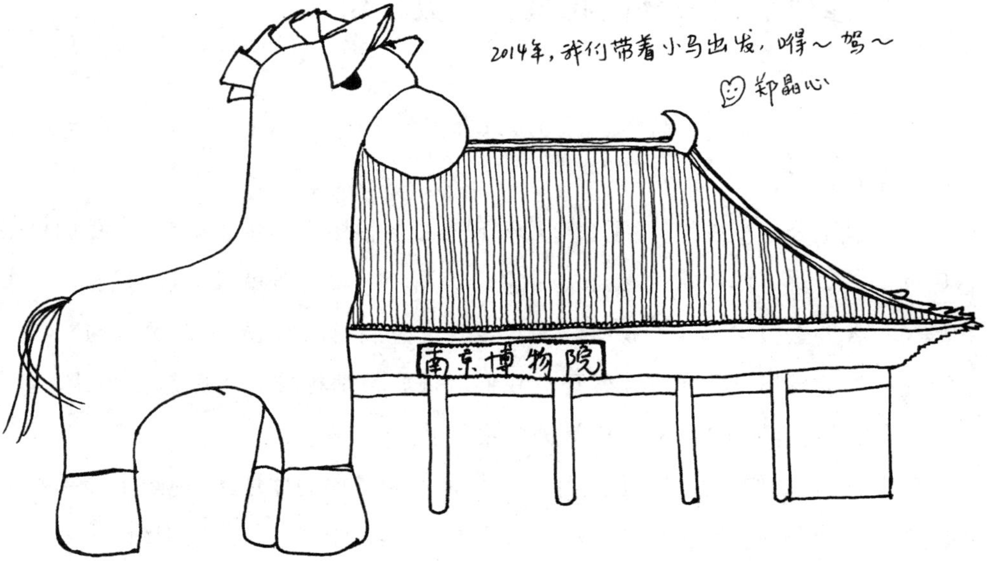

很多人在民国馆里拍照，唯独我妈没怎么拍，因为她这一次带的卡片机，拍出来效果不好，下次要带家里的好相机来。

这次行程我重点看了数字馆，非遗馆就走了一下，其他馆都没有去，希望以后有空再去看。扩建后的博物院好看多了，我看我小时候来逛博物院的照片，都感觉没有什么东西可看，但是现在却看都看不完。

又一个寒假，又一次寻访“新金陵48景”之旅

去年的1月26日，我带着儿子开始了寻访“新金陵48景”的旅程，并且原本计划的徒步，也因为雾霾气候的原因为乘车前行。就这样，一个寒假，排除因为过年、走亲访友等安排，我们没能把48景全部走完。但是当时也是所剩不多，所余的也是路途稍微远些的景点。

不知不觉中，一年过去。这一年里，有些地方我们去了又去，比如长江大桥，只要过江，我们就会经过；比如紫峰大厦，我们又在里面过新年，吃大餐；比如珍珠泉，学校组织秋游时我们又去了那里；比如鸡鸣寺，每个周末，我们会在那里诵读国学经典……这，就是家乡啊，是我们日常生活的地方，而不仅仅是我们到此一游的旅游景点。

今年过年早，孩子1月16日就完成了期末考试，我17日恰好结束一期杂志的编务，于是就开始申请休假，18日孩子参加鸡鸣寺新春文艺联欢的节目表演，19日参加同学的生日聚会，20日我们先回去看了一趟外婆，21日我就带着孩子继续踏上新一年寻访“新金陵48景”的旅程，第一站就是修建后重新开放的南京博物院。

大奇还在我腹中时、出生了抱在手上、会站了、会走了，我们都带他来过博物院。反正那时候，只要馆里有什么新的主题展出，我和老公就会带着孩子来看一看。虽然，他今天对此一点儿记忆也没有了，但我仍然感觉不枉那些时光。因为时光就是用来当下享受的，而不是用来回忆的。就像今天我们走过看过，我相信未来的一天，孩子也会忘记，但今天我们享受了这时光啊。

重新开放后的博物院规模更大了，建筑更壮观了，主题更清晰了，小伙子一进入院内，就看到了几大主题馆的介绍，很快就确定了自己的兴趣点——数字馆。可能大家也了解了，我对于数字技术一向不太感冒的，所以对于他要逛的数字馆我也就是陪伴而已，陪着他走，陪着他看，借一双耳朵听他呱叽呱叽、滔滔不绝地讲那些技术原理等等。说实话，我真的是左耳朵进，右耳朵出啊，听完就忘，不走心啊。小伙子也早已懂得我了，他爸不在身边，虽然我跟他没有共同语言，但好歹有双耳朵借给他用用，他也就不计较我的无共鸣、无反馈、无长进的“三无”反应模式了。

我享受的是什么？工作很长时间以来，难得这样的休假时光，我享受跟孩子在一起时的自由自在和无拘无束，享受他津津乐道和着迷时的样子，享受我们慢慢走和看、不停说和笑的状态。孩子也是经过了一个学期紧张的学习，平日里虽然也有休闲活动，也有阅读时光，但终归要以学习任务为首要，要惦着每日的作业，心上总会像压着点儿东西。现在虽然还没有正式放假，但除了返校拿回成长手册，领一下寒假的任务（他们学校没有寒假作业，只有创意活动），也就没有别的事了，孩子们其实已经进入了放假模式。所以，感到全身心的放松，不仅我如此，孩子也是如此。

我们就像农耕时代的农人，经过了春播秋收的忙碌，必然要有一个休闲的季节来调整我们的身心。经过一个寒冬的休整和滋养，我们才可以更好地迎接春天的勃发，这就是生命自然的节奏啊。

我们在数字馆里耗了很长时间，其他馆都还没能来得及去细看，但是我们不着急，我们相信，我们还会再来的。

暖心小贴士

南京博物院

南京博物院就在南京中山门的旁边，可到达的公交路线有很多，5 路、9 路、29 路、36 路、51 路、55 路、游 1 路、游 2 路等。

如果说扩建后的博物院"历史与艺术"的部分更适合成人去欣赏、去品味，那么"数字化"就更吸引孩子们去了解、去学习了。

扩建后的博物院地下一层有美食街，在博物院里看累了，逛饿了，可以去那里补充能量。总之，现在的博物院精神食粮、物质食粮双充足，喜欢。

南京雨花台烈士陵园

在雨花台烈士陵园里“滚草”

今天我去了雨花台烈士陵园，走进大门以后，映入眼帘的就是烈士群雕像。这个群雕像里有老人和儿童，他们的手都被绑着或拷着，看起来让人感觉无法忍受。

继续往陵园里面走，转个弯，就有好多台阶，台阶上面的平台上就是一座大碑。这座大碑上刻着共产党宣言、马克思主义的三个来源和三个组成部分、新民主义论，据说有 47000 多字，我对这些内容都不懂。

台阶上有好多和平鸽，我最喜欢和平鸽飞起来的样子，双翅和尾巴都展开着，非常好看，有一种自由自在、真的很和平的感觉。

看完了和平鸽，我们继续往前走，走着走着，就看到又是一块硕大的碑。这座碑上刻着的是《国际歌》，我爸爸在碑前唱了半天。再往前走，又是一块小碑，这块小碑上刻的是中国的《国歌》，又名叫《义勇军进行曲》，我爸爸又唱了半天。我爸还用《国际歌》的调调唱国歌，听起来怪怪的。

最后我们去的是烈士纪念馆，令我印象最深刻的就是一个叫“雨立方”的设施。“雨立方”的设施是由成千上万根线制作而成，这些线从屋顶上面挂下来，就像雨丝一样，所以就叫“雨立方”。旁边还有投影仪，投影仪会在这些线上打出中国国旗的图案，“雨立方”下面还有喷泉，看起来很美。这些雨丝代表的是对烈士的思念。

烈士陵园里还有一座雨花石博物馆，我在里面看着美丽的雨花石时，都忘了我是在烈士陵园里，后来出来了才想起来的，真是有点可笑。

这里的雨花石可以用千姿百态来形容，我最喜欢的两块石头。一块石头叫“老道取经”，石头上真的有一个人坐在石凳上看书，还留着长长的胡子呢；还有一块石头很大很大，跟一般的地球仪差不多大，还是半透明的，里面还有一团团红色和黑色的絮絮，这让我想到了一件艺术品，有一位艺术家先把一块很大块的塑料块放在圆型模具里加热，然后在里面放上各种各样的颜料，趁颜料还没有到球的底部之前，突然把加热设备关掉，让颜料冻在里头。等塑料完全冷却之后，就从模具里拿出来，看起来就很美了。

出去之后，在博物馆门前看到一池子的雨花石。我去里面捡了好一会儿，看看能不能拣到比较好看的雨花石。结果才发现，一个好看的都没有，全是一些黑黑白白灰灰黄黄的，我挑了好一会儿，才挑了几颗稍微透明一点、好看一点的，我爸爸说回家之后可以用来压水仙花的根。

我们在烈士陵园参观的景点到这里就结束了，不过其实，我在烈士陵园的草地上玩了好一会儿“滚草”。就是从草坡的顶上一直滚到草坡的底部，我就是躺在草坪上，双手抓着帽子往下拉，挡着脸，这样草就不会扎到脸了，然后我爸就推我一下，我就“咕噜咕噜”滚下去了。滚的时候，我看不见外面，有一次我竟然还往上滚，我爸爸就说：“见过傻的，没见过这么傻的！”我妈妈说：“哈哈，你挑战地心引力哪！”

游烈士陵园让我感觉到战争的残酷，幸福生活的来之不易，所以我们要珍惜现在和平岁月的每一刻，好好学习，好好玩。

珍惜和平，感恩生活

我完全没有想到孩子会在雨花台烈士陵园里发明出“滚草”的游戏来。

我们从景区的北大门进去，一边前行，一边参观至南大门时，他发现了大片草坪，突然就有了“滚草”的灵感。或者，他根本也不需要灵感，看到平整的、大块的草地，他的身体就自动给他的大脑发信息：躺下去，滚——于是，他就躺下去，开始滚。他从来也没有什么可犹豫的，至于衣服会不会弄脏，会不会遭到我们的责骂，根本也不在他的考虑范围内。自然，我们也不会介意他把衣服弄脏，把自己滚成一只浑身沾满草屑的“泥猴子”，更不可能责骂他了。我和他爸只会笑着，像看戏一样看他自得其乐地换着花样玩，他老爸会装得一本正经地对我说(声音的分贝绝对要让他听到)：“没事，随他滚去，反正也不是亲生的。”他听了哈哈大笑完送来一句“切”，接着玩他的。有时候，他被某丛草绊住了，或者到了一个平缓的坡上，滚不动了，他就喊一声“快来踹我一脚啊”，我们俩就嘻嘻笑着抢着去“踹”他。不管他老爹如何小心，男人的脚力总会重一些，于是他定下“规矩”：“下次我喊踹，老娘来踹，老爹就不要来了。”我就得意地冲老爹乐。

我观察了很长时间，发现这孩子有一个强烈的特质就是特别会玩。他会随时随地、就地取材地玩起来，几层台阶的水泥栏会成为他的滑滑梯；一片草地会让他打滚；一根小树枝他会折断，抓着一头磨啊磨啊，打磨出一支最原始的钢笔；一只弯月状、枯萎的果壳，他会嗖嗖地一只一只地投出去，当作“小李飞刀”。其实他还没有看过一本武侠小说呢，就是出自一种本性本能地玩。他从来不需要我们建议他玩什么，他低头就可以从地上捡到玩的素材，创造出玩的内容。

想起来，在他幼年的时候，我们会带着他一起看蚂蚁，会带着他一起捡树叶、捡石头，带着他玩这样玩那样，可是现在，我们常常就是他的观众了。就是看着他，看着他花样百出地玩，看着他乐趣无穷地玩。有时候他会邀请我们一起加入，有时候他一投入进去玩，根本就忘了我们的存在，但他必然知道我们存在。我们就是那背景。我们是那多么幸运且幸福的背景啊，我们默默地立在那里，看着就如同一棵正在茁壮成长的小树、一只正在学飞的雏鸟般的稚子在我们眼前展现活泼泼的生命力,除了深深感恩上天的眷顾,我们还能说些什么?

其实,在我们刚刚进入烈士陵园的时候,我们是有些严肃的,他爸爸很庄重地给他讲那些烈士的故事,他也听得颇为认真,可是从庄严肃穆的纪念馆走到户外的阳光下,走到这片草坪上,孩子不由自地主地就要"滚草",我们一开始是觉得有些不妥的,可是后来想到,烈士们为我们赢得了今天的和平岁月,不就是要我们好好生活嘛,我们今天过的日子正是他们当年所期许的,那么,就让我们珍惜这时光,好好地安享于当下吧,既为我们自己,也为他们。我们对孩子说了:"你今天可以这么开心地玩,全因为当年这些烈士们的战斗和牺牲。"从孩子游记的结语来看,我们的话孩子听进去了,我深感欣慰。

暖心小贴士

南京雨花台烈士陵园

南京雨花台烈士陵园位于南京市雨花台区,是全国首批4A级旅游区,全国重点文物保护单位,全国爱国主义教育示范基地。到达这里的公交车相当多,2路、26路、39路、126路、164路、305路、814路、游2路、游4路等,可根据自己的需要选择。

雨花台烈士陵园北门在雨花路上,从这里进去,首先映入眼帘的就是巨型烈士雕塑群像,庄严肃穆,令人心生敬畏,但这个门的客流量大,比较嘈杂。

雨花台烈士陵园南门在雨花南路,从这个门进入景区,会感觉到一种幽静,可以从这里慢慢向北走,一路缅怀,一路走向现实的喧嚣,最后进入当下生活。

当然,也不必过于刻意,心中有佛,所见皆佛,重要的是心在。

汤山古猿人洞、南朝石刻

65万年后，我会拥有多少子女

今天我们去了汤山，汤山最有名的就是两个洞，一个是雷公洞，据说是雷震子在里面修行的；另外一个洞是猿人洞，比雷公洞更难爬。

我们先去了雷公洞，雷公洞里弯弯曲曲的，走进去感觉阴森森的。雷公洞里有很多台阶，台阶非常陡，还有上坡路和下坡路，爬得我气喘吁吁的。不过，相对猿人洞来说，雷公洞还不算最“恐怖”的。

刚进猿人洞，我大舒了一口气，咻——。原来猿人洞比雷公洞好爬多了，这个洞就像人工凿出来的一样，又平整又宽敞，还没有弯弯曲曲的台阶。才往里舒服两步路，我又长吸了一口气，天啊，这洞是神马洞啊（现在是马年，所以用“神马”比较合适，不用“什么”），它不仅有弯弯曲曲的台阶，而且又陡又窄，根本没有容脚的地方。最恐怖的还有两点，第一点我在往山洞里走的时候，发现洞的墙壁上有很多条白色的石头，跟虫子一样，全程都有，真让我恶心；第二点就是，虽然大部分钟乳石尖尖因为安全考虑都已经被切掉了，但是有些钟乳石因为太高，施工工人够不到，钟乳石长得又长又尖，我和我爸都担心，万一它落下来怎么办？

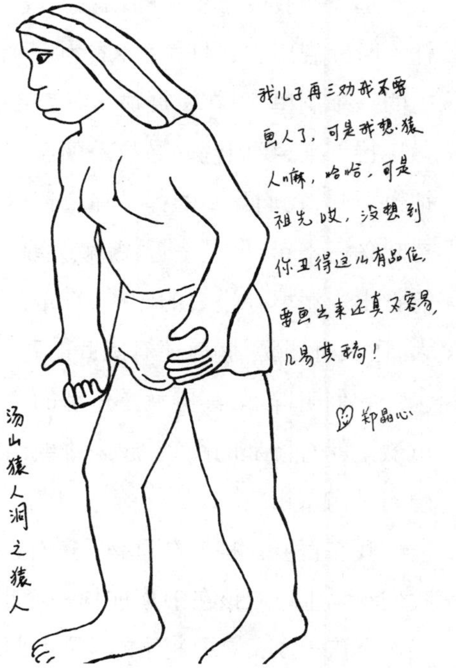

再往前走，我爸爸就看出来猿人洞夏天

封闭的原因了，因为这个洞非常阴暗潮湿，又可能通着地下水(因为旁边就是汤山温泉)，夏天可能这里就会被淹着，所以上次在夏天我们来的时候碰到它不开放，吃了个闭门羹。

我们走的时候，还发现了一个封闭了的小洞，据说就在这个小洞里发现了猿人头骨的。65万年前噢，大概这里就是一片荒凉，山洞肯定不像现在这么现代化，有这么多灯光，古代那时候还没有发明出电灯呢，火估计已经有了，因为他们会打猎了，打猎就会用火了，因为要用火烤肉吃。洞里头就发现了肿鹿骨和犀牛骨，估计都是猿人吃剩下的骨头，变成了化石。但是我又担心，这个洞这么深，透气孔都是现在凿出来的，在洞里生火会不会造成一氧化碳中毒？因为一氧化碳很容易溶于血，会导致身体缺氧，最终会致死。现在医学发达了，可以用高压的方法挤出一氧化碳(这个技术也只有两成的成功机率，想想多危险)，古人哪有这技术呢，估计他们要是中了毒，只能等死了，真惨。不过，他们肯定生存下来了，不然就不会有现在的我们了。大家猜，一个猿人在65万年后的今天，会有多少子女呢？哈哈，想不到吧，一个猿人在65万年之后，拥有了816万子女(这是2012年南京市统计的人口数，当然不计死亡数)。我正在想象65万年后，我拥有的那堆庞大的子孙是神马样子？那我得有一个多大的家啊？我妈妈说，不可能全部住在一起，就像细胞分裂一样不断分裂出去，最后就会成为一个大的城市。就像65万年前，猿人先是住在汤山的一个洞里，现在发展成了一座南京市。

接下来，我们就去寻找南朝石刻了。南朝石刻都是南朝皇帝和王侯陵墓前的神道石刻，我们看到的都是在栖霞区的石刻。说实话，这些石刻真的很破败，远远看起来还不错，但是一近观，就发现问题所在了。那些辟邪的身上有很多裂纹，还能看出水泥填补进去的印子，真是很难看。但是，远远看，它们真的很威风，又高又大，还长有翅膀，胸前还有威武的花纹，头高高地昂着，像要飞起来一样。

它们叫辟邪，其实就是避邪的意思，古人的"辟"就是我们现在的"避"。南京市市徽里就有辟邪的图，看起来雄纠纠、气昂昂的，很神气。人们一看到这个辟邪，就想到是南京市。

我在百度百科上看到辟邪还有让你铭记历史教训、避免重蹈覆辙的意思，我觉得我们小学生也应该在书桌前挂一个辟邪，让我们多看看辟邪，少犯些已经犯过的错误。小孩子成长总要犯错的，不犯错是不可能的，但是可以少犯些已经犯过的错误！

不怕犯错

“小孩子成长总要犯错的,不犯错是不可能的,但是可以少犯些已经犯过的错误!”儿子说的,真是令人感慨。

寒假开始前,是期末考试成绩公布的日子,我所在的一个家长群里,有个爸爸叹息说:“唉,昨天晚上,老婆把儿子揍了一顿!”下面的家长马上心知肚明,一定是为考试成绩,一问果然,但结果只是因为孩子考了 98 分,没达到 100 分,那妈妈是为孩子失去的两分而揍的他!下面就有家长为孩子鸣不平了,才 2 分而已,至于吗?但那爸爸说:“关键是丢那 2 分的题并不是孩子不会的,而是他会的,却没有认真写!”

下面再没有家长跟帖了,我也没有去问孩子的这个 98 分是语文成绩,还是数学成绩,其实我觉得面对孩子犯错,语文学科和数学学科,是需要区别对待的。数学学科方面的犯错,不一定是孩子不认真做题,虽然现在问他他会做,但第一遍做题时他肯定还是有模糊的地方。我觉得所谓的粗心、马虎什么的,都还是跟孩子的认知程度有关。当他的认知程度没有到达时,他自然无法做对;但做过一遍了,也被老师判为错误了,他也明白过来了,认知程度又进了一步,这时候自然也会做了,你不能用他此时的认知程度去要求那个时候的他,从而判定他那时候不认真,那真真是冤也!

如果是语文学科的犯错,我觉得更需要仔细区分了。

小学阶段的语文学习,尤其是低年级阶段,更多的是字词的掌握,老师经常会发校讯通,今天有多少个孩子听写词语 100 分,我家孩子偶尔也会得个 100 分,但大多数时候都要错上一两个字。我完全知道,他为什么会错。

去年期末复习阶段,他们集中复习字词,他每天都在家写啊写啊,写很多字词,然后我就看到他把有些字写错了,但却错得那么有创意。

比如我看到他写“窗帘”的“帘”字,他把穴字头下面的“巾”写成了“布”,我纠正他,他说:“难道窗帘不是布做的吗?窗帘又不是毛巾做的!”你查《现代汉语词典》,“巾”的意思就是擦东西或包裹、覆盖东西的物品,多用纺织品制成,比如手巾、围巾、领巾、枕巾、餐巾，但因为我们日常生活中常说的就是"毛巾"，所以他就把"巾"换成了"布"字，其实"布"的下半部不也是"巾"吗？这就是孩子只知其一，不知其二的地方，但他的这个错误不也代表了他的思考和领悟吗？相比较于老师给个"帘"，你就写个"帘"，没有任何一点自己的思考，我倒觉得这种因为主动思考带来的错误可以原谅。

他确实喜欢刨根问底。就拿他写"刨根问底"的"刨"字来说，"刨"就是"包"加个"刀"，他说："用刀把包割开，看看里面有什么，这有点'刨根问底'的意思了。"可当他写到"剧院"的"剧"时，他问："剧院难道不是演戏的地方吗？为什么要立个刀？难道他们要用刀砍人？"

因为他的这点追问精神，我买了沙流河、张大春的几本书，都是讲汉字来历的，碰到他有疑问的，就去帮他查一查，这个字当初是怎么造来的，可是总有查不到的字，只好留下一团疑云在他心上了。

有时候，我想，如果不考虑分数，错了就让他错了吧。这个世界上，不是有很多发明、创造都是从错误中来的吗？药品青霉素、食品臭豆腐等等我们生活领域中好多事物不都是从错误中诞生的吗？还有可口可乐、X光，以及其他很多我们日常生活所熟悉的东西，它们产生的背后都有一个"美丽的错误"。

今天有很多大咖都在说，新时代的人才要有两项重大才能，一个是想象力，一个就是创造力，偏偏这两项才能还无法人为培养，因为原本你的知识、你的能力、你的智慧就是有限的，你如何培养一个有卓绝想象力和创造力的孩子来？而孩子原本就拥有很厉害的想象力和创造力，如果你作为父母，可以给他们空间，让他们尽情发挥这两项能力就OK。作为一个父母，我想给孩子空间的表现之一，就是允许孩子犯错误，作业不用每次都写到百分百正确，考试不用每次都得100分吧？

我国数学大师陈省身生前为中科大少年班题词："不要考100分。"陈省身认为，考七八十分就可以了，你的时间和精力过多地花在考试成绩上，会影响将来的发展和创新能力。

南方科技大学创校校长朱清时非常赞同，他解释道，原生态的学生一般考试能得七八十分，要想得100分要下好几倍的努力，训练得非常熟练才能不出小错。要争这100分，就需要浪费很多时间和资源，相当于土地要施10遍化肥，最后学生的创造力都被磨灭了。

大年三十，响应“减少雾霾，不放烟花爆竹”的号召，我们一根烟花都没买。吃过年夜饭，等看春晚的空档里，儿子不断地在那儿撕纸，把好几张透明干净的绘图纸撕得粉身碎骨。我们欲阻止他：“都多大了，还撕纸玩！”他小时候有一阵子爱过撕纸，可他说：“你们等着瞧！”然后捧着那堆碎纸钻进了房里。一会儿功夫出来，手上拿着一只纸筒，对着我们，拔开纸筒一头的盖子，猛一撒，一片纸屑如雪般纷纷扬扬洒落。我们刚要训斥他，却听他说：“看我这环保无烟的烟花！”得，他这一说，我们也立即觉得这创意够有意思，不动一火一炮，过年的气氛瞬间有了。

所以，有时候，错误可能就是一片土壤，里面生存着一种新生事物，只是我们还没有认识它。带着一种认识新事物的视角去看待错误，错误是不是就可爱多了？我们的孩子还年幼，我们不必害怕他们犯错，我们都是在不断地试错中成长起来的！有时候我们需要纠错，有时候错误却为我们带来一个新世界！

暖心小贴士

汤山古猿人洞

汤山古猿人洞位于南京汤山镇，乘南汤线、123路到汤山溶洞站下即到。

古猿人洞景区最值得一看的就是两大溶洞，一个是雷公洞，一个是古猿人洞。雷公洞洞内曲折崎岖，迂回幽深，走来令人气喘吁吁。我比较喜欢的是猿人洞，洞内很开阔，模拟了古猿人生活的场景，有茅屋、石器、巢居屋、六居屋等。一般在这样的地方，我都不由得开始神思：如果我就是那个坐在巢居屋前，生活在原始时代的女人，我是怎样的呢？我有老公吗？我有小孩吗？我最爱做什么？最爱吃什么？最擅长干什么活？

所以，当我们走出猿人洞后，老公和孩子在外面玩，我又独自去洞里转悠了一圈，表面上是去帮老公寻找他丢失在洞里的一枚青奥徽章，实际上我是不死心又去搜寻原始时代的“我”可能留下的“秘密”了。

南朝石刻

南朝石刻，即南朝皇帝和王侯陵墓前的神道石刻。目前江苏境内共有33处，其中南京11处，江宁10处，句容1处，丹阳11处。

我们去寻访的是位于栖霞镇甘家巷的石刻。公交线路有南京南栖线，至甘家巷下。

在甘家巷街道广场，我们首先见到的是萧恢墓石刻，与它相邻的是萧憺墓石刻。

第一眼见到昂首耸立于冬季枯草中的石刻辟邪时，虽然它们已破损残败，但那份神采和雄姿却依旧令人震撼。它们昂首张口，长舌垂胸，头部有鬣毛，腹侧饰双翼，翼作羽翎，通体长毛如蔓，体态肥壮健硕。

但我们知道，最标准的南朝石刻是萧景墓的石刻辟邪，从中山门进入南京城，那座昂首屹立的神兽的原型就来源于此，所以我们又去寻访萧景墓石刻。

萧景墓石刻距离甘家巷并不远，就在旁边十月村的农田里。终于见到萧景墓石刻辟邪，这座象征着南京的神兽，我们都有些兴奋。它残败依旧，但高大壮美也依旧。那根国宝级文物——神道石柱与之相对而望，说不尽的沧桑，道不尽的风雨。

有些遗憾，或者说有些揪心的是，萧景墓石刻辟邪四周皆是农田，旁边还有一大片正在施工的工地，为了保护石刻，石刻四周被围上一圈围挡，但我们不知道这样的保护力度能不能真正保护得了这座来自于历史烟云深处的神兽？

甘家巷小学中还有一批石刻，可惜我们去时正值寒假，学校铁将军把门，我们只透过大门看见学校敞开式的前厅里展示着石刻，却无法近身观察，只得抱憾而归。

想到一座小学学校里有这样的历史文物陈列，作为一名小学生，可以日日经过它们，看到它们，感受它们，我觉得，这真是一座颇有意思的小学校。

南京火车站、金陵刻经处、方山

去南京火车站看春运

今天我去南京火车站看春运。

春运是什么呢？春运就是快到春节了，很多人都想回老家看看父母，火车站啦，汽车站啦，就拥满了人，人流如潮，这就是春运。

今天我就去南京火车站看春运。我们是坐地铁去的，一进地铁站，我就感觉到春运的气氛了。虽然说地铁站里人不是太多，但是我看到大多数人都背着大包小包，拖着大大的行李箱，里面估计装的都是年货。出了地铁站，沿着地铁站里的指示，我们首先到了火车站的出口处。那里真的是人山人海，好多人都刚刚下火车，来到南京。还有很多人来接人的，春运就是这样，有人到这里来，有人从这里走(我怎么感觉火车站跟医院差不多呢，有人到这里来，有人从这里走)。春运嘛，就是运来运去。

出了地铁站，我们就去购票处。购票处的人倒是不多，我妈妈说，赶春运的人，一般都是在网上买票的。她有的同事要回家的，都要提前一个月多在网上抢车票，还要抢到凌晨才能抢到，可见春运的车票真是一票难求。你想想看，提前一个月都抢不到，可见有多少人在同时抢啊。

买了票就去候车室，候车室挤满了人。我们隔着玻璃墙，看着都觉得挤，想想就没有进去了。本来我们是打算买站台票进去的，但是看到那么挤，就算了。

我们在火车站看春运的时候，看到候车室门外有个春运158的服务台，有很多穿着橙色马甲的志愿者哥哥姐姐正在帮旅客搬东西。我们在服务台上还看到一份介绍，上面说春运158是南京站专为老幼病残孕等重点旅客提供服务的，158就是义务帮的意思。我爸爸说，你现在还小，等你长大了，也可以来做这样的志愿者。

我们家我爸是江宁织造府的志愿者,我妈是鸡鸣寺国学班的志愿者老师,我,呃,目前还不是。

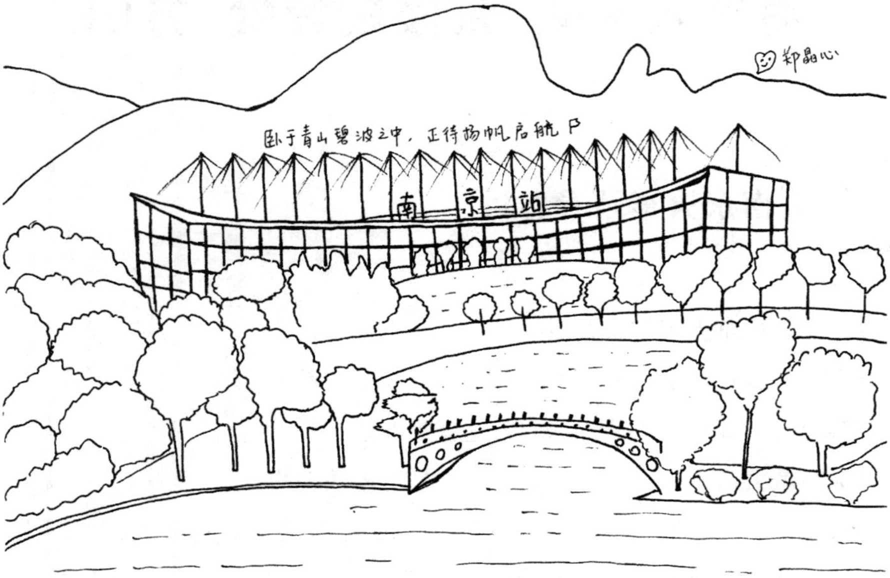

南京火车站正对着玄武湖,我们以前在玄武湖环湖路上徒步的时候,看到过火车站。远远地看火车站,就像一艘帆船。我猜是远航的意思。在火车站正前方的平台上还有一座辟邪,正好昨天我们在栖霞区看到了辟邪石刻。火车站的辟邪就是仿照那个石刻辟邪做的,用的是紫铜,不过我感觉仿的总归没有真的好,真的很神气,仿的感觉像打了败仗一样。

以前(其实就是今年刚放寒假的时候看的)我在《人在囧途》上看过什么叫春运,今天才是真正的看春运,感觉不一样。真正的春运比电影上的春运还挤。我看电影都把它当作一个幻想来看待,没有想过它其实就是真正的生活。我看电影的时候都要笑死了,但我到了火车站被挤得根本笑不出来了。

在金陵刻经处看古老的雕版印刷

我妈妈说要带我去金陵刻经处,我以为那里是个园林似的景区,当时我也不知道刻经处是什么意思。后来才知道,刻经处就像现在的印刷厂,只不过只印刷佛经,就像阿弥陀佛之类的。

我们到了金陵刻经处,也就是淮海路 35 号,金陵刻经处的吴伯伯就带我们进去参观。我们先参观的是杨仁山居士的墓塔,据说杨仁山的棺材就埋在这座墓塔下面。那杨仁山居士是谁呢?杨仁山就是金陵刻经处的创办人,他的住宅也在这里,等于说金陵刻经处也是他的家。

接着我们参观了杨仁山居士读书的地方——深柳堂,为什么叫深柳堂呢?原来这间房子前面有一个池塘,四周都种的是柳树,他的房子在柳树深处,所以就叫做"深柳",堂就是房子的意思,所以叫"深柳堂"。现在房子前面已经是砖头路,没有池塘了。深柳堂里放的全是经书,都用玻璃橱柜装着。如果不用玻璃橱柜装,直接放在书桌上,我爸爸说,那一定有很浓厚的书香味。

从深柳堂出来,吴伯伯又带我们去了经版楼。在经版楼里我看到了经版、刻经版的工具,以及经版印在纸上的样子,我发现经版上的文字和印到纸上的文字是反过来的,它不像镜子照东西那样是左右颠倒的,它在版子上是反的,印到纸上就变成了正的了。这些展示的就是"中国雕版印刷技艺"的流程,现在我知道了,这个流程就是:写版、校正、上版、雕刻、刷印、装帧。另外,我还看到一根功德柱,柱子上面写了一行又一行的字,内容大概是这样的:某年某月某日某法师捐献某元刻某经。经版楼里收藏了很多很多的经版,据说有 12 万多块,我们看到的是其中的一小部分。它们一块一块整整齐齐地码在架子上,就像书放在书架上一样。我还发现,有些版子上面被挖了一块,吴伯伯告诉我,被挖的一块是破损了的,现在挖掉重新雕刻。

参观完这些展览,我们就去看真正的雕版印刷了。我们先看到的是雕版,看到两个年轻的大哥哥在雕刻。我妈妈还以为,做这些事的人都是年纪大的人呢,原来他们这么年轻。我看到大哥哥拿着刻刀,一笔一划地在版子上雕刻着,吴伯伯说,干这件工作是件很费力的事情。因为这个木头很硬,如果不使劲就雕不出来。我妈妈问一个大哥哥,雕一块版子需要多长时间?大哥哥说要两个星期,那个版子差不多有现在的 A4 纸大小,它印出来正好对折成两个书页。两个星期,我觉得和现在机器印刷的速度是天差地别。我们家打印机最快速度可以达到两秒一张,经济速度是一分钟两张。

下面就去看刷印了。我看到那里的工人拿着一把刷子,快速地在版子上刷一下墨,然后快速地拿一张纸盖上去,再快速地拿另外一种刷子刷一下,一张书页就印好了。我觉得即使是手工刷印,他们的确很麻溜,和我家打印机的速度都差不多了。听那里的阿姨说,她们一天可以印 2000 多张。

印刷完,就是排页了。只见那里的工人在一堆纸里面,刷刷刷把书页就排好顺序了,再刷刷刷就把一摞书页整好了,只是没有装订。说实话,我看她们手忙得我都眼花缭乱了。

排完页,我们就去看装订。只见那里的阿姨先为书装上封面,再装上封底,然后用打孔机在书脊边打上四个孔,再用针把线穿到孔里去,固定书页,这样一本书就装订好了。

到这里,雕版印刷的流程我们全部参观完了,我妈妈还在经书流通处买了几本书,打算回去学习学习。

这次我参观了金陵刻经处,知道了它是世界非物质文化遗产。我觉得在活字印刷出来之前,雕版印刷技术真是一项伟大的发明。你想想,如果那个时候世界上没有雕版印刷这项发明,就不会有活字印刷这项发明,也不会有后来的打印机、印刷机了,也就不会有现在的这么多书了。如果那样子的话,我觉得生活就会很糟。举几个例子,一个不会做饭的人,如果没有菜谱会怎样?一个不会装电脑的人,如果没有说明书会怎样?一个不会写字的人,如果没有教科书会怎样?所以,书是很重要的。我们要记住金陵刻经处这个地方,要记住雕版印刷技术这项世界级的非物质文化遗产,更要记住杨仁山居士这个人,是他创办了金陵刻经处,把"中国雕版印刷”这项技术传承下来了！

我爸爸飞过方山的天空，我在方山“滚草”

在以前，方山就是个——用现在的话来说——收费站。经过方山，要交费的。由于方山距离南京有40里，古人相送，感情再好，也只能送到方山。再往前送，就要交费了。因为很多送行的人都在这里住宿，渐渐的，方山就变得热闹起来了。

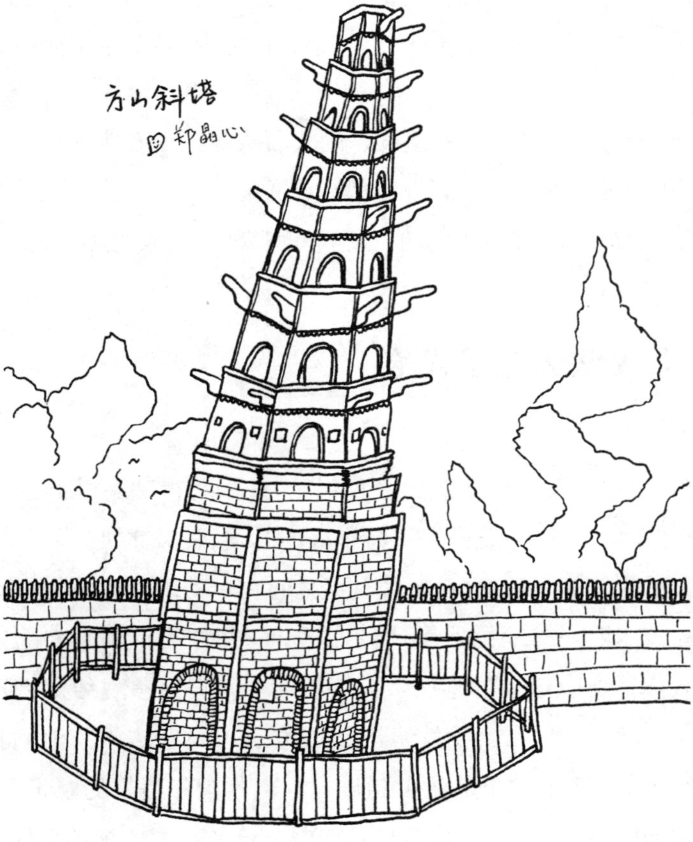

在去之前，我爸爸告诉我，他曾经有一次，从赤山飞到了方山，他是用滑翔伞飞行的。滑翔伞跟滑翔机的工作是一样的，都是利用直径25英尺的上升气流提供动力。不同的是，滑翔机需要别的飞机来牵引，到一定高度的时候，才可以解开牵引绳，自己飞行。而滑翔伞就不用，因为滑翔伞本来利用山的高度来起飞。我爸爸是从赤山的顶上飞到了方山的脚下，我用谷歌地图看过了。他一共飞了 9.89 公里，这就是两座山之间的空中距离，用了半个小时。这两座山的地面距离有 15 公里，开车也要半个小时左右。

我到了方山，首先看到的是一座高高的山门，上面写着“方山”二字。进去之后，我看到介绍上说，方山是一座死火山，喷发过两次。所以它这儿有个特点，长长的山路上铺着火山浮石，连装路灯的小房子都是用火山浮石建造的。

沿着火山浮石路，我们来到了一群火山蛋前。火山蛋也就是由火山岩里的铁冷却之后组成的，大大的，圆圆的，有的像煎鸡蛋，有的像蜗牛壳，还有的像 UFO。我在上面爬了好一会儿，把每个火山蛋都爬了个遍，还把小国旗插在了上面，我爹说：“占领！”

在火山蛋的前方，我还看到一座神奇的大石头。这块石头前面看着像龙，后面看着像凤，而我觉得像龙的这一面看着又有点像狼。

就在这座大石头前面我又玩起了“滚草”，滚完之后，天也黑了，我就回家了。

我无法为儿子代笔

帮儿子做“大秘”，我时常会遇到一种纠结，儿子写得磕磕绊绊的时候，我会着急，这点事情你还写成这样；儿子写得特别好的时候，我又想笑，靠，你写成这样，人家会以为是你妈代笔的！就像《在金陵刻经处看古老的雕版印刷》这篇游记。前面按参观的顺序流水账一样地往下写，偶尔提醒他“在你告诉别人你的感受之前，你要先告诉别人你看到了什么”，他就添加几句话。一直到参观结束，他要对这篇文章进行结尾了，他在一旁想着，我就切开页面，忙到 QQ 上去了。他问我：“老娘，你觉得要怎样结尾呢？”我说：“我也不知道哇，这样，你把你写好的游记先读一遍吧。”我关掉自己的 QQ 对话框，又切回 WORD 文档，给他看。他拖动滑杆，很快就看完了，说：“我扫完一遍了，还是不知道怎么结尾好。”我说：“那你就再读一遍，而不是扫一遍。”他哈哈笑，又从头到尾看了一遍，还是很快，一边看着一边用个手指在自己脑袋边转着，模拟机器人的声音说着：“大脑正在思考中，请稍候……”“大脑正在思考中，请稍候……”

突然，他小胸脯一挺，催我："打打打。"我把手放上键盘，说："说。"他就开始说："这次我参观了金陵刻经处……"我立即打断了他："你要是说'我很高兴''很有意义'我就不打了。"他哈哈笑，说："你先往下打。"我就接着往下打。他说："知道了它是世界非物质文化遗产。"听到他这一句，我仍然有停下来的冲动，但想想，还是且听他下文吧。谁知他一下子就提到"活字印刷"，并由"雕版印刷"推及"活字印刷"，又推及后来的发明打印机、印刷机等，我一路打下去，心里真是有几分震惊的。他在举了"一个不会做饭的人"的例子后，站了起来，在屋里四处张望，寻找下一下例子，我插播问了一句："你确定活字印刷是在雕版印刷后面发明的？"他答："当然，你想啊，雕版印刷上面的字是固定的，坏掉了只能挖掉；活字印刷是一个字一个字的，坏掉了换一个就行了，肯定是在雕版印刷后面发明的。"我说："好吧，你继续想你的例子，我去百度，确认一下。"在去年我们行程一开始的时候，我就坦承过，我不是一个知识丰富的妈妈，并且偏科得厉害，除了关注自己感兴趣的文学，其他很多知识并不了解。或者说，有很多知识都是似是而非的，只有个模模糊糊的印象，并不太确定。

我当即打开百度，开始搜索这个知识点，很快得到确认，儿子是对的。这时候，儿子又有了新的例证："如果一个不会用电脑的人……"我刚敲完，他又说："不对，给改成'一个不会装电脑的人'，很多人会用电脑，但不一定会装电脑，像你就是的。"我遵嘱改正。

举完例子，当他接着"所以，书是很重要"的句子说出下面的话时，我真的是惊叹了。如果说我前面只是有几分震惊的话，这会儿我是完全地惊叹了。我由衷赞叹："儿子，你这个结尾真是太好了。"小伙子又用手指在脑袋边转，仍然模拟着机器人的声音说："大脑运转过度，咚，倒下……"然后，就真的咕咚一声往床上倒去。我笑，又不甘心地问："儿子，你是怎么知道活字印刷的呢？""我跟同学借的书《欧洲寻宝记》上看来的。"

我知道了，他 1 月 16 日当天考试完毕，我 17 日当天忙到下班，恰好结束一期杂志编务，好开始后面的休假。这天白天，他在姨妈的陪伴下，去了一趟凤凰书城，就买了好几本"寻宝记"系列的书。这个系列有几十本，当时就听他说，他没有全部买，有些他跟同学已经借来看过了。

他又意犹未尽地告诉我："这套书很好看的。"

是，这个系列的书买回来之后，他简直就是手不释卷，可惜我还没有去看里面到底是什么样的内容。依照他今天的运用，我觉得似乎值得把全套的书都给他买回来。

写到这儿，其实我已经坦然了，我儿子的写作特点和我的是完全不一样的，我是文的，就文论文（就像在金陵刻经处的经版楼里，看着满屋琳琅的经版，看着经版上雕刻的佛像线条流畅、衣袂蹁跹、形态生动，我对金陵刻经处的吴老师说："我不懂佛法，也不懂雕版印刷，但是看着它们，我就觉得美。"那种感受就是，你的视线所及之处，都会带给你一种胸怀满涨的感觉，你体会到一种难言的感动，又有一种深沉的静谧，你会想深呼吸，你的眼睛会想一直停留在那里，永不离开）；而他是文理兼备的，常常由理的东西推及到文。想想这篇游记的结尾，如果是我来写，我可能就会从杨仁山居士的情怀和精神出发去描写，根本想不到活字印刷这桩事。这是我的缺陷，也是我的局限。"发明"这样的事情是多么地科技，多么地硬啊，放在过去，我是连碰都不会碰一下的，但现在跟着儿子，我也会去了解一些，但无论怎样补课，到底比不上人家的童子功啊。面对这样的童子功，我想代笔也代不了啊。在我使用百度时，他对百度还有一番"洞见"：百度就是个知识的集合，真正的知识像一棵树，一到二，二到四，四到八，八到十六，十六到三十二，三十二到六十四，六十四到一百二十八……再往上我算不过来了。

儿子的描述不尽完整，但我懂得他的意思，我们用百度，只是看到其中的某个知识点，而真正的知识是系统性的，是有严密架构的。我既为孩子的认知感到骄傲，又羡慕他，为什么我就那么偏科呢？

暖心小贴士

南京火车站

儿子说：火车站有什么可看的，我都去过多少回了！

老公说：这时候去火车站就是去赶春运的！

那好，我们就去感受一把春运！

虽然定下主题去看春运，但我们依旧像第一次到访的游客一样，把南京火车站好好看了一遍。售票处、候车室，如潮的人流，我们既在人群中，又在人群外。

火车站门前的辟邪雕塑，以前我们匆匆赶车，哪里顾得上仔细看过它？火车站面临玄武湖,我们只从玄武湖的角度看过火车站,哪里有空站在火车站前,好好欣赏过玄武湖呢?

南京火车站位于南京古城城北,地处浩浩扬子江畔,巍巍紫金山下,前临玄武湖,后枕小红山,整个南京火车站从外观上看去就像一艘跃跃欲试、风帆扬起的巨型帆船,等待着乘风远航,被誉为"全国最美的火车站",可我猜想,有谁可以慢下脚步,用心去欣赏过它呢?

所以,作为"新金陵48景"之一的南京火车站,我们可以不去赶车,纯粹以游客的心态去好好看一看它!

金陵刻经处

金陵刻经处位于南京淮海路和延龄巷的交界处,淮海路35号,乘坐60路、80路、306路、313路至淮海路东站下,步行可至。

吴大奇写游记难得这么按部就班地进行,但写金陵刻经处,他却一步一步写出他看到了什么。因为我们所看到的一切与一般的景点太不相同了,所以值得如此一一道来。

金陵刻经处的看点即为杨仁山居士墓塔、深柳堂、祇洹精舍(杨仁山当年在此讲经的地方)、经版楼,可我还想记下一笔的是,出于弘扬佛法的考虑,杨仁山还为金陵刻经处规定了"三不刻"例,即:疑伪者不刻,文义浅俗者不刻,乩坛之书不刻。

所以,你今天在金陵刻经处看到的,无论是它的老屋黄墙,古木参天,庭院幽深,还是它经文流通处的卷卷蓝皮白线装的经文,你都可以体会到一个字:净。

金陵刻经处,一堵矮墙,一扇红门,隔开了两个世界,门内步步莲花开,门外滚滚红尘来。

方山

方山景区位于江宁科学园内,公交江宁区7路、金龙线可抵达。

关于方山有好多传说,一说秦始皇路过金陵,听说这里有"王气",就掘断地脉,以泄"金陵王气",地点就在方山。二说古人送别至方山。古人牵牛绳引船过方山埭时,要交牛埭税,相当于现在的高速公路收费站。所以,古人送别,关系近、感情好的也就送到方山。宋朝诗人谢灵运就曾在这里写下《邻里相送至方山》。三说方山山体呈方形，孤耸绝立，山顶平坦，故名方山。又因四角方正，犹如一枚玉印从天而降，又称为天印山。

方山没开发前，我们登过几次，极富野趣，开发后就是一个完善的风景区了，各有各的好，无法妄断。有时候我们喜新厌旧，有时候我们又怀旧弃新，可世间万物就像流水滔滔不绝向前奔流，留下的，带走的，大自然自有拣择，不以人的意志为转移。就像谢灵运在方山写下送别诗后，去了浙江永嘉任太守，他的"想当祖父一样的大将军，想做堂曾祖父一样的名宰相"的抱负都无法实现了，但却在永嘉山水的滋养下，成为中国山水诗的鼻祖，诗歌领域的一代巨匠，留下无数珍贵诗篇，影响了后代无数诗人。

南京晨光 1865 创意园

在 1865 创意园看“先生回来”展

1865 其实是个产业园，它里面 9 幢建筑是清代建筑，19 幢建筑是民国建筑，里面有些建筑原本是生产车间，现在被改成供大家参观的博物馆或者艺术馆了。

我第一次去 1865 是去做陶泥，第二次是去看“把台北故宫搬回南京”的展览，第三次就是这次了，去看“先生回来”展。我想先讲讲我去做陶泥的事。

我先来讲讲一件陶器是怎么做成的吧。陶器是先用陶土捏成的，所谓的陶土其实就是天然的土，只不过这种土是在地理环境比较好的地方的土。这种土含铁量比较高，所以做成陶器之后，经过火烤就变得比较坚硬，也比较脆了。

我捏陶土的时候，完全把那个捏陶土的转盘当个空气，就把陶土当作橡皮泥一样，左捏捏右捏捏，结果捏出来的东西勉强可以叫做小篮子或者盆。这个转盘的原理跟 DVD 差不多，驱动的那边叫转子，扫描的那边叫做定子，如果这个转子不动，那么定子就要像地球绕太阳那样转啊转啊，这样就会产生偏差；如果转子是动的，定子只要来回运动就可以了，这样就会减少偏差的机率。

最后我没有拿到我捏的小篮子，我估计应该是在烤的时候碎掉了，所以创意园就没办法给我了。

下面讲讲我去看“把台北故宫搬回南京”的展览的事。在这次展览里面，我对一个交互式显示屏印象最深刻。这个显示屏后面连着电脑，人看着前面，像一扇窗户一样。每个小窗户上面都会有一个声敏传感器，每当有人走到声敏传感器面前呼喊或者拍手，声敏传感器就会把信息传给电脑，电脑就会让显示屏对应的小窗户里面显示出飞翔的燕子图案。如果不呼喊或拍手，燕子就会歇在树上不动。我和同学先是使劲拍手，就看到一两只燕子飞了起来；后来我们一起对着声敏传感器大喊，燕子就多了起来；最后，我们声音喊得更大了，燕子就满天飞了，有趣吧？

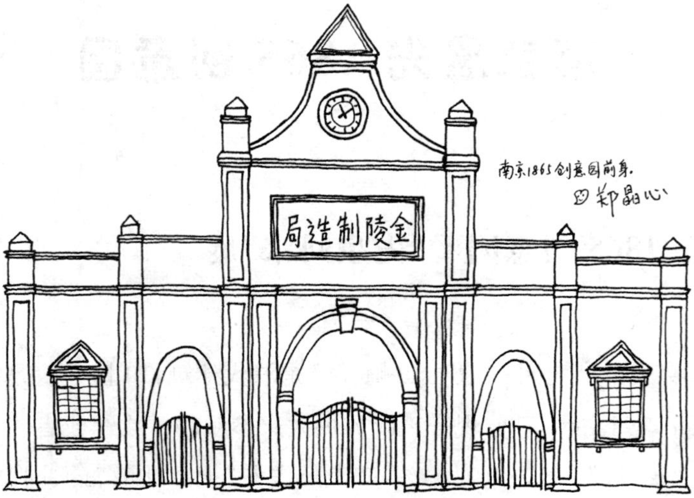

第三次就是“先生回来”展了。这次展览主要讲的是民国时期的一些大教育家、思想家、文学家的一些思想和作品，以及他们的一些人生故事。我妈给我读了一段简介，我就让她直接复制过来了：“先生，一个称谓，一种修为，一部纪录片，一场展览。蔡元培、胡适、马相伯、张伯苓、梅贻琦、竺可桢、晏阳初、陶行知、梁漱溟、陈寅恪十位民国先生的图像影视将立体展现，同时展览还融入了‘故纸温暖’和‘老课本’系列，让先生、学生、文化一脉相连。莲花山下，先生回来，看到莲花。”我印象中上海有个地铁站叫“陶行知站”，可能这个站就是为了纪念陶行知这个人的；我还想起来我在燕子矶那儿看到过一句话叫“想一想死不得”，就是陶行知写的。对于其他的人，我都一概不了解。

我看了好多那个时候的杂志，有些杂志的名字很有意思，比如《问问鸡》《好妹妹》《谁和我玩》等等。我觉得这些杂志都比现在的杂志好看。这些杂志很纯真，现在的杂志五花八门的东西太多了。我还看了很多老课本，我觉得以前的老课本多简单啊，第一课就是《上学去》，内容就是“先生你好”，就没了，比我们现在的一年级第一课的 aoeiuü 简单多了，也有意思多了。我妈妈给我买了很多民国老课本的书，我最喜欢看《民国童子军》。起先我以为这套书是讲打仗的，后来才发现讲的都是一些生活常识。比如说，怎么讲究个人卫生，怎么洗衣服，怎么种植物，怎么使用电话之类。

每次去1865都会收获很多东西，下次有活动我还会再去的。

孩子，把我的童年赠送给你

当我听到动我心弦的音乐，

当我看到养我眼目的风景，

我的思绪总会飘到我的童年，那些我站在晨雾中的时光，那些我睡在草地上、花丛里的日子，那些我看过的飘来飘去幻化无数象形文字的云彩，那些拂过我，不曾告诉我什么秘密却至今令我难忘的风，我常常以为，它们都已经远去，都已经逝去，可是只要我听到动听的音乐，再次相遇美好的风景，我却觉得，是的，童年的我已经不在了，可是它们还在，它们并没有远去，它们还陪伴在我的身边，并且似乎将会永远地陪伴下去，直到我逝去，它们还在……

每每想到这一点，我就心情激荡，我想到我在世间是一个清贫的人，我几乎没有什么物质财富可以留给我的孩子；我也是一个才华并不足以成为名家大家的人，我也无法给我的孩子留下盛名……可是，想到我童年的风景，当我有一天意识到它们还在，它们并没有离去，我就感动得无以名状，对生命充满感恩。原来，我可以留给我的孩子的，正是这些风景，这些曾经美好过我、诗意过我、滋养过我的风景，即使我逝去，它们都还在。只要我的孩子走出都市的水泥森林，走进大自然，它们就会无私地朝他敞开怀抱，无私地拥抱他，接纳他，爱他……曾经美好过我的也将美好他，曾经诗意过我的也将诗意他，曾经滋养过我的也将滋养他……

到今天，我终于明白了，我为什么爱带着我的孩子走出家门，只要有机会，我们就会抛下课本，走向大自然。当别人问起时，我有很多现成的理由给他们，我说，因为古人就说了，要读万卷书，行万里路……因为生活本身比课本知识更重要……因为……

其实，种种"因为"都是别人的，其实，把自己的童年当作一笔财富赠送给他，才是我真正的动机，才是我原创的理由。想想当初，为他选择幼儿园时，我参观了好几家都比较优质的幼儿园，后来为他选定的幼儿园只是因为那个园里还有一片泥巴地，在很多学校和幼儿园都将整片操场铺上塑胶地面时，还有一个幼儿园为孩子们在游戏区保留了一片泥巴地,我简直惊喜。在泥巴地旁边还有一片菜圃,菜圃里种的瓜果蔬菜生机勃勃,看得我恨不得立即钻进去睡一觉。我就这么下了决心,再无纠结,为儿子选定了幼儿园,让他在那个园子里度过了愉快的三年时光。后来我越发地感受到那个幼儿园的好,幼儿园里种植不同季节开放的花树,每个相应的季节,幼儿园里都色彩纷呈,花香四溢。我每回进去接孩子,都忍不住深呼吸,深呼吸。

可惜,我明白得晚了一些,不然,我相信我可以做得更好一些,在有意识的状态下。

可是,今晚我反应过来了,我的孩子还是一个小小少年,他的童年还正在行进中,噢,忍不住又要对生命充满感恩。命运真是太厚待我了,我热烈地爱着它,它也以丰厚的馈赠予我。我从来未曾失去什么,我以为世界不曾给我的,其实我都已经拥有。

当太阳落下山去,我以为我失去了它,其实它只是闭阖了一下眼睛;当圆月瘦成细线,我以为我失去了它,其实它只是走过了一个季节的轮回;当春天的花瓣一片片零落成泥,我以为我失去了它,其实它只是化作春泥更护花;当秋天的果实一颗颗坠落,我以为我失去了它,其实它只是在孕育更繁多更广阔的生命;当风吹过,当雨下过,当河水流过,当曾经的爱人走过,我们会发现,我们不仅从未失去过,还迎来了更丰盛、更辽阔的生命。

当我以为我已经失去我的童年时,却发现不仅它没有远去,命运还赐予了我一个孩子。孩子是束光,是命运投进我生命中的一束觉知之光,让我更清楚地看到,我的童年是如何在我的生命中熠熠生辉,它不仅照耀我,还是我唯一可以荣耀、可以赠送给我的孩子的礼物。

这礼物是命运对人类的厚爱,是生命对生命的呼唤,是心与心的交流,是爱与爱的辉映。

如果人类都可以赠送给他的后代一个纯真美好的童年,人类生存的家园就是天堂了。

暖心小贴士

南京晨光 1865 创意园

南京晨光 1865 创意园位于南京城南中华门外应天大街 388 号,公交 110 路、

126 路至梅花村下，地铁 1 号线到中华门站下，2 号出口出来往东走几分钟即到。

现在，你走进 1865 创意园，感受到的只是清新和文艺，可是，凝神想一想，当年这里却是制造军火的地方。

1865 年，李鸿章创建金陵制造局；

1884 年，金陵制造局制造出我国第一门“十门连珠炮”；

1888 年，制成中国第一代重机枪；

1889 年，金陵制造局已拥有机器设备近千台，工匠 1700 多人，成为当时中国主要军火生产基地之一。

从常规武器的制造到航天产品的研发，再到今天的文化创意产业园，这一路的演变史就像历史写给人类的一则寓言，至于人类可以从中领会到什么，端看人类的悟性了。

创意园划分为几大功能街区：当代艺术展示中心、古玩字画艺术品区、玉·石典藏馆、艺术家大师工作室、古典家具馆。孩子们多会喜欢看火箭槽罐，因为他们一贯对这类高科技感兴趣；成人多会喜欢看大佛佛脸、金陵制造局大门，以及清朝、民国建筑群等。

1865 创意园不同街区经常会举办不同的活动，都比较有意思，平常可多多关注噢。

清凉山和石头城

在清凉山放生小刺猬，在石头城公园做实验

石头城公园有一面石头墙，上面有一块大大的石头凸起来，像是鬼脸的样子，所以石头城公园也叫鬼脸城公园。那里面还有城墙，据说这是以前的军事要塞。我现在知道城墙为什么要建在清凉山上了，首先他们把城墙建在山上，可以省掉很多砖石；其次，这个鬼脸可以吓跑敌军。敌军在白天来的时候看不出什么，但是如果敌军晚上偷袭，那时候连灯也没有，即使有灯他们也不会提，他们看到城墙上的鬼脸，肯定要大声惊叫起来。如果不惊叫，至少也会被吓回去了。这种方法多么巧妙啊，不过到现在我都不知道这个鬼脸到底是人工凿成的，还是天然形成的。人工凿成的就没有什么新奇可言了，如果是天然的，那就是天下奇观了。

我在清凉山放生过一只小刺猬。那是我上幼儿园的时候，我们一家和姑姑一家在太湖边上一家饭店吃饭，饭店里在卖一只小刺猬，我爸爸就把小刺猬买了回来，一直带回到南京，在我家住了一晚，第二天我们就把它带到清凉山上放掉了。我妈妈把篮子递给我，我把篮子盖子打开，歪下来，然后就一动不动等小刺猬出来。一开始小刺猬还不肯出来呢，我妈妈说它不是不肯，是不敢。我一直不动，等了好一会儿，它才慢慢爬出来。一爬到草地上，它先缩成一团不动，然后一下子就跑掉了。现在我猜小刺猬的孩子都有孩子了吧。

我经常去石头城公园玩，上幼儿园的时候，我们在那里开过运动会；一年级的时候，我参加全国助残日活动，帮残疾人祈伯伯推轮椅，徒步秦淮河。我还在那儿搞过放大镜烧纸实验。那次是夏天，阳光很厉害，我正好手上有一本关于科学实验的书，我看到了一个非常简单的实验，这个实验是这样的：利用太阳的光芒和放大镜的聚焦作用，让纸张燃烧起来。我就想做一做这个实验。我妈就带我去了石头城公园，因为那儿可以晒到更多的太阳。我先把纸放在地上，拿出放大镜对着纸，就一动不动等着。结果，纸也没有烧着，我实在热得不行了，就回家了。回家后，把纸放在地上，把放大镜插在节节高花盆里，对着纸，结果还是没有烧着，太阳都下山了。

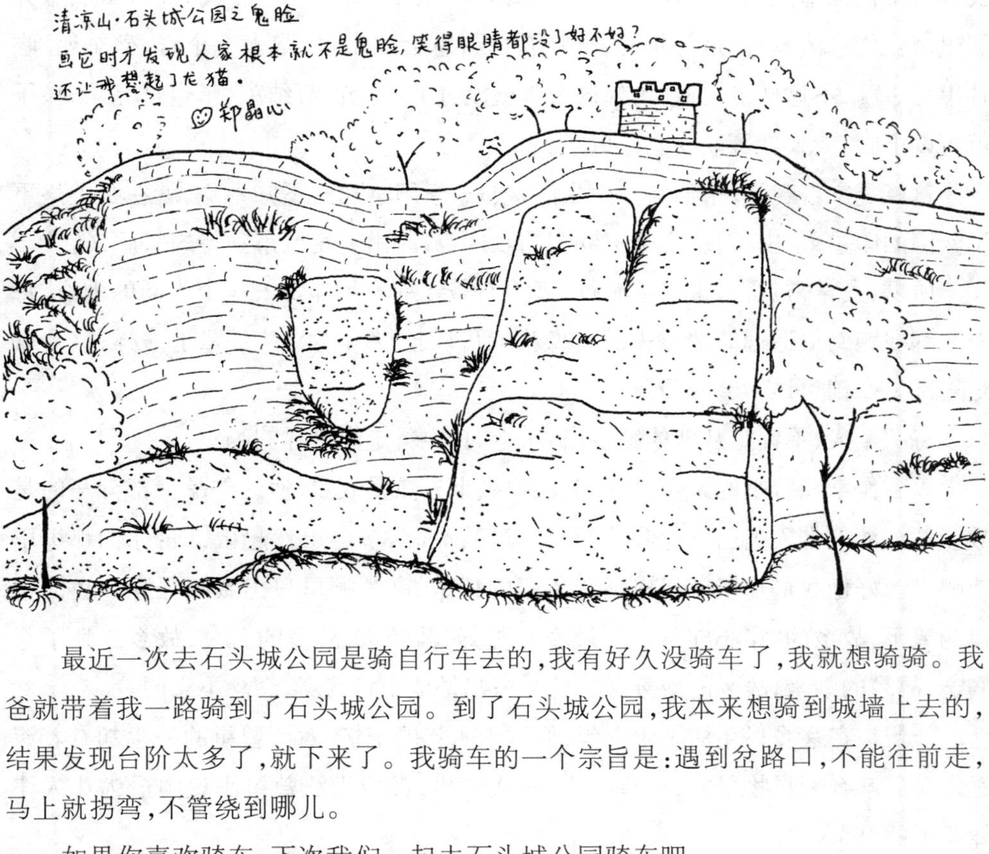

最近一次去石头城公园是骑自行车去的，我有好久没骑车了，我就想骑骑。我爸就带着我一路骑到了石头城公园。到了石头城公园，我本来想骑到城墙上去的，结果发现台阶太多了，就下来了。我骑车的一个宗旨是：遇到岔路口，不能往前走，马上就拐弯，不管绕到哪儿。

如果你喜欢骑车，下次我们一起去石头城公园骑车吧。

每个人都从家乡而来

“48 景”之中，有很多地方我们都是去过若干次的，我相信别人家的小朋友一定也是这样，毕竟，这里是家乡，而不仅仅是旅游景点。

比如甘熙故居，原本就内涵丰厚，去那里玩，就像读一本经典之作，每次去，都会读出不同感受。不同天气，不同时间，不同年龄，都会有不同的领悟。比如石头城公园，因为距离家近，并且公园虽然不大，但是有山有水有草地，很适合在天气晴好、又懒怠远行的日子里去走一走。我记得吴大奇小时，还没有上幼儿园的时候，我就常带他去那里跟小朋友们约会，在那里晒太阳、玩耍。还有夫子庙，虽然嫌弃那里商业气息浓厚，但是每年元宵节的时候，总会应个景，跑去看个灯、坐个船、吃几串臭豆腐，不这样走一遭，仿佛这个年就没过完。元宵节结束，年也过完了，孩子就可以上学，大人就可以安心上班了。

这就是家乡啊，孩子们在其中生活、娱乐、学习、成长，不知不觉，就在身上烙下了深深的印迹，走出去，就会带上鲜明的乡音，流露出一座城市独特的气质来。

所以，我常常觉得，带孩子旅行，真的不需要每一年都要去一个不同的地方，每一次都要跑到很遥远的地方去。就像我们可以把《红楼梦》读一辈子一样，家乡就是一部怎么读也读不够的经典。

每一个人，不都是从他的家乡出发，走向异乡，走向世界的吗？

著名作家汪曾祺的家乡是高邮，汪曾祺十分热爱故乡，他的作品大部分写的是故乡，"江浙一带人见面问起我的籍贯，答曰：高邮，多会肃然起敬，曰：你们那里出咸鸭蛋。好像我们那里就只出咸鸭蛋似的！"是，高邮哪里只出咸鸭蛋呢？在汪曾祺的笔下，故乡的"穿心红萝卜"，故乡的荠菜、马兰头，故乡的芫荽，故乡的虾子豆腐羹，故乡的炒米，故乡的咸菜慈姑汤……都是他记忆犹新、念念不忘的。

汪曾祺在家乡只生活了十六年，但这十六年的记忆，对汪曾祺的一生却有着深远影响。家乡的风物景致，一草一木，一人一事，都成为汪曾祺小说中最为让人津津乐道的细节。

贝聿铭先生是著名的华人建筑师。1917 年，贝聿铭出生，贝氏家族买下苏州著名园林——狮子林。

世界文化遗产狮子林，最初为 14 世纪一个道教徒所建，以石著名。石匠从太湖边采集多孔洞火山岩石，按其天然形态进行凿刻，再将石头置于湖畔或河边，任凭流水冲击。经过几代天然侵蚀，由石匠子孙收回石头，经过堆叠，终成假山。新中国成立后，狮子林捐献国家。贝聿铭清楚记得，小时候，与堂兄弟们在狮子林里捉迷藏的乐趣。

苏州的私家园林对贝聿铭产生了潜移默化的影响,他的设计遍及全球,香港中国银行大厦、美国达拉斯音乐厅、日本 MIHO 博物馆、美国旧金山公共图书馆、德国历史博物馆都出自他之手。而他最经典的设计作品——巴黎罗浮宫拿破仑广场的透明金字塔与埃菲尔铁塔一样,成为了巴黎的标志,被誉为是 20 世纪人类最伟大的建筑作品之一。

苏州博物馆是贝聿铭先生晚年接受挑战,亲自为故乡苏州设计的。在 2006 年 10 月 6 日,苏州博物馆新馆的剪彩仪式上,贝聿铭动情地说:"我到美国 71 年,但我的根在中国;我家在苏州有 600 年历史,我的根在苏州。我对故乡的感情很深,有机会在故乡留下一点纪念。这个新馆就是给家乡人民的一个小小贡献。"

席慕蓉曾说过这样的话,如果没有触碰美,如何去表现美?家乡就是我们可以触碰的美,我们可以一点一滴地去了解,深入细致地去了解,心无旁骛地去了解。其实,根本上,我们不必说了解,它就是我们生活的空气,出入于我们每一次的呼与吸之中。

中国作家莫言所有的书写都围绕家乡,家乡的红高粱和白馒头,家乡的传说和故事,家乡的人和事。莫言写:"我出生的房子又矮又破,四处漏风,上边漏雨,墙壁和房笆被多年的炊烟熏得漆黑。我刚出生时落在一堆干燥的沙土上,因为我们那里的人信'万物土中生',所以,孩子一出母体就落在从大街上扫出来的肥沃的尘土中,指望他像种子落在沃土中一样美途美好。但这很可能是我一直'土气'的原因,也很可能是我成为一个'乡土作家'而没成为一个城市作家的原因。"然而,莫言最终写上了诺贝尔文学奖的领奖台。

拥有家乡,我们的灵魂才不会被放逐。无论我们走得有多远,我们永远都会记得:我们自故乡来。

暖心小贴士

清凉山和石头城

清凉山公园位于南京城西清凉山,6 路、21 路、60 路等公交线路到清凉山公园下;石头城公园在草场门附近,11 路、42 路、65 路到草场门桥站下,而后沿桥东侧向南一直走可到石头城公园。

对于考古学家来说,清凉山和石头城都是古时的军事要地,是一体的,对于今天的普通百姓来说，这就是两座公园，清凉山公园和石头城公园，两座公园之间隔着一条城西干道，两两相望。不过现在，清凉山与国防园之间的隧道已经建设开通，人们从清凉山下来，走过这条百米长的隧道进入国防园，再从国防园到石头城公园也很方便了。

清凉山公园内有清凉寺、崇正书院、扫叶楼、驻马坡、翠薇园等，石头城公园里最吸引人的就是那张石头鬼脸了。

从小我们就带孩子常去这两个园子里玩，这里也常是小朋友们户外聚会、晒太阳的场所，所以对于那些古迹，反倒不以为意了。

这两座公园有山有水，城墙环绕，树木茂盛，景色清幽，被称为"城市山林"，人们在这里休闲娱乐，早已忘记自古以来兵家对于这里的觊觎了。

三年级学期中假日

阅 江 楼

我的阅江楼记

阅江楼本来是朱元璋要建的，后来不知什么原因，只建了地基，楼没有盖成。到了 2001 年的时候，南京政府才把楼盖起来。朱元璋那时候没有楼，还让人写《阅江楼记》，他自己也写，也不知道怎么写的。

我们是从东门进入阅江楼景区的，我们买了电梯票，从山下面坐电梯，一直坐到山顶上。我对这个电梯感觉很惊奇，它是那种扶梯，不是轿厢式的电梯，是露天的。它不是一下子开到山顶，是分了三层到达的。它上了一层，换一部扶梯，再上，再换；再上一层，再换，直到山顶。

到了山顶，我首先看到的是孙中山观江亭，我估计孙中山当年看到的长江跟我现在看到的是一样的，都是长长的江，浑浑的水。噢，对，有一点不一样，孙中山那时候长江大桥还没有建呢。

接着我们就要去阅江楼，经过了一个碑廊。碑廊里有很多画，画上讲的都是明代的跟朱元璋有关的故事，我记得的有“一口水井”、“郑和下西洋”、“大写数字”等等。我最喜欢的故事是“大写数字”。因为如果是小写数字，就会被那些贪官改，比如“一”加上撇和竖就能变成“千”。如果是大写数字“壹”，无论你怎么改，也不能变成“千”了。这样就可以防止那些贪官贪污了。

接下来我们去了阅江楼。阅江楼里面正在重新刷漆，我估计刷漆的原因是马上要到青奥了，不过我们还是可以参观的。

阅江楼一共分为6层，但是它跟一般的楼不一样，它中间是空心的，楼梯在旁边。我走在楼梯上感觉怕死了，好像自己只要动一下脚就会掉下去一样。所以我在上面，几乎没敢让我妈给我拍照片。而且油漆味很大，我很快就下来了。在一层，我就敢仔细看那些画了。我看到明代各个时期的皇帝像，其中在位时间最短的也就1个月，最长的有46年。我还看到了朱元璋的画像，朱元璋是所有皇帝当中长得最丑的一个。后来的皇帝就渐渐变肥，变胖，也变好看了。

我还看到了一个"露马脚"的故事，是说朱元璋的老婆姓马，叫马氏，因为她没有缠过小脚，所以一直用裙子遮住她的大脚。有一天，风把她的裙子刮翻起来了，露出了她的大脚，这就是"露马脚"的由来。露马脚现在的意思是说掩盖的事情被揭露了，比方说我妈发现她的拖鞋破了，里面居然露出纸板来。这哪儿叫棉布拖鞋嘛，根本就是纸板拖鞋。做鞋子的人把纸板藏在棉布里和鞋底中间，现在破了，露出来了，就叫"露马脚"。这是一种有形的马脚，还有一种无形的马脚，比如说我们有同学作业没交，跟老师说作业拉家里了，跟家长说作业交了，老师跟家长一对，就露出马脚来了。这种马脚就是无形的。不管是有形的马脚，还是无形的马脚，都不能要。

去完阅江楼，我们就去明孝陵景区前的草地上露营、晒太阳去了。明孝陵就是朱元璋和马皇后葬在那儿的地方。

这就是我的《阅江楼记》。

每个人都有唱歌的季节

我对阅江楼没有什么特别的感触，在这里我想记另外一件事，这件事令我坚定了要带孩子慢慢慢慢走的信念。

3 月的一天，星期五的下午，朋友邀请我参加她家的茶会。朋友是懂茶道的人，我却只会牛饮，但朋友不嫌弃我。

到得朋友家，把手净净干净，在茶几旁坐下，朋友给我斟上一杯茶，我正好一路赶来，口渴得紧，一饮而尽，朋友一阵豪爽的笑，两欢。

朋友一道茶一道茶地泡来、斟上，我们边吹牛边喝茶，正惬意得紧，朋友忽然拿出一个歌本，说："来，我们唱歌吧！"

我靠，这是唱的哪一出？喝茶带唱歌？茶不懂，但还可以牛饮牛饮，歌，是真不会唱。这不是我随口推托的，从小我唱歌，就遭哥哥姐姐们嘲笑："看你的调调都跑到哪座山外面去了！"在学校里，好像也没有学会一首歌，总是开头一两句会唱之后，再往下，就找不着调儿了，因此我被我的同学们誉为"一句歌歌手"。长这么大，就没正经唱过歌。印象深刻的是那一年，我 16 岁生日，我们班的男生联合隔壁班的男生一起给我搞了一个生日晚会，电灯关闭，一只课桌上点一支白蜡烛。盈盈烛光中，一个同学给我唱一首歌。唱到中途，同学们要求听寿星唱一首，我盛情难却，就上台给同学们唱。因为也不会什么歌，好像也就一首《小草》勉强能完整唱下来，我就开始唱："没有花香，没有树高，我是一株无人知道的小草……"我也不知道自己唱得怎么样，反正就是站在台上无比害羞及紧张地往下唱，唱着唱着，突然就听有男生说："算了，你们别为难她了，你下来吧！"我就戛然而止，不再往下唱，如释重负地回到自己的座位，听同学们给我唱。工作以后，凡需要唱歌的场合，我基本就是听众，也没在这方面下过功夫，这会儿朋友突然要唱歌，我可真唱不出来。

朋友又给我斟上一杯茶，说："没事，你会唱的。"

我说："我真不会唱。"

朋友说："你唱了你就会唱了。"

简直跟绕口令一样说的。这时候我已经接过她的歌本在手中翻了起来,歌本里歌很多,有我认得的,有我不认得的,所谓认得也就是听过而已。

突然我的视线停留在《奉献》这首歌上不动了,心中一动,这首歌曾经大火过,耳朵里没少听过它的旋律。我对朋友说:"我来试试这首。"

朋友说:"唱!"

我就清清喉咙,未唱之前先自个儿不好意思地笑了,可是看看朋友,她根本也没看我,兀自坐在对面的沙发上,双目微闭,一副沉浸在自我世界里的模样。

我端起茶,小小饮了一口,又清清喉咙,开始唱:"长路奉献给远方……"不行,声音颤抖得紧,我停下了,看看朋友,她仍然不看我,还在她自己的世界里悠游呢。

这次声音还颤抖,但可以连句地往下唱了。"好,好,好,"我在心里给自己赞许,"接着唱下去。"

就这样,颤抖着我唱完了第一遍。哈哈,我相当兴奋,这时候朋友也睁开了眼睛,说:"唱得挺好啊!"我说:"是啊,我没想到我会唱啊!"

"唱,唱!"朋友说。

我又接着唱,没有换歌,还接着唱这首。可是,这一遍声音又颤抖了,并且颤抖至哽咽,因为我看着那歌词,突然觉得自己为家人、为朋友做得太少了,我还可以做得更好、更多的,一股强烈的愧疚之情涌上来,无法把这首歌唱下去了。朋友也不说什么,只给我斟茶,我喝了一口茶,定定神,带着哭腔开始唱,唱着唱着,声音渐渐平静,情绪也渐渐平复,这一遍又曲折着唱完了。唱完了我就很兴奋,因为没有想到自己可以唱完,同时也有点明白了,原来那些歌的旋律都在我心里,只是我从来没有意识到它们在,没有用嘴巴唱出来过。

两遍"震荡式"唱过之后,我可以顺畅地往下唱了,并且越唱越自如,就像写作文一样,起初只是文从字顺,后来居然可以有点儿小修饰了。朋友先是坐着跟着我的节奏摇,后来站起来给我配舞,她跳得投入,我唱得嗨,越唱越嗨,到后来简直成了一个不拿麦的麦霸了。《奉献》之后又唱别的歌,开始还挑自以为认得的,后来认得不认得就只管唱下去,居然也能唱下来,我简直乐坏了。朋友又拿出一个歌本说:"我来插播一首好不好?"我连忙打住,说:"你唱,你唱!"结果,还是忍不住跟她一起唱。

后来朋友告诉我,她要求插播的时候已经是晚上六点了,而我从下午一点半就开始唱了。我一个人唱了那么久,我居然都没有意识到!那个下午,我简直把前半辈子没唱过的歌全唱完了,如果不是天色已晚,儿子给我打电话,我估计我都不会轻易收场。那天晚上,回到家,我一直都哼哼哼,躺到床上还在哼,我心里翻腾着巨大的喜悦:我会唱歌了呀,原来我会唱歌呀!

第二天是周六,下午是我给鸡鸣寺国学班的孩子们上课的时间。在快要下课的时候,我对孩子们说:“请给我几分钟时间,我给大家分享一个故事。”

有故事听,孩子们自然竖起了耳朵。我笑着讲完了我昨天开口唱歌的事,然后我说:“昨天我是在朋友面前唱的,今天在这里,我想挑战一下自己,我要给这个课堂里这么多的孩子和家长们唱,看我可以不可以!”我还拿出相机,请一位家长帮我录像。话是利索地说完了,但是到唱歌的时候,我的声音又有点颤抖了,但是我不管,我就是想要唱!开始,我还用手机中的音乐来伴奏,后来觉得伴奏太慢,跟不上我的节奏,我就丢开伴奏,自己清唱,唱的还是《奉献》。“重启”了三遍,第四遍我流畅地唱完了,我又再接再厉地唱了第五遍,我开心的呀,最后我决定要把这首歌送给恰好在今天过生日的老公当礼物。我自认为这是我这么多年来送给他的最好的生日礼物了。

为什么我要在这儿花这么长的篇幅写这么一件事?在会唱歌的人眼中,这简直太小儿科了,不值一提。可是,我是一个母亲,我总会从自身成长的感悟中去映照孩子的成长,我想我领悟到的是,每棵树都有自己成长的节奏,每朵花都有开花的季节,每个人都会有开口唱歌的时候——每个孩子都有他学习的季节。

如果是一棵香樟,你要它像一棵泡桐那样成长,是不可能的;如果是一朵腊梅,你要它在夏天开放,是不现实的;如果你要我在我16岁生日会的那天晚上,好好地唱一首歌,我也不大可能完成。如果非要完成,硬要完成,可能就会成为我的一个心结,我可能会为此纠结好多天,甚至好多年。所幸的是,我的那些同学,他们没有这样要求我,他们先让我唱,唱得不好就让我停下来,他们给我唱。所以直到今天,我不会唱就不会唱,偶尔会遗憾,从来不唉叹。突然有一天下午,朋友拿出歌本说:“唱吧,唱了你就会唱了!”然后我就唱了,我就会唱了!朋友什么都不多说,只让我唱,就像当年我的那些同学什么都不说,只是让我不要唱了一样,他们都让我自在。在那个自在的季节里,我不唱;在这个自在的季节里,我唱了。那就是我不唱歌的季节,这就是我唱歌的季节。季节到了,该发芽的发芽,该开花的开花,该结果的结果，该唱歌的唱歌，我们不需要着急，着急不来。孩子的学习不正是如此吗？有的孩子早慧，有的孩子晚熟，我们没有办法统一要求啊！

其实，我说了半天，说的也不过是：万物皆有时，生有时，长有时，衰有时，亡有时。我们活着，所要做的，不过是遵守"万物有时，万物有序"的自然规律，尊重生命规律，好好享受每一天的阳光，享受每一个当下应时而生、应时而长的自由，在发芽的季节里发芽，在开花的季节里开花，在唱歌的季节里放声高歌。

暖心小贴士

阅江楼

阅江楼位于建宁路 202 号，公交 10 路、12 路、21 路、54 路、150 路到建宁路下可到。

说实话，阅江楼的建筑因为其新，所以对于我来说没有什么吸引力。朱元璋当年没有建成，今天我们有钱有条件了，可以帮他建成，但感觉却总是欠那么一点儿。除了那条明文化碑廊，我稍稍驻足时间长一点，其他地方都是走过。带孩子我也是以看故事为主。

汤山颐尚温泉

告诉你，温泉水不好喝

今天我们去了汤山颐尚温泉。颐尚温泉是中国十大温泉之一。

到颐尚温泉后，我和我老爸去男更衣室换衣服，这个就不写了，无非就是脱衣服穿上泳衣呗，也没什么特别的。换好泳衣进去之后，我首先看到一个叫"热身池"的池子，也就是它想让你在这个温度适宜的池子里先把身子热一下，不想让你一下子进入温度比较高的池子里泡那个烫水。以我的科学知识而言，身体一下子进入热水里面，可能会有想吐的感觉。然后我才发现这是室内唯一的一个池子。我在这个池子里面，左游游右游游，然后我发现池子旁边有告示，上面写，每隔 15 分钟请换一个池子，并且，请多补充水分。

热完身之后，我进入的第二个池子是中温池。中温池有 39 度，后来我发现 39 度和 40 度、41 度的差别真的很大。39 度是正好，40 度是有点烫，41 度是很烫，42 度是非常烫，43 度是超级烫，44 度是我晕。

接下来我就去泡了各种各样的叶子和花池，比如说玫瑰花啦，栀子花啦，茉莉花啦，薰衣草啦，还有茶、酒、柠檬类的池子，都是可以吃的、喝的。

我不仅泡了温泉，还尝了温泉。温泉水的滋味啥样的呢？有的温泉水比大蒜还难闻，有的温泉水比白开水还淡，有的温泉水很酸，有的温泉水很苦……总之，就是不好喝。

刚开始泡温泉的时候，我很兴奋，但是后来腿受了伤，就有些不好受了。我的腿是怎么受伤的呢？就是因为我在浅池子边玩高台跳水，把腿磕伤了，所以后来就不太好玩了。

颐尚温泉里有很多温泉池，我印象比较深刻的是瀑布拍打浴。瀑布拍打浴就

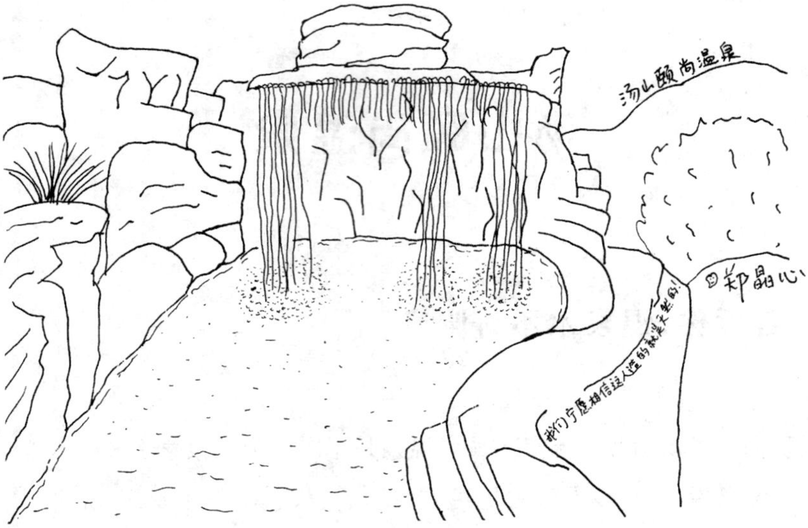

是从天而降的瀑布掉落进水里的时候,已经变成了一颗颗大水珠,这时候你把背伸过去,就会有一种天然按摩的感觉,很好受。

我们还去了一个水疗池,水疗池很有意思的,有一个地方你坐在那儿,把开关一拍(那种开关用手拍一下就开了),你坐着的那个地方有个小孔里面就会冒出很多气泡来,就会把你坐久了的臀部好好按摩一下。

大约泡了两三个小时,我和我爹感觉有点累了,就上岸,去二楼吃东西去了。我妈还又去泡了一些别的池子,听她说,她还泡了椰奶池、百合花池。

我泡完温泉后,又累又饿,又傻又渴,简直都要生气了。当然,我没有生气,我说的只是"简直",不是"已经",回家我让我妈煮了一包方便面,吃饱了我就睡觉了。

黄色的月亮下我没有什么事好悲伤

起初,我们谁也没有注意月亮升上来。

我们是下午 5 点半进入温泉的,正是傍晚时分,我们身体泡在温泉中,仰头看天,这天天气很好,天又高又远,纯净的蓝色此时渐灰,绯红的晚霞渐渐晕上来,洁白细碎的云朵也如染了薄薄的胭红。

当然,我们看天的兴趣很快被换池子的兴趣转移走了。小伙子很认真,告诉我们泡15分钟就要换一个池子,不然对身体不好。于是,我们就从这个池子换到那个池子,如果是花池,我们还要好好闻一闻,嗅一嗅,认真感受一下花香。令人忍俊不禁又忍无可忍但只得忍着的是,小伙子换一个池子,还要用嘴巴尝一尝温泉水的味道,我们再三告诉他,这泉水可泡不可尝,他都要发扬"科学家"的精神亲自尝一下是什么味道,才肯罢休,无可奈何随他去。

就在这样的忙碌中,我们很久才注意到,哟,天都黑了,灯都亮起来了。不过,实话说,这个时候泡温泉才真是好时候,人不多,大家都可以各泡各的池子,而不必跟别人共浴,更不会出现一起"煮饺子"的情形。

泡到养生池时,小伙子正在兴奋地一个接一个去尝试那不同的水疗法,我跟在他后面一起享受,老公忽然唱起了歌,他只唱这一句:"黄色的月亮下我没什么事好悲伤……黄色的月亮下我没什么事好悲伤……"我心中一动,抬头一看,哇,真的有一轮黄黄的月亮在我们头顶斜上方。水汽氤氲中,灯光迷蒙,树影婆娑,人被温暖的泉水包裹着,黄色的月亮看上去又圆又温柔。我赶忙喊儿子看,儿子也看到了黄色的月亮,也跟着他爸爸一起唱起来:"黄色的月亮下我没什么事好悲伤……黄色的月亮下我没什么事好悲伤……"

他们爷儿俩一唱,我的感觉也来了,前几天站在众人面前唱歌的劲头儿还在,我也跟着哼唱:"黄色的月亮下我没什么事好悲伤,我们泡温泉从白天泡到晚上……"

世界上如果真的没有什么烦心事就太好了,可是,不对呀,要是我们真过着那样完全无忧无虑的生活,我们就不会觉得此刻泡在温泉水中,看着天上的黄月亮有多么美妙了!

德勒兹有个著名的"褶子"理论,他认为褶子无所不在但人们却熟视无睹,小到微粒,大到宇宙,无处没有褶子。我们的大脑就是皱褶式的,我们所在的这个活生生的世界就是一个美丽而浩瀚的褶子。褶子还意味着生命意义上的进化和退化,生命被打褶进入一粒种子,种子展开褶子可以成为一棵参天大树;蝴蝶折叠成毛毛虫,毛毛虫伸展成为蝴蝶……褶子越多,所蕴含的能量越大。

人生无法光滑无瑕,因为人生就是一个褶子。就像这一刻,我正在敲打这篇文章的时候,收到孩子学校的老师发来的一条校讯通:家长您好!本单元测试成绩不理想,试卷已经发给孩子,请家长查阅并签字!

这就是我们日常生活中经常需要面对的一些细小的褶子，它带给你所谓的不愉快情绪只是表面的，它带给你的其实是成长的力量。没有这样的褶子折叠，种子不会成长为一棵参天大树，毛毛虫不会变成一只美丽的蝴蝶……

从"褶子"的视角去看，山是褶子，水是褶子，我们泡在褶子世界中，黄色的月亮升上来，我们唱：啊，黄色的月亮下我没有什么事好悲伤……

暖心小贴士

汤山温泉

汤山温泉有很多家，我们去的是颐尚温泉。乘公交南汤线或 123 路，到"汤山小学"下，步行一段可至。

汤山温泉，大大小小，难以计数，我们去的颐尚温泉是温泉度假村，修建了多个露天温泉池和多间特色汤屋，名字听上去都很高大上，花之恋啦，洞窟瀑布啦，土耳其 SPA 啦，罗马大理石板浴啦，养生汤啦等等，我比较喜欢的是各种花草汤池和瀑布池，进入花草池中就可以闻到一股花草的幽香，水暖暖的，花香柔柔的，人浸泡其中，身心通泰。瀑布池是好玩，站在奔流直下的瀑布下，那看上去强劲的水柱砸在你身上却变得柔软了，力道恰恰好，然后再从你身上滑落下去，就像个调皮的孩子跟你游戏一样，吓你一吓，让你虚惊一场。这种疑似互动，让你有一种与泉水心有灵犀的通感。人们常说，要离开城市森林，融入到大自然中去，在汤山温泉，你可以轻易实现这个愿望。

泡温泉小贴士

1. 泡温泉准备：泡汤前不要空腹，也别吃得太饱，马上去泡温泉。泡前饮温开水或茶一杯，达到清肠的效果。

2. 泡温泉前应先用脚入池试探一下水温，每次泡温泉时间把握在 15 分钟左右为最佳。

3. 泡温泉以前，最好先了解一下温泉的种类，并根据自身条件进行选择，才能真正达到泡温泉的预期目的，并可避免给身体带来伤害。

4. 有心脏病、高血压及有动脉硬化的人，要泡温泉前，要先慢慢地用温泉擦身体，再泡温泉，不可以一下子就去泡温泉，不然会影响血管收缩。

5. 皮肤干燥者浸泡温泉之后最好立刻抹上滋润乳液，以免肌肤水分大量流失引起不适。

附：

从时间表上大家也可以看得出来，第二轮寻访“新金陵48景”的行程除了2014年1月的寒假里比较集中之外，其他的行程都是我们平常有空时去的。让我想不到的是，把我们所有的日程加起来，也仅仅是31天。31天，走48景，看起来并没有花费多少时间，但走过其中的我们知道，这相加的31天，是多么珍贵和难得，这其中有我们的选择和放弃。同时，这看上去很短的一段时间和很简单的一次旅程，也让我感受到，无论多简单或多不易的事，贵在坚持，坚持下来，就是一件简单的事；坚持不下来，就是一件不易的事。

行程表2

2013.2.24	第18天	阳山碑材
3.31	第19天	胭脂河和天生桥
5.1	第20天	长江大桥
7.18	第21天	南京奥体
12.1	第22天	南唐二陵、牛首山(景观改造工程施工中，封山，不对外开放)
12.30	第23天	紫峰大厦
2014.1.21	第24天	南京博物院
1.22	第25天	南京雨花台烈士陵园
1.26	第26天	汤山古猿人洞、南朝石刻
1.27	第27天	南京火车站、金陵刻经处、方山
2.15	第28天	南京晨光1865创意园
2.28	第29天	清凉山和石头城
3.10	第30天	阅江楼
3.16	第31天	汤山温泉

“48 景”之外又一景：

江宁织造博物馆

Ⅰ. 江宁织造府，曹雪芹的家

江宁织造府是用清代的设计草图复原出的园林，因为还要设置一些展厅，设计者又在园林最高的地方建了一个平台，上面有展厅，还有另外的一些复原建筑。我最喜欢的是那座六角亭，六角亭有四层，最下面的一层是人可以去的，剩余的上面三层都是“摆设”，就是为了好看的，人都去不了。为什么建成这样呢？因为这种亭子看起来会显得很高，就代表着步步高的意思。

《红楼梦》里面的人物生活地方的原型就是这座园林。《红楼梦》这部小说传到现在已经有好多种版本，每种都不一样。江宁织造府里面有一个展厅是专门讲《红楼梦》的，我最喜欢的就是太虚幻境。江宁织造府肯花钱，买了六台投影仪同时播放，而且合成图像质量很高。太虚幻境讲的是金陵十二钗，金陵十二钗有正册和副册，副册有副一和副二，都讲这些人命短，所以才要被列到薄命册里呢。太虚幻境里面通风设施做得很好，没什么闷的感觉。

我们在江宁织造府里还看了

一场模特走秀，模特们都穿着云锦做的衣服，都很好看，就是贵死了，而且不卖。

我觉得江宁织造府还可以再去去，大家想去的可以约我噢，我可以当小导游，因为我已经去过好多回了。

Ⅱ. 在江宁织造府拍微电影

今年寒假开始前，张老师跟我们讲，我们要做关于南京地标建筑的微电影、PPT或者海报，我一回家就跟我妈妈说，我要拍微电影。但是因为寒假期间天气比较冷，污染也比较严重，我妈妈就没有带我拍电影。过完年后，一直下雪，也拍不了。直到开学前一天的那个周六，才是个阳光灿烂的晴天。我邀请了我的同学魏若琪和我一起拍微电影。因为魏若琪下午还有课，所以我们必须要在上午拍完。人家都说，我们是临时抱佛脚。其实，我们连抱佛脚的时间都没有，只剩下拍电影的时间了。

我们拍的是关于江宁织造博物馆的微电影，剧本是我爸爸写的，我爸爸也负责拍摄，我妈妈就负责给我们对稿、打光，以及说闲话。我和魏若琪就是演员。我们的电影名字叫《跟我去逛大观园》，大观园就是《红楼梦》里的大观园，江宁织造博物馆讲的就是关于《红楼梦》的故事，以及《红楼梦》的作者曹雪芹的故事。

开始拍电影了，我和魏若琪首先就是要熟悉剧本中的台词。先过了三遍，然后把剧本藏起来开始对着镜头拍，一遇到忘词，就再重来。接着再过台词，再拍，再重来；再过台词，再拍，再重来。第一个场景，我过了十几遍，才把台词流利地背下来。我老把“走到位”才开始说台词忘掉，总是一开拍就说话，结果导致离镜头太远，说话的声音听不见，就录不下来，所以要一遍遍地重来。

我以前以为拍电影很简单，现在才发现拍电影原来要一次不行重来第二次，第二次不行重来第三次，重来好几十次好几百次都有可能。特别是有一些大电影，一部电影可能要“咔”成千上万次。

我们拍完一部微电影都感觉筋疲力尽，想想看，如果是拍的是几个小时的电影，光看都觉得有点累了，何况是拍！

孩子，你的家乡，有一部《红楼梦》

迄今为止，我才看过《红楼梦》四遍，这远远不够。

年轻的时候，只把《红楼梦》当成一部爱情小说来看，看贾宝玉，看林黛玉，看贾宝玉恍恍惚惚走在桥上，把袭人当成黛玉说："好妹妹，我今儿大胆说出来，死也甘心！我为你也弄了一身的病在这里！睡里梦里也忘不了你！"是又着急，又无奈！

后来，慢慢眼里可以看到宝钗了，看到王夫人了，看到贾母了，当我今天的眼里，可以看到《红楼梦》中越来越多原来根本不曾入眼的人时，我就越发地体会到了《红楼梦》的伟大，越发觉得自己读得太少了，还要再读，再读，再读！

读《红楼梦》，逛江宁织造博物馆，走过那里的每一寸土地，你想象曹雪芹在这里度过的童年少年时光，他读了哪些书？身边有过哪些人？都对他说过些什么？经历过什么事？为何喜悦？为何悲伤？他睡着的梦里会出现什么人的笑脸……

我不粉明星、偶像，偶尔看看八卦，关注曹雪芹，想要了解他更多的生平故事，不是八卦，是想更好地理解他的作品。木心说过，当一个作家可以给你一滴水的时候，他拥有的必定是一片海。《红楼梦》奉献给世人的，我觉得已经是一片汪洋了，那作为《红楼梦》的创作者曹雪芹，他的胸怀之内，拥有的又是怎样一片辽阔、广漠、深邃以致我们平常人都无法了解、无法探究的天地呢？

这就是我对江宁织造府的兴趣所在，因为曹雪芹。

俗话说，一方水土养一方人，但有时候，会反过来，一个人会影响一方水土。

这样的事情，常常发生在艺术家、文学家们身上。

比如，沈从文和凤凰。

比如，陈逸飞和周庄。

自然，被影响了的这方水土一定也滋养过这个人，滋养过他的作品。这方水土一定要足够营养，足够有魅力，也才能当得起后来的影响力。

所以，南京重建了江宁织造府，真的是一件非常好的事情。先不从旅游经济的角度，我现在是一个母亲，凡事都喜欢从对孩子的影响上面想一下。生于南京、长于南京的孩子，将来长大了，结交了异乡的朋友，他们跟人说起来：在我的家乡，有一座江宁织造府，出了一个曹雪芹，他写了一部《红楼梦》。他该是多么骄傲和自豪。《红楼梦》怕是在他们的求学路上，怎么也绕不过去的一部经典巨著吧？

其实也不必跟人说起，《红楼梦》是世界的，世界也会将目光投注于滋养了它的地方。这更让我们明白，世界的，根必扎于民族；民族的，才是世界的。

所以，江宁织造博物馆是一个值得带孩子一去再去的地方。当孩子耳熟能详了曹雪芹的故事，再去看《红楼梦》，那种与经典巨著之间的隔膜感、畏惧感就会消弭于无形。他们就像捧着一本老朋友的书一样，既熟稔，又陌生，既有会心之处，又有耳目一新之感，但无论如何，这是他老乡写的书，读着——亲切！

暖心小贴士

江宁织造府为《红楼梦》作者曹雪芹之曾祖父（曹玺）、祖父（曹寅）、父辈（曹頫、曹颙）三代袭官居住地。曹雪芹曾在此生活了 17 年。

地处南京市中心大行宫，与南京图书馆和总统府是隔路相望的邻居，多条公交路线经过此站，地铁 2 号线也可到达。

逛织造府，我和儿子最喜欢"太虚幻境"，感谢现代科技，让我们可以跟宝玉一样身临"太虚"其境；其次我们喜欢玩那些红楼知识电脑互动游戏，一遍遍过关一遍遍玩，渐渐就把那些诗词歌赋熟悉了，真是不错。

江宁织造博物馆，外面感觉不到，里面其实很大，隐藏了一座"空中花园"，假山流水，绿竹浓荫，随意走一走，逛一逛，相当惬意。还有一座楝亭，说是曹家文人学士聚会的重要场所。传说，《红楼梦》中的大观园就是以这座"空中花园"为原型建造的。

南京还可以怎么玩?

一年级寒假

徒步之旅:玄武湖、紫金山、明孝陵

为给妈妈买苹果手机去徒步

今年过年,我攒了很多压岁钱,我想给妈妈买苹果(手机)。大年初三,我到了姑姑家,有一次我们去苏州乐园玩,玩得我都要饿成肉饼了。然后姑姑带我去吃饭。那里是一个商城,有卖苹果的店,我就去看了一下价钱。价钱是4千多,回到家我数了一下我的压岁钱,才有3千多,然后我就和我妈妈想办法。最后决定,我们限定3天时间,徒步游,从家开始,再到玄武湖,环湖一周,最后到紫金山,登到山顶,把这两个项目都顺利完成,妈妈就奖励我2千元。

环湖游行程

1月31日的早晨,我和妈妈出发了。我们第一站是从家到玄武湖,然后开始环湖游。

虽然走了那么远的路,我一点都没觉得累,我妈妈一直在喊:累死我,累死我。

环玄武湖的时候,太阳落山了,还剩一点点,正好落在一栋高大的建筑物上面,就像一只红红的大耳机。我觉得要是我戴的话,我就感觉很暖和。

我们走到白马公园的时候,天已经很黑了,妈妈想回家我不想回家。我觉得回家就没有旅游的意义了。先去了一家宾馆,发现价钱太贵了,然后我们又去找了一家宾馆，那时候我爸爸已经来了。他骑摩托车送我们到那个宾馆。幸亏他走错路了，本来我们要找的是什么金山宾馆的，后来不知道走哪去了，走到人口宾馆了。人口宾馆的价钱不太贵，我们就住下了。要是我们没走错路，我还不知道有多贵呢。

玄武湖·接天莲叶无穷碧，映日荷花别样红。郑晶心

紫金山行程

2月1日，我们从宾馆走到紫金山山脚下，我们先顺着大道爬上去，然后我们发现了一条小路，小路上走下来一个阿姨，告诉我们这就是抄近到天文台的路，我们就顺着小路走了。我们走啊走，走啊走，走啊走，走啊走，终于到了天文台。然后我去上厕所，听到有一个人说：收费。我发现厕所有点怪怪的，它只放一点水，放得多的是泡沫。我想，拿这么多泡沫来干吗？山顶上水少，所以要多放泡沫少放水吧。

上完厕所，我们就继续爬山。这一次的目标是到紫金山头陀岭公园。山上风很大，感觉有怪兽要吃人一样，呜呜呜呜呜呜，噢呜噢呜地叫。妈妈总是要给我戴帽子，我总是要拿掉，我嫌帽子的毛线扎人。太冷的时候，我还是戴着了。我们觉得饿了，就找一块巧克力吃下去；觉得饱了，有能量了，就继续走路。

然后我们到了头陀岭公园，我看到很多石像，还看到很多古文字。山上特别冷，我们在那边绕了一圈，然后就下山了。

下了山后,我们又从植物园路继续往前走,往青年旅馆走。

我们在青年旅馆的餐厅只吃了一碗面,我妈说菜贵死了,我还从面里吃到了一股塑料味。然后我们就住下了。

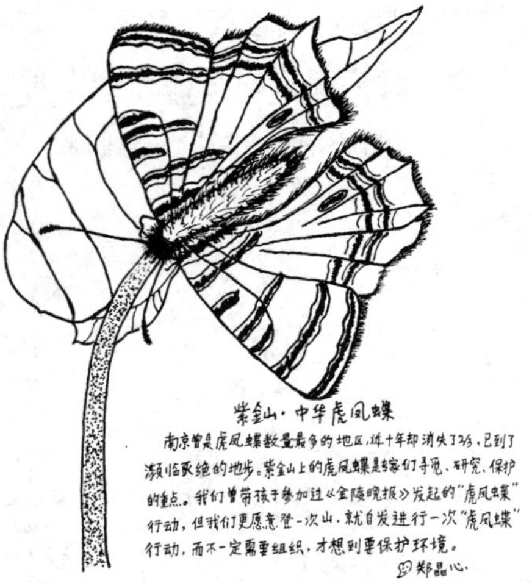

回到温暖的家中

第三天,2 月 2 日,我们从明陵神路出发,在明孝陵景区里绕了一圈,我叫我妈讲了非常非常非常多的故事。然后我们就去坐小火车。那种小火车不是真正的小火车,而是一辆汽车做成小火车的样子。最后我们坐公交车回家了。

我环湖成功了,登山也成功了,马上就可以拿到奖金了,苹果马上也可以买到了。你不知道有多美,苹果电脑有多快。(郑女士报料费 30 元。)

一个 7 岁小男孩的一段徒步历程

今年过年,儿子攒了不少压岁钱,他就想给我买一只"苹果"。往年,他拿到压岁钱,掉脸就会转赠他人,曰之分享,今年他却是一只红包一只红包地攒起来,一心一意地惦着要给我买苹果。苹果还没有到手,我心里美得不行的同时,也大为好奇:我是一个电子产品盲,手机好用就 OK,甭管它是什么品牌,这小子是从哪里得到灵感,记挂要为我买苹果的呢?

大年初三,他独个儿跟着姑姑去了一趟苏州。据他说,在苏州游玩的时候,恰好遇见一家苹果专卖店,他特地进去瞧了一眼,终于了解一只苹果手机售价在 4 千多元。回南京后他数了自己的压岁钱,才 3 千多元,还差 1 千多元。于是他又开始心心念念地想着:如何要挣到这 1 千多元呢? 为了充分完成目标,他还发下宏愿:干脆再多挣 1 千元,这样,资金就更充裕了。

跟我念叨了几天,而那几天因为是他寒假中的最后一周了,我正好还有一周的年假没有休完，正念叨着如何带他度完这个假呢。被他一念叨，心生灵感：干脆也不跑远了，就带他在南京度这个假。平常我们出门，总是车来车往，这次，我决定带他徒步游。从家出发，往南京城郊走，走到哪儿算哪儿，饿了就地吃，晚了就地住。后来这个计划又在朋友们的完善下变为：从家出发，走到玄武湖，然后环湖一周；接着再登紫金山，穿越紫金山再往东郊走。朋友们说，这一条路线风景优美，你一个女人带着小孩，背包徒步，安全性也高。于是就这么定了，我跟儿子说：如果你顺利完成这个项目，妈妈奖励2千元奖金。小子得知有钱可挣，十分兴奋，一点也没想到后面可能遇到的困难，而家人却有些嘀咕：还不满7岁呢，平常也就上下学走个几分钟的路而已，一下子要走这么远的路，行不行啊？别到时候走不动了，要你抱，你哪里能抱得动？

我心中也没底，但我们依旧出发了，路要走了才知道。说实话，现在行程顺利结束，在我动手写下这篇相当于总结稿之际，我和家人都没有想到的是，孩子比我们预想得要坚强、能干得多，平常不是人家走不了那么远的路，而根本是你没有给机会让人家走那么远的路。

此次行程我们一共花了3天完成，第一天，从家走到玄武湖，而后再环湖一周。当我们环湖结束的时候，正好是晚上6点。其实我也是第一次一下子走这么远的路，两条腿早已不做主地发软了。在我的腿刚刚开始打软的时候，我问儿子："你感觉如何？腿有没有发软？"他说："还行，有一点软，脚踩出去像踩在棉花上。"我说："那还要不要继续走下去？"他扭头看我一眼，颇有些责怪的意思，说："当然要走下去。"见他要强，我就有些示弱了，我说："哎呀，我有些坚持不下去了。"他说："你呀，整天坐办公室，需要给心脏多些运动，走吧走吧。"我忍不住笑了，这个小小科学迷，说得那么煞有其事的，但我心里真是为他骄傲的。

当天晚上我们没有回家，就在附近的一家宾馆住下了，他老爸还跑过来陪我们一起住的呢。第二天早晨，他老爸上班去了，我们继续从宾馆出发，走到紫金山山脚下，开始我们的第二项任务，登山。一开始我们走得特别慢，原因在我，因为前一天的大力运动，虽然经过一夜的休整，但小腿肚子酸胀得不行，每上一层台阶，都酸痛一下，于是我的速度就慢了下来。儿子总是连登几个台阶，然后停下来等我。后来，他也不这样跑跑等等了，干脆拉着我一起走，但是要求我给他讲故事。我忙着赶路，哪有心情给他讲故事，但是他自己编个开头，让我顺着讲下去，如果讲不下去了，他再接着往下编。这样也算是个办法，于是就这样编一路讲一路，累了就停下来坐在路边吃一块巧克力,有能量了就继续往前走,不知不觉地就把紫金山拿下了。但是,说是不知不觉,其实当我们到得山顶时,也已经是傍晚4点多了。

本来下山后我真是感觉累得不行了,第三天东郊游就算了,我想打电话给老公,让他来接我们回家,完成环湖游、登顶紫金山也算不错了,可是儿子不依,坚持要完成全部项目。于是,这次真是被他"逼"的,我们又一路沿着植物园路走向中山陵的国际青年旅馆。我先打电话过去订了房间,人家听说我们徒步过去,说,这段路还蛮远的呢。我苦笑:"没关系,你帮我把房间留着就行。"我奇怪地问儿子:"你为什么那么有力气呢?"儿子说:"我当然有力气,我要挣钱买苹果呢。"

我更好奇了,我和他爸都对新兴电子产品不感冒,到底是什么让他突然对苹果产生这么大的兴趣?难道是过年时亲朋好友的聚会?确实,今年聚会时,一个很明显的现象就是,凡大人,几乎人手一只苹果,小朋友们吃完饭,就埋头于IPad的游戏之中。而我们家,为了保护孩子的眼睛,更为了让孩子更多地接触自然,少接受那些二手信息,从小家中连电视机都是没有的。有一些好看的片子,也都是在电脑上看。我问儿子为什么突然这么想买苹果,他只回答我:"就是想买嘛。"

第三天的东郊游就轻松多了,我们在明孝陵景区逛来逛去,看看风景拍拍照。对于这些从小出门旅游就这样玩的老套项目,儿子的兴趣不大,我感觉他的精气神渐渐涣散开来,也开始喊累了。于是,我没再勉强,带他搭了一段他喜欢的小火车,然后就乘了一辆公交车回家了。

回家第二天,正好《金陵晚报》上刊登了一则南京审计学院一名大学生花3 000元游欧洲的新闻,我拿给儿子看,儿子一看来了劲,说:"我们也来做一个这样的报道。"于是,他口述,我敲键盘,我们在WORD文档里也做了一篇这样的报道:"南京一年级小学生3天背包徒步游玄武湖、紫金山。"不过,我们的报纸名是:吴家小报。哈哈。

后来,当我从打印店里拿到那张A3大小、图文并茂的"吴家小报"时,儿子爱惜地拿在手中左看右看,还说要再仔细检查一遍,看看会不会有错别字。

我把先前许诺的奖金如数发给了儿子,儿子开心之极,他口述的报道里最后一句是:"你不知道有多美,苹果电脑有多快。"为什么又从手机转向电脑了呢?因为我告诉他我的手机很好用,不需要换,他就由IPhone转向IPad了。

但是不是真的要买一只IPad呢?对于我和他爸来讲,都不感冒。经过几番思量，我在银行里把奖金发给他之后，一边徒步往回走，一边开始跟他谈心。我再三问他，为什么想要给妈妈买苹果，因为妈妈并不觉得自己需要苹果啊，他终于说实话了，他说："因为有苹果，显得家里有钱啊。"我忍不住扑哧一声笑了，多可爱的孩子，也多天真的孩子，他是从什么渠道得出这样的印象的呢？认为有苹果就是有钱的象征？笑完了，我很坦诚地跟他讲："儿子，我觉得咱们家不算多有钱，也不算多差钱，就是一个平平常常的人家。虽然平常，但我们家里的人都健健康康，工作和学习都顺顺利利，我觉得咱们这样的生活挺好的，不需要买一只苹果在家里，就表示家里有钱。而且，即使让人觉得家里有钱又怎样呢？日子是我们自己的，开心不开心我们自己知道，有钱就开心吗？那倒未必。"

儿子听得嘻嘻笑，我停了一会儿，想了一下说："经过这次 3 天的徒步游，我感觉自己好像喜欢上了走路旅行。儿子，我现在想的是，等你暑假的时候，咱们换个地方再这样走一趟好不好？"儿子说："好啊。"我说："那时候，我们不住宾馆，我们去买帐篷，到时候我们就住帐篷里，那才是真正的背包客呢。"

儿子说："那可不可以走到外国去？"我说："可以啊，只要我们多准备点时间就可以了。"我看儿子有兴趣了，就趁热打铁道："那我们就不买苹果了，去给妈妈买一顶大帐篷好不好？到时我们一家三口都住进去，晚上打开帐篷门看星星，多好啊。"儿子说："好。"

于是，就这样，一个 7 岁小男孩用徒步旅行去追逐的苹果梦划上了句号，但一个新的梦想又产生了。也许，藉由这个梦想，他将走向世界，走向更广阔的人生舞台。或者，那时候，他不会再想用"苹果"之类的标签去为他的人生表明什么，他的人生就是他的人生，他走故他在。

暖心小贴士

带孩子徒步注意事项：

关键词就一个字：轻。

1. 鞋轻便。因为我们这次走的基本是平坦的环湖路，即使登紫金山，也一直走的是石阶路，没有走野道，所以只要穿上轻便、舒适的鞋即可。不要穿登山鞋，因为登山鞋很重，反而会给孩子增加负担。我们中途有换过一次鞋的经历，就是因为孩子脚上的鞋重了，他老爸特地跑了一趟给孩子送鞋。

2. 衣轻便。这其实也有我们后来徒步的经验,冬天羽绒服,秋冬季冲锋衣,里面最好穿抓绒服,比毛衣轻便,还利于排汗。

3. 包轻便。带孩子徒步游,孩子自然要负责他的一部分行李,父母不能全权包办,但也要考虑孩子的体力和承受力,一些紧要但轻巧的东西可以给他背,再有一些重的父母就帮着分担啦,不能说为了要锻炼孩子,父母一点忙也不帮是不是。

4. 带一块干毛巾。这块毛巾是帮孩子隔汗用的。孩子户外运动出汗了,只要用毛巾一隔,就不会被风吹到感冒了。

5. 最后就是量力而行。不图走得快,不求走得多,设立一小段一小段目标,走到目标地就可以停下休息,在这途中如果孩子觉得累,自然也可以停下休息,补充能量。说实话,一般这时候,孩子都比大人强,如今大人们真是坐办公室坐废了。

一年级五一劳动节假日

骑行之旅：从南京到六合，再从六合到南京

骑来骑去，我很开心

从南京到六合

五一三天假，我爸爸想让我们骑自行车去六合，妈妈以前的车太旧了，我爸爸买了一辆新的，我们就可以骑车了。

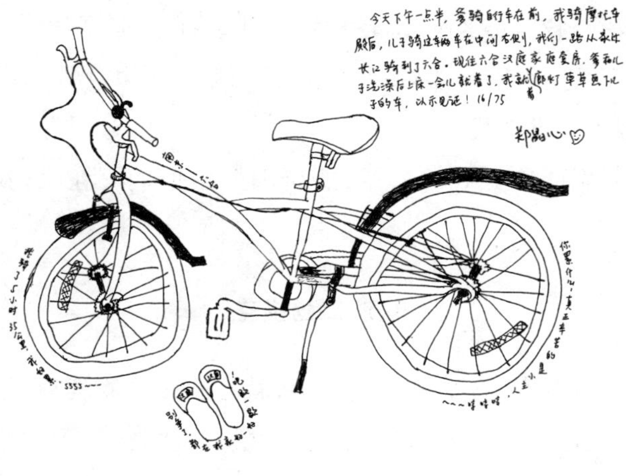

第二天我们出发了，我爸爸说："大桥上自行车车道太窄，不安全，我们就坐轮渡过江。"这样子我们的骑行路线就从中山码头这里经过了。

刚出发的时候，我还不觉得有什么危险，等到北京西路岔路口等红灯的时候，我就有一点怕了,因为汽车比较多。绿灯亮了,我就跟着爸爸慢慢骑,妈妈骑摩托车跟在后面,这样过了马路。过完马路,我就不那么紧张了,接着往下骑。

很快我们就到了中山码头,我们把车全部推上了船,我们还在船上面拍了照。过江之后,我爸爸妈妈带着我骑到六合。骑到六合的路上,我爸爸发现,我们一路是顶风,所以他感觉骑得比较累,我没什么感觉,也没觉得累。到了六合,我很高兴,我骑到了。

晚上我们住在宾馆,我们住的那个汉庭宾馆的电梯,需要先刷房卡,再按楼层,很有意思,连楼梯的门开关都要刷房卡。

我爸爸本来说到姨妈家玩一玩的,后来没有去,因为我爸爸觉得骑过去了,再坐公交车回来,我的小自行车没法带回来,所以我们就直接再从六合骑回南京去。

从六合到浦口

第二天,我们下楼吃早饭,发现下雨了,是小雨。不过爸爸说:"今天是顺风,不是逆风,虽然有雨,但也好骑多了。"吃完早饭,我们就穿上雨披出发了。

这一次骑车上马路我就不那么紧张了。不过骑到葛塘的时候,我越骑越慢,感觉到累了,然后我就停下来休息,吃了一点奥力奥饼干,又接着上路了。后来又到了一个加油站超市买了脉动。加油站的阿姨们问我几岁了,从哪儿骑来的,我说7岁了,从南京鼓楼骑到六合,又从六合骑来的。阿姨们说我真厉害。我们又接着往下骑。爸爸说:"你要是真的累了,我们可以喊姑姑姑父开车来接我们。"但是我没有让他们来接,因为我觉得我又不累了。

然后我们就骑到浦口奶奶的家了,奶奶和姑姑他们不在家,我们就自己做饭吃,然后睡觉。

从浦口到猫空

我一睡睡到下午四点,看了一会儿电视,就吃晚饭。吃完晚饭,妈妈本来想坐车回鼓楼的家的,但是我还想骑车,于是我们又骑车上路了,又坐船了。坐船过了江之后,又下雨了,这次下的是倾盆大雨。之前下雨时,我穿雨披我爸没穿,这次我爸也穿上了。我们继续往前骑。西西爸爸约我们去猫空(妈妈注:位于上海路的猫空茶馆),我们就去了。我和西西、姗姗拍了一张照片,我爸爸说:"西西跟王珞丹似的，姗姗跟当官的似的。”

在猫空玩好了我们准备回家的时候，这次雨更大了，我们继续穿上雨披骑车回家。

这次骑行，从南京到六合用时 5 小时，从六合到浦口 3.5 小时，从浦口到猫空 1.5 小时，再从猫空到家 0.5 小时，共计骑了 10.5 小时，这都是我妈妈算的，来回路程我爸爸算了有 80 公里。我妈妈问我累不累，我说不累，问我开心不开心，我说开心。

一家三口，并肩骑行在时光里

2012 年寒假的时候我和儿子环玄武徒步，感觉特别过瘾，将要放五一假期时，我跟老公说：“这一次要不我们从南京徒步到六合吧？”因为我姐姐家在六合，我想如果我们一路走到她家，一定挺好玩的。可是老公说，这一路不像玄武湖和东郊一带，那毕竟都是公园和景区，你出城往城外走，那一路的环境都不太适宜走路呢。可是，五一小长假，我们又不想去别的地方玩，跟众多的游客去挤。说来说去，最后我们决定，我们骑车去六合。加上这一阵，小伙子特别爱骑车，我们一路骑行到六合，再看情况，是否要接着骑回南京。

我们把决定告诉小伙子，小伙子听说可以骑车去姨妈家，也很高兴。因为我和老公平常都骑摩托车上下班，所以家中除了儿子，我俩已久没有骑过自行车了。我原有的一辆自行车，放在楼下，早已锈迹斑斑、车胎瘪瘪，无法再用了。不过，老公决定，这一路骑行，他骑自行车在前开路，儿子骑在中间，我骑摩托车垫后，同时，随行的一些食物和水以及需要增减的衣物、雨衣啥的可以放在我车座下的行李箱里。哈哈，这真是一个绝好主意，我拍双手赞成。

4 月 29 日这天，自然我们又是睡到自然醒，吃吃饭摸摸打打，从西康路出发时已是下午了。不过，反正我们也不急。爷儿俩悠悠地并排骑在前面，我骑着摩托车跟在后面。我把卡片机的拴绳套在右手手腕上，等红灯的时候，就左手捏着闸，右手抓起相机，抓拍爷儿俩共同骑行的镜头。

说实话，这一次骑行，天气不算太给力，第一天从南京到六合，一路都是顶风，我骑在摩托车上不太费力，他们骑车可就累得很了。可是孩子的潜力真的出乎我们的想象，一路上老公不时问儿子，怎么样，累不累？还可以继续骑吗？小伙子都兴致高昂得很，对这样的问题根本不屑一顾。后来，老爹也就不问了，再问简直像是我们巴不得他骑不动似的。

这天晚上我们到达六合，大奇的姑姑和姑父也从苏州来到了南京了，听说我们骑行到六合，也开车来与我们汇合。我们在六合一家餐馆吃了饭，姑姑和姑父回南京，我们就在六合住下了。因为我姐家还住在六合乡下，天气不好，我们想晚上就不去了，明天再去，虽然孩子不喊累，我们也得量他的力而行。

没想到，第二天，老天居然下起了雨，我们决定，那就返城吧，不要再去我姐家了。下雨骑车，一是要穿雨披，二是路滑，增添了很多难度和危险系数。我们越发不着急了，一路都慢慢骑着。骑到中途，发现一处小公园，公园有亭有凳，我们还进去坐了一会儿，喝点水，吃点饼干，吹吹风，老公走哪儿都不会忘记带个音乐播放器啥的放点音乐，或者放首昆曲。我呢，更倾向于，既然来到了大自然中，那就听听风声，听听鸟叫，听听虫鸣吧。不过，他爱听音乐就听他的，我爱听虫吟就听我的，我干扰不了他，他的音乐有时却干扰到我，我就拿他的音乐当背景音乐好了。至于小人儿，那就随他了，他爱听不听，皆可。

骑到浦口的时候，儿子喊有些受不住了，尤其是屁股在自行车车座上硌得疼。老公问他要不要喊姑姑开车来接我们，他又不干了。于是我们一路骑一路歇，歇到屁股可以继续上路了就上路。为了缓和孩子的屁股，原本晚上还和朋友有约的我们，决定骑到住在浦口的奶奶家歇一阵子再坐车回家。

结果，正如儿子的日记所写，我们在奶奶家歇了，吃了，打算坐车回城时，儿子却说他还是想骑车。我都有些打退堂鼓了，这时候又下雨天又黑，可是老爹特别支持他，自然，我这个老娘也不能拖他的后腿了。于是，雨夜中，我们又出发了。

一路小心翼翼骑着，我在后面透过雨帘，看着骑在前面的爷儿俩的背影，心中有一种特别的感动。等红灯的时候，我抓紧一切时机给爷儿俩拍照。即使拍不到他们的脸，拍不下他们的表情，只是他们被雨披遮盖着的背影，我也觉得，这是世界上最动人的风景了。

暖心小贴士

带孩子骑行注意事项：

1. 穿戴舒适的衣服和鞋，给孩子戴上头盔、手套、护腕和护膝。

2. 准备充足的水和途中补充的干粮和点心；准备好雨具，预防雨天；准备几袋姜汤，感觉孩子吹了风，有点受凉，可以喝上一袋，预防感冒。

3. 让孩子靠马路里侧骑行，家长在外侧。

4. 坚决遵守交通规则，骑行第二，安全第一。

5. 刚开始骑时，不要着急，速度放慢一点，骑一段，休息一下，喝点水，吃点点心。

6. 量力而行制定骑行目标，随时根据孩子的体力去调整。

7. 途中遇到美好风景，即刻停下，看饱风景再上路。

一年级暑假

南京中山体育公园露营记

第一次露营运气太好了

我期待露营已经有两个月了，到今天才实现。

今天露营是一次模拟的露营，真的露营要到青岛去。

我们是晚上去的，去的是南京中山体育公园。去到那里，发现已经有人在那里露营了，叽叽呱呱，一直在说话。我们就找了一个离他们比较远的地点支上帐篷，因为我们比较喜欢安静。

老爹给帐篷打好地钉后，我就开始往里面铺垫子。铺好垫子，把睡袋放进去当枕头用，老爹把灯和电扇装好后，我就钻进去，开始呼啊哈。睡了一小会，就被人家吵醒了，出去上个厕所，回来又睡。又被吵醒，我就跟老娘出去散散步。

帐篷外面特别凉快，外面有风、树、花、雾、灯、影、河、路，我和老娘沿着路走啊走啊走，发现前面有一个沙坑，沙坑旁有一条小路，小路越走越小，小到最后像独木桥似的，后来又越来越大，变成了大路。在回去的路上，我发现我们的影子被灯光拉得很长很长，我和老

娘就拍了影子照片。然后我们就回去睡觉了,一钻进帐篷就有一股热气。

第二天起床的时候,我还以为是晚上 12 点,又睡了。再起来的时候,我问老爹:几点了?老爹说:12 点,继续睡吧。我说:好吧。老爹说:不不不,是 5 点。我说:噢,那该起床了。

老爹就开始在汽车后面架上小炉子烧饭,老娘说:注意一点,不要把车烘坏了。老爹说:这有什么。老娘说:一点也不爱惜汽车。老爹说:车拿来就是干这个用的。

老爹煮的是面条,我们就吃上了。

吃完饭,我和老娘又去散了一会儿步,就回帐篷休息休息,突然下起雨来了,我们就把帐篷收起来,乘汽车回家了。

我第一次露营没什么感觉,但我想:呀,如果晚了一小时,我们就会被淋成落汤鸡;如果晚了一天,我们就露营不成了。我们的运气真好!

“形散神也散”写游记

大家可能也看出来了,这次露营的帐篷来源于那次三天徒步之行的结果。确实,当时我们没有买苹果手机,特地去了户外店买了这帐篷,颜色和款型都是小伙子自己挑选的,当然也根据了老爸的建议。当天拿回家之后,小伙子就在家中的客厅支了一次,兴高采烈地在钻在里面玩了半天,一直盼着有机会到户外真正露营一次。因为这个暑假,老公打算带我们去青岛玩帆船,同时决定我们不住宾馆,就在海边露营。为了让小伙子适应一下,决定这天在体育公园露营一次,用他们的话说就是模拟露营。其实对于孩子来说,才无所谓模拟和实战,模拟也是实战,一样投入,一样开心。他爸的意思是说,模拟露营就是先让孩子了解露营需要做哪些事,需要注意哪些事,如果不能够很好地完成,可能就不实战露营了。这一点对于小伙子来说,没有半点问题。这是他一直期盼的,老公搭帐篷,他打下手,一丝不苟,两人配合默契,这也预示着,实战也可以实现了。你说他会有多开心?可是,他偏偏在游记中说:“我第一次露营没什么感觉。”但是最后他又说:“我们的运气真好!”这很矛盾吧?嘻嘻,我来给大家讲一个故事。

有一天,大灰狼乌鲁走进午睡林,发现那里有好多头小猪在睡觉,大灰狼高兴地说:"哇——这么多！今天,运气怎、怎么这么好呢!"又一想到这么多头小猪他一人吃不过来,就要去告诉他的朋友。他先去了他的朋友哇呜家,哇呜招待他吃咖喱蘑菇,他吃得高兴忘了说小猪的事,等他离开了想起来时,就算了,去了下一个朋友咕鲁鲁家。咕鲁鲁招待他吃苹果派,他吃得开心又忘了说小猪的事;他又去了贝罗家,贝罗请他吃馅饼,吃了还又给他带了,他吃得肚饱腰圆,总觉得自己忘了什么事。这时候,小猪们也睡足了,吃够了午睡林里的苹果,小猪们说:"今天,运气可真好啊！走,咱们回家吧!"等到大灰狼乌鲁回到家终于想起小猪的事,跑到午睡林里一看,小猪们已经一只都不见了。

这是一本名叫《今天运气怎么这么好》的绘本书,小伙子很小时我就买给他看了,小伙子很喜欢,小的时候让我一遍一遍读给他听,长大了自己会认字了,也重复看过数遍。对这本书着迷的那段时间,我们家所有人受他的影响口头禅都是:"今天运气怎么这么好!"现在我不确定小伙子是不是还记得这本书了,但这句口头禅他时常还会冒出来,所以你们就可以了解他前后矛盾说法的背后隐藏的是什么情绪了!

《收获》杂志副编审、著名作家叶开老师曾在各种场合跟大家"鼓吹"过一个理念:散文的核心要素,是"形散神也散"。他说,他这个提法是对语文教育中"形散神不散"的一种反思,或破解。"神不散"常被僵化为作文中的"歌颂"、"好人好事",学生被这个"神"控制住,几乎动弹不得,兴味索然,哪里可能写出好文章？在这样的"神"划定的框框中挣扎,学生根本无法调动自己的情绪和想象力,最后大多只能敷衍了事。叶老师说:"我的想法是,丰富、有趣、好玩、分享快乐,乐活人生。"

叶老师还说:"'神散'的意识,是写作者要宽厚、包容、吸引、跨界思考,不固守己见,有世界性视野。"我家小伙子写游记自然达不到这种境界,但他的游记确也可以算得上是"形散神也散"了,洋洋洒洒,因为是口述,基本是下巴上拴铃铛——响(想)到哪儿就说到哪儿。可是我却喜欢这样的文字,喜欢其中流露出来的童真和稚趣以及自由自在的气息,时不时地还会有句把"金句"冒出来,更是令我惊喜不已。

"形散神也散",无论怎么散,贵在真。在一家不算太知名的杂志社工作,也凑合算是个文字工作者吧,我越来越感觉到,我们成人愈发地需要向孩子学习这种"真言"的品质,或者说我们已经无法学习,那就试图慢慢靠近吧。

暖心小贴士

带孩子露营注意事项：

1. 首先带好户外露营相关的装备：帐篷、睡袋、地垫、手电筒等。

2. 其次带好孩子的保暖衣物。

3. 带好食物，面包、方便面、饼干以及水等。因为大奇想体验在户外做饭吃的感觉，我们有一套户外野炊工具，所以我们还带了鸡蛋。

4. 备些创口贴、风油精之类药物，除此而外，户外活动，我必会带上些姜汤，预防感冒，效果良好。

5. 孩子喜欢的书带上一二本，户外露营，会比较兴奋，难以入睡，看看熟悉又喜欢的书，有助于孩子找到在家临睡前的节奏，安心入睡。

6. 扎营时要选择安全地点，距离厕所不要太远，一为孩子上厕所方便，二为厕所内也有水源，取水方便。

7. 垃圾随生随收，享受户外生活，不忘爱护环境，给孩子做出好榜样。

8. 露营第二，安全第一，随时根据孩子对户外环境的适应力、身体反应需要等作出调整。

一年级国庆节假日

南京赤山飞伞记

我起飞的时候，正好碰上大风

我飞的经历是更刺激的那一种，我起飞的时候，正好碰上大风，我一直是闭着眼睛的，而且是被草绊倒之后起飞的，所以起飞的经历我完全不知道。眼睛一睁开的时候，已经在半空了，所以感觉很刺激。

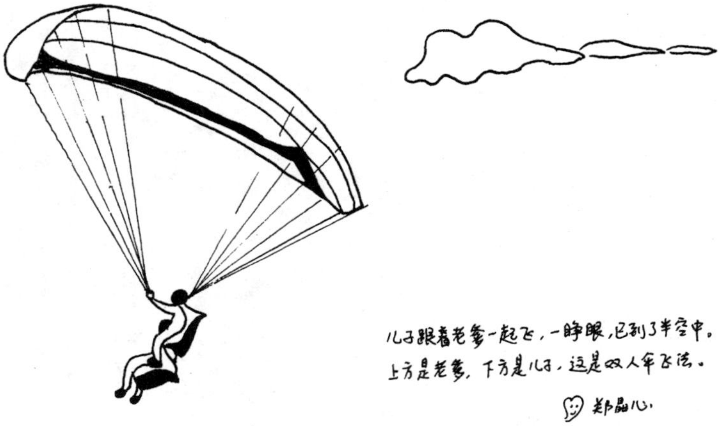

附 11 月 13 日日记全文：

星期天，天很蓝，天上有很多薄薄的云。我的爸爸和妈妈带着我，还有黎姐姐、绿姐姐一起去赤山飞滑翔伞。黎姐姐和绿姐姐是第一次去飞滑翔伞，所以感到很激动，一直在唱歌，一直在说话。

到了山上，黎姐姐穿好装备，准备飞。最好玩的就是她每次起伞的时候都要摔跤，这样错过好几次很好的起伞机会。她只能够耐心等待，等待风再好一些、可以起伞的机会。她等到了这样的机会，风很好，她就努力地想要跟教练的动作一致，想要飞成，结果真的飞成了。现场看的人吃惊死了，发出尖叫的声音，叫着："好棒！"我却感觉很普通，因为她们是第一次看到这样的场景，而我已经飞过了。

我飞的经历是更刺激的那一种，我起飞的时候，正好碰上大风，我一直是闭着眼睛的，而且是被草绊倒之后起飞的，所以起飞的经历我完全不知道。眼睛一睁开的时候，已经在半空了，所以感觉很刺激。

绿姐姐是在黎姐姐的后面飞的，因为看人家飞得那么容易，她也想试试。后来体验到了，别看人家那么容易，你自己呢？是不是很不容易？她还有点紧张，然后她说她不怕，她选择信任教练。最后她飞成了，飞得比山还高，飞的时间比黎姐姐的时间还长。

你不能这样"等风来"

我家小伙子跟着他老爸飞滑翔伞是在 2011 年的国庆节期间，他老爸是资深滑翔伞爱好者（他已经玩儿这个十几年了），并且有教练员资格，平常也经常带学员，但从来没有带过孩子飞过。说实话，如果不是儿子自己提出要求，他也从来没有过这样的打算。可能是因为儿子从小就跟着他老爸上山玩，看他老爸飞伞，看出感觉来了吧。我们从来也没跟他提过这样的话题，不知道他这次为什么想要飞，我当时也忘了问他。一直以为这是他十八岁之后的事情，没想到他现在就提出来了。老公征求我的意见，他说："如果是别人家的孩子，我肯定一口回绝，但是自己的儿子，我只征求你的意见。你同意我就带他飞，你不同意我就不带，至于技术上的，你就放心好了。"技术上的，我自然放心，我已经看过老公飞过无数回，他也带我飞过，稳健作风令我安心，其实他这么说，就表示他已经同意了。那么，信任老公，实现儿子的愿望，我自然也没有意见。

儿子飞伞那天，阳光特别好，就是风特别大。小伙子既没有表现出特别兴奋，也没有表现出有多紧张，我们就像往常无数次跟着老公上山看他和伞友们飞伞一样地上了山，老公先是帮着把一位伞友放飞了出去，然后就来帮儿子穿戴装备，自己穿戴装备。儿子跟老公飞伞，飞的是双人伞，只有双人伞才可以由教练员带着人一起飞。儿子的装备在前方，老公的装备在后方，两个装备相连，起飞时，儿子需要拼命向前跑，不挡着老公的路，因为老公也需要助跑一段才可以起飞。现在回想起来，这真有点冒险，但当时我们一家三口真是够胆大妄为的，竟然就把这事办成了！

儿子说他起飞的时候正好碰上大风，他是被草绊到之后起飞的，其实在此之前，他们已经试着起飞过两次，都因为风太大放弃了。我也曾征求过儿子意见，如果不想飞就不飞了，结果他安慰我："没事，都有个过程嘛。"风一直大着，半天小不下来，于是我们就等啊，等啊，等风小下来。直到某个空档，风势略萎，老公当机立断，喊："儿子，跑！"我家六岁半小儿立刻毫不犹豫往前冲，他说他被草绊倒了，是的，但就在这一瞬间，老公已经助跑成功，脚成功离地，灌满风的伞迅速上升，他们飞起来了，就像儿子说的，他一睁开眼睛，已经在半空中了。

这个过程，我在下面，一直瞪大着眼睛，看了个仔细，不敢有半点大意和疏忽。直到他们在上空悠然自得地来回逡巡起来，我才想起来拍照和录像。所以，别人飞伞，我帮着拍了不少照片，录了好长一段像；轮到自己儿子，反倒没顾上那么多。这时候，就觉得，安全飞起来才是重点，其他都是次要的。

儿子飞伞是三年前的事，当时他没有写日记。其实我原本是有个习惯的，在儿子经历一件特别的事情之后，我会让他口述、我帮他记录，留下一篇日记的，但不知道为什么这次没有。反倒是一个多月后，我老公带着我的两个朋友，就是我儿子口中的黎姐姐、绿姐姐去飞伞，当天活动结束后，我给他记录了这么一篇日记。在这篇日记中，才出现了一段儿子自己飞伞的感受文字。

现在回想着儿子飞伞的经历，我发现即使我当时没有留下太多的图文资料，但记忆却依旧是鲜活的。当时我站在山头，帮他们扶着伞边，等待他们起飞，感受风呼呼啦啦地吹在身上，头发被吹乱了也不去管，只一心一意地等风，等风小下来。

我想起电影《等风来》，我完全是冲着里面的飞伞镜头而去看电影的，但电影真是矫情得不忍直视。

电影开始没多久，我就忍不住笑场了。哎，我身边也有很多文艺女青年好不好，我看她们都很有才气，很灵，很仙，抒起情来毫不手软，干起活来毫不腿软。可是这片中的文艺女青年程羽蒙没有多少才气，既不灵，也不仙，五天写一个策划，没被用上，还委屈得刻骨铭心；宾馆停电了，跑到陌生人的房间门前又是擂门又是声嘶力竭地痛哭、倾诉；到哪儿都摆着一张臭脸，仿佛全世界人民都欠了她似的；一趟尼泊尔之旅，东奔西走，处处流露出一种我与众不同的清高，而后通过一次“等风来”就顿悟了，就满面放光地回了家，却一篇稿子也交不出给主编！整个就——莫名其妙！

程羽蒙是在尼泊尔博卡拉山上飞的伞，我也是通过百度才知道的，博卡拉是全球三大滑翔胜地(另两个是勃朗峰和墨西哥阿卡普尔科)之一，也是全球滑翔伞最便宜的地方，每年世界各地都有无数的滑翔伞爱好者去那里体验飞行。电影里呈现的博卡拉的风景真是美，是导演滕华涛想要的“佛光笼罩，幽静深远”，可是看着程羽蒙穿着低领毛衣，脖子上松松地挂着围巾，背上伞包后，围巾不仅没有被收拾起来，反而被转到身后，长长地拖在肩上，貌似无比优雅地在“等风”，我真是不能急了，这是要作死的节奏吗？这样子“等风”，即使风来了，你也不能起飞啊！

说句粗话，你五天才整一个策划，没被用，只顾委屈，不及反思；你花费杂志社的钱跑一趟尼泊尔却写不出一篇稿子，我就纳闷你等什么风来？风来了，你能飞得起来吗？

跟随老公上山，看他飞伞无数次，深深了解那种“等风来”是一种什么状态。你头盔、护膝、伞包、高度表、GPS、指南针等一应装备全都穿戴、装好了，却没有合适的风来，只好等。有时候是站着等一会儿，风就来了；有时候要坐下来等，才行；还常见的是，你不仅要坐着等，还要跟朋友们吹着牛等，一直等，一直等；更常见的是，就这样等下去，等到最后，啥动静也没有，你就只好收拾收拾回家。我从来就没见老公和他的伞友们着急过，该上班上班，该干活干活，等风来，嘿，有这回事？

其实，我挺喜欢这部电影的名字的，或者导演和编剧也希翼通过这简单三个字给观众们传达一点儿什么，很可惜，他们没能做到。

我儿子飞过了，将来还会再飞，我要给他看看这部电影(用四倍速的播放速度)，让他懂得：你不能这么飞，更不能这么等！

暖心小贴士

滑翔伞运动

滑翔伞运动是项极限运动,对人的要求很高,即使是双人伞带飞,也不提倡孩子玩。我们带孩子飞,就像老鼠的儿子会打洞一样,儿子常常看他老爸飞,看出馋瘾来了,但我们也就飞此一回而已,再想飞,就要等成年啰。

特别篇

我的童年，有一场青奥会

假如我是一名青奥志愿者

在写这篇作文之前，我先去采访了我爸爸，他是江宁织造博物馆的志愿者。我问我爸爸：“在你做志愿者的时候，有没有遇到过让你尴尬的事情啊？比如说别人问到你不知道的问题，你怎么办？”我爸爸说：“没有遇到过，如果遇到了，可以查到的问题就去查一下；查不到的就说不知道，不会觉得尴尬，因为人不可能是全能全知的。”

我听了我爸爸的回答，觉得当志愿者也不是像我想象中的那么不好意思了。

假如我是一名青奥志愿者，我肯定会好好接待来自四面八方的朋友，正好我前面徒步走过“新金陵48景”，我就可以好好向他们介绍南京的这些景点，应该不会遇到被问得一问三不知的情况了。

南京很大，有很多景点，但我感觉“新金陵48景”都很有代表性。比如，我会向外国的朋友介绍“新金陵48景”之一的玄武湖，玄武湖是南京市区里最大的一面湖，也是历史最悠久的一面湖。这里风景很好，水是清的，柳树是绿的，到了这里，你的眼睛就可以好好享受一番。在玄武湖还可以划船，我猜外国的朋友一定会喜欢这里的！

南京还是一个礼仪之都，假如我是一名青奥志愿者，我还要特别注意“八礼”的要求。八礼就是仪表之礼、餐饮之礼、言谈之礼、待人之礼、行走之礼、观赏之礼、游览之礼、仪式之礼。比如说餐饮之礼，我们很多小朋友都不太注意，吃饭时嘴巴会吧唧吧唧响，还会抢东西吃，不懂得礼让，这样子太让人难为情了，需要改正。如果我是志愿者，我就要礼让外地来的朋友。不然的话，如果连一个普通人的礼仪要求都达不到，还当什么志愿者！

假如我是一名青奥志愿者，我要做一名有知识、懂礼仪的志愿者，那时候，我为青奥、为南京作了自己的贡献，我多自豪啊！

多玩才能多知

8 月份，2014 年第二届夏季青年奥运会即将盛大召开，南京人民都充满了期待，孩子们更是望眼欲穿。去年亚青会的时候，我们就带孩子参加了亚青的很多活动，也观看了多场比赛。

从心底来说，我是愿意参加各种活动多给孩子玩儿的，无论他将来从事什么职业，成为什么样的人，多玩儿才可以多知。

都说现在是后喻时代，就是说年轻一代要给他们的前辈传授知识文化。这个说法来自于美国社会学家玛格丽特・米德，米德将人类社会划分为“前喻文化”、“并喻文化”和“后喻文化”三个时代。在“前喻文化”中，也就是传统社会时期，整个社会的发展十分缓慢，人们根本不可能设想自己的生活能和父辈、祖辈的生活有什么不同，既然生活是既定的，因此，前辈的行为模式就是后辈的学习楷模；“并喻文化”发端于“前喻文化”的崩溃之际，由于战争、移民、科学发展等原因，使得先前的文化传递中断，年轻一代的学习只能根据自己切身的经历去摸索和创造，只能以在新环境中捷足先登的同伴为仿效的楷模；随着科技革命的蓬勃发展，整个社会发生了巨大的变革，社会由此进入了长辈反过来向晚辈学习的“后喻文化”时期。“如果说过去存在若干长者，凭着在特定的文化系统中日积月累的经验而比青年们知道得多些，那今天却不再如此。”米德说。

我对此是有体会的。举个最简单的例子，我们是长大了才有苹果手机用，可是我们的孩子却是一生下来就有了苹果手机，因此他们常常会比我们更习惯于使用它们。比如，我们走在路上，找不到某个地方的时候，我的第一反应是“问人”，我儿子的第一反应是“用苹果导航”。他确实也比我更熟练于运用这些智能设备，这些都不是我们教他的，就是他自个儿玩着玩着就会了的。

我越来越觉得，今天我们所处的时代，有很多事情不是通过学校正经学来的，而就是玩儿会的，比如说，淘宝购物、支付宝使用、嘀嘀打车等。

不仅因为科技的发展，有很多东西是玩儿会的，即使生活中很多事情，也是要通过玩儿才可以学会的。今天我们都是一个孩子吧，虽然单独二胎的政策出来了，但大多数小二子还在妈妈们的肚子里孕育着。一个孩子要学会与人相处，学会合作，学会多看别人的长处，包容别人的短处，学会接受别人比自己强，自己也有擅长之处等，这些不都是要多玩儿才可以习得的吗？

多玩儿才可以多知，多的不仅是“知识”，还有另一层很重要的“知道”——“知人，并自知”！

一个被科技进步所震荡的全新时代，一个必须也只能是后喻文化的时代，成人的经验不可避免地逐渐丧失了传喻的价值。我们不再是孩子成长路上成长经验和知识的灌输者、传授者，我们无法把现有的知识捧给孩子，知识即真理的时代早已远去，我们所能做的只能是引领，只能告诉孩子你们可以往哪个方向去，剩下的就全靠孩子自个玩儿，自己去发挥了。

金牛湖帆船基地建起来了

今天我去参观了金牛湖帆船基地。

到了金牛湖，我爸爸指着一座倾斜的建筑说：“这就是金牛湖帆船基地。”我说：“那这幢楼就是为青奥会帆船赛建的了？”我爸爸说：“是啊，2013 年还没有这幢楼呢。走，我们进去看看。”

我们进到大楼里，一楼就是办公的地方，就是那种格子间；二楼是木板大平台，

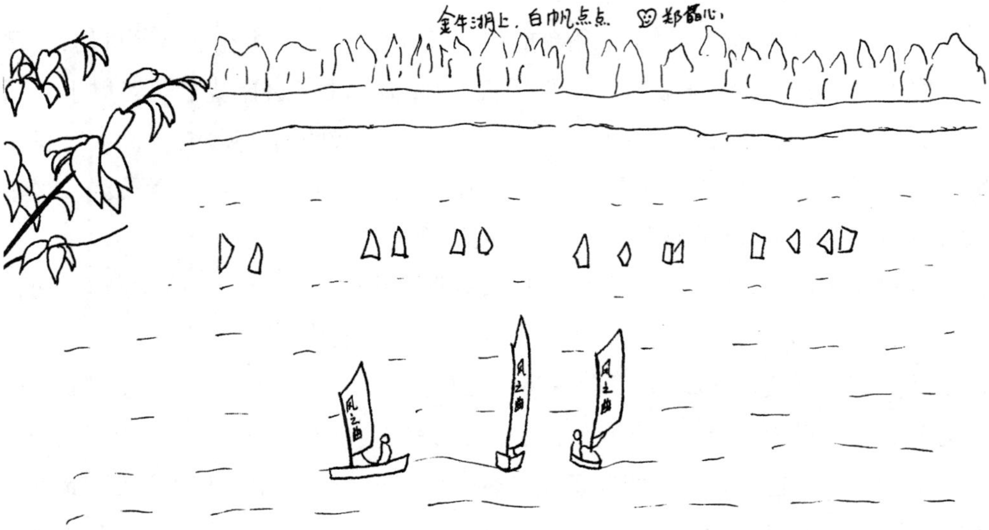

平台连着一片绿绿的草坪，从这个平台走出去就是大马路了；三楼很空旷，是嘉宾休息室，有沙发、桌子、凳子；四楼是个小夹层；五楼就是裁判员工作的地方了，那里的玻璃墙壁都向外倾斜，我爸爸说："这里以后要放笔记本电脑，如果墙壁向里倾斜的话，那么阳光就会射进来，笔记本屏幕就会反光，就不容易看清了。"我说："可能这样，雨水也不容易打在上面，因为玻璃墙壁向外倾斜，雨水打在上面就滑下去了，不容易形成凹凸镜的感觉。这样的话，就不会影响裁判的视线了。"六楼七楼和五楼是一模一样的，都是裁判工作室。另外，七楼有一个紧急出口。我原本以为这个紧急出口通向地面，原来它是能向二楼的草坪，从草坪走到木板平台就可以上大马路了。想来想去，我感觉这幢楼的设计很怪，感觉二楼是一楼，一楼是地下室。那我猜，地下室就是地下二层了。

远远看去，这幢楼像一个反着的 L 形，它的一层二层都是长方形，三层四层五层六层七层却是一个小正方形。

金牛湖帆船基地的正对面就是金牛湖，我想，等到了 8 月份，这里一定热闹非凡，来自四面八方的青少年朋友要在这里进行帆船比赛，我到时候一定要来观看。

带孩子看体育精神，书写自己的“奥林匹克”史

去年暑假，我们主要活动是观看第二届亚洲青年运动会，今年暑假，我们打算主要活动就是去看 2014 年青奥会。

那么，我们带孩子看比赛，看的是什么？

1932 年的上海码头，人声鼎沸，欢呼的人群簇拥着一个人登上了前往美利坚合众国的威尔逊总统号邮轮。这个人叫刘长春，他是中国参加奥运会的第一人，也是唯一一人。同时，他这次出征，也是中国第一次站在世界奥林匹克的舞台上。

1931 年“九一八”前夕，刘长春还是一名东北大学的学生，同时也是一名短跑运动员，多次在比赛中获得冠军，年纪轻轻就已崭露头角。中日战争打响后，东北大学解散，他回到了相对平静的家乡大连，却遭遇日本宪兵队长的威逼利诱，让他代表所谓的满洲国去参加奥运会。此前，刘长春曾从他的德籍教练口中听说过奥运会，对奥运会充满了向往。但是，刘长春誓死不做汗奸，经过一番机智勇敢地较量，他成功地摆脱了日军的追捕，来到北平，决心代表中国，实现奥运之梦。但是，他没有想到的是，当时的国民政府以“资金不足”为由拒绝了他的请求。

正当他失望与愤懑交加的时候，又遇到昔日东北大学的同学，同学们听信了日军造的谣，都以为他要代表满洲国参加奥运会了，误解和指责啃噬着刘长春的心。为了证明自己，更为了拆穿日本人的阴谋，刘长春向曾经是东北大学校长的张学良求助，张学良慷慨资助了他八千银元，并送给他一幅关公“单刀赴会”的画卷，以鼓励刘长春。终于，当他的同学志愿加入义勇军奔赴东北前线的时候，他也踏上了前往美国参加第十届奥林匹克的征程。

坐着船，在海上整整漂泊了 27 天，刘长春终于来到了美国。一路的颠簸虽然让刘长春疲惫不堪，体力也大大下降，但当他位列第八、随着其他国家的运动员一同出场，走在奥运会的开幕式上时，在场的华侨们都沸腾了，他们向全世界人民亮出了他们的横幅：“中国人来了！”

第二天，刘长春连时差都还没有倒过来，就走上了赛场的跑道，但终因体力不支，没能在第一项百米小组赛中冲出线。就在刘长春沮丧万分时，国内传来消息，下令让刘长春放弃接下来的二百米比赛，官方的理由是：正处于水深火热的战争之中的国人再也承受不起任何失败了！

面对教练的劝说，国内传来的压力，刘长春痛苦欲绝，几度纠结，终于下定决心：二百米比赛仍要参加，他不能因为第一次的失败就退缩，"我们的国家正遭受着侵略，我们的民族正经受着苦难，正因为这样，我们才比任何时候更需要勇气，更需要尊严，更需要奥林匹克！"他要跑出中国人的骨气，跑出中国人的尊严！

虽然刘长春最终没能在此届奥运会上取得好成绩，但正因为他的不甘屈辱，他的不懈奋斗，从而使自己成为中国奥运先驱，在奥运会史上留下了辉煌且永恒的一页。

2008年，刘长春的故事被拍成电影《一个人的奥林匹克》。看完这部电影，我有个强烈的感觉，觉得每个运动员都有一部属于他自己的"奥林匹克"史。你看赛场上的那些年轻人，他们来自于世界各地，他们为了什么而来？都是为了他们的"奥林匹克之梦"而来！他们的赛场先在国内，然后走向亚洲，最终走向世界！

那么我们看比赛看什么？就是现场参与他们的梦，在规定好的赛时之内，看他们实现梦，笑傲赛场之志满意得；或者失落梦，黯然神伤后重振雄风！平常人的人生梦想是模糊的，混沌的，追逐以及实现的过程是漫长的，是水滴石穿的功夫，可是运动员的梦想，却是清晰的，目标明确的，赛场之下，他们为这个梦想而拼搏，而奋斗；上了赛场，梦圆梦碎都是瞬息万变的事情，这比电视剧还要好看的剧情，怎能不令我们着迷和投入？

我们看运动员如何书写他们的"奥林匹克"史，看他们在书写过程中如何体现奥林匹克精神，体现体育精神。

刘长春秉持"我们不只是为了取胜才来参加奥林匹克的"的信念来到奥林匹克，被瑞士人称为"现代斯巴达克斯"的公路自行车运动员法比安·坎切拉拉，多次获得环法计时赛段冠军，却在2012年8月伦敦奥运会首日进行的自行车公路赛上右手肘受伤，医生建议他停赛，他却选择重新回到赛场，单手骑完最后的赛程，最终以第105名的名次冲过终点，用自己的行为切实地诠释了奥林匹克精神：既然来了，就要尽力骑到终点，即使是第105名。

体育精神是什么？就是奥运会提倡的"重在参与、永不放弃、永不气馁、永不低头"，它需要意志，也需要智慧，更需要意志和智慧比翼齐飞。奥林匹克精神是体育精神的代名词,是现代社会文明的标志。

同时,体育还是一种国际语言,人们不需要翻译,不需要解释,在以追求和平与友谊为特征的准则下,只通过身体的角力和较量就可以自由交流。

在《奥林匹克宪章》“奥林匹克主义的原则”条款中还有这样一段话:“每一个人都应享有从事体育运动的可能性,而不受任何形式的歧视,并体现相互理解、友谊、团结和公平竞争的奥林匹克精神。”你可能学不会唱歌,学不会开车,学不会烧火锅,可是你却可以用你的身体去跑步,去打球,去游泳……只要你好好地运用你的身体,你都可以展露你的一项特长,你都可以用你的这项特长展现你的生命价值。

而且,在你运用你的身体的时候,你的身体也得到了锻炼,健康也得到了保障。我们爱生命,不正要从爱自己的身体开始吗?

这就是我们在看一个运动员如何书写他的“奥林匹克”史时,还可以看到的东西。“奥林匹克”史,必然要在奥林匹克精神的映照下才可以顺利写就！脱离奥林匹克精神,他是无法写成他的“奥林匹克”史的!

我们都有一部属于自己的“奥林匹克”史,只是赛场不同罢了。我们将要怎样书写我们的“奥林匹克”史,我们的孩子将要怎样书写他们的“奥林匹克”史,或许我们可以从眼前的一场场赛事中获得启发。

青奥在即,我们期待一同投入精彩赛事中,为青奥加油,为运动员加油,为南京加油,为自己加油!

行走路上怎么吃喝拉撒？

这两篇文章是根据朋友提出的问题来回答的，她问我：“你们一路走，怎么吃的？怎么上厕所的？我也想带孩子这样把家乡好好玩一玩，可孩子对就餐环境、上厕所等问题特别挑剔，搞得我都不敢带他去很远的地方玩，要去远的，也要去条件很好的，怎么办？”

行走路上的吃喝拉撒，看似不起眼，却是大问题，现在孩子的生活条件都好，不把这个问题解决好，确实，行走路上会有烦恼噢。

“垃圾食品”也可以吃一点

自从我开始孕育这个孩子，就对饮食问题格外上心起来。这个不能吃，那个吃了对宝宝不好，总之，吃什么都要以对宝宝有益为第一目标，自己的口味反倒放在其次了。我原本是喝不下任何奶制品的，在妹妹送来两罐知名品牌的孕妇奶粉后，我就把奶粉当作药一样每天喝上一杯。两罐喝完之后，我实在是忍受不了那个味儿了，妹妹的心意笑纳了，奶粉没有被浪费，自觉也补充了对宝宝的营养，心也安了，于是，就不再继续喝下去，从此解脱。

因为孕期之间，我的妊娠反应特别大，稍有些感觉不对的味儿，就吐得个翻江倒海，很多正常食品我都难以下咽，都是靠吃了吐、吐了吃的顽强精神才把自己养得那么茁壮的。

有时候吐得太厉害，就会怀念“垃圾食品”的重口味刺激。有一天晚上，我刚刚吃完晚饭，不知又闻着了什么味儿，一下子就把晚上吃的全都吐光了。通常我把正餐吐掉之后，就会再和点芝麻糊啊、核桃粉之类的来补充。可是，那天晚上，我却又吃不下芝麻糊了，只一个劲地想喝可乐。可乐含有咖啡因，对宝宝的神经发育可不好啊，我都知道，可是我的胃里像长出了许多只小勾子，只只都想把可乐汽泡勾在怀里。家里哪会备有这样的“垃圾食品”，我叫老公帮我去超市买，老公一句话就把我挡回头了：“你哪能喝这个？”我也想放弃，可是在屋里转了几个圈，胃里的小勾子还是不消停，一咬牙，一跺脚，我自己拿了钱包，冲到楼下的超市，买了一罐可乐，还没有离开超市，就一饮而尽，顿时浑身的每只毛孔都舒坦了。

我打着嗝心满意足地回家了。我也很纳闷，我平常并不是一个爱喝可乐的人，怎么那会儿就那么想要喝可乐呢？反正人说，怀孕的人都是变态的，我只好拿这话来解释自己的古怪了。

因为这一罐可乐，我也担心地想象过，会不会影响到宝宝的健康。但孩子出生之后，四肢齐全，五官端正，健健康康，我彻底放下心来。

孩子出生之后，母乳喂养的过程不算太复杂，我只需注意自己的饮食就可以。可是待他长大了可以自己吃饭之后，我跟很多妈妈们一样开始操心起食品的健康问题来，总想着要给孩子绝对干净、绝对健康的菜蔬粮食等吃。从网络、媒体的报道上，我们也看到，许多妈妈为了孩子的健康饮食都变得厉害起来，她们有的在自家阳台上种菜，有的干脆承包了农田种有机蔬菜，竟于不知不觉间创起了业，既饱了自家孩子的口福，也服务了别人家的孩子。

我起初的时候，也想要尽力做到最好，也在网上团购过有机大米和无公害蔬菜之类，可是，后来日子久了，我觉得这不像是正常过日子的行为，如果我不能自己种植，我要一直为孩子这样团购下去吗？某一天，家里的备粮吃完之后，我终于就直接用从家附近菜市场买来的米菜为孩子做饭了。

从这样的“有为”到“无为”后，我对“垃圾食品”的态度也有了转变，一开始我也是绝对不让孩子碰这些的。不喝可乐，不吃炸鸡腿，不吃火腿肠，不吃方便面……等等，总之凡列入我“垃圾食品”名单的一律不许碰。可有一天，带着孩子逛街，在一层楼的美食小吃之间，我看到这家是煎炸食品，那家是烧烤食品，今天孩子还小，他可以臣服于母亲的意志不接触这些食物，可是待他渐渐长大有了自己的意志之后，我还可以阻挡他面对那些香喷喷、令人垂涎欲滴的“美味的垃圾食品”吗？

堵不如疏，与其我今天挡着他，把他跟这些食物隔绝开来，让他对这些食物产生好奇心，不如我都带他去尝一尝，尝过了知道了是什么味儿了也就不再有好奇心了，也就不再会因为没有得到满足反而变得更加渴望了。

说实话，这就是一个烟火真实的人间，作为父母，你可以为孩子营造得一时的纯净环境，但绝对不可能做到一世。今天，他在你们的羽翼之下可以享受这样的纯净，但他长大了之后，他有了翅膀自己会飞了之后呢？

况且，这个世界就是一个太极，有阴，有阳，就像一片叶子，绿色的背面就是灰色，两者组合在一起，才成为一片完整的树叶。我们活在这个世上，既有健康营养的食品，也会有只图口感快活的食品，这就是世界的平衡之道。水至清则无鱼，太干净了反而会令孩子的抵抗能力下降，不就有医生说么，为什么现在过敏的孩子越来越多，就是因为家长把孩子们带得太干净了。

而且，从豪放的生活态度来看，当你和家人在一起，亲密地走走逛逛，拿一两样"垃圾食品"在手，边吃边聊，貌似也是一种幸福的享受啊。

我和儿子在寻访"新金陵48景"的旅途中，有若干次都是边吃边逛，惬意无比。我们常常挂在嘴上的一句话也是《鼹鼠姐妹》书里的一对爱吃爱玩的鼹鼠姐妹的口头禅：什么都去试一试，什么都去尝一尝！

可以欣慰地告诉大家的是，正是因为这样的放手政策，小伙子对那些"垃圾食品"很淡然。甚至有一阵，他刚了解到"垃圾食品"的概念，态度比我还强烈：这是"垃圾食品"，不要吃！概念熟透之后，他也不再执著了，吃亦可，不吃亦可，即使吃，也是"淡尝之味"，绝不"胀死不休"。

现在，他对于零食啦、购物啦等等都是这种态度，有想吃的就吃一点，有想买的就买一点，没有那种吃啊吃啊吃不够、买啊买啊买不足的事情出现。

这不是洁癖

孩子还小的时候，我和老公还比较浪漫，也出于对孩子的安全考虑，外出吃饭都会挑选一些档次相对高一点、环境相对好一点的餐厅。直到有一天，我们去西安旅游，走在美食一条街上，我和他爸兴奋地这家小店买一点，那家铺子尝一点，可是小朋友却一家也不肯吃，直到走入一家场地略大、环境略好的饺子馆，他才肯坐下来吃点东西。我们这才意识到我们从前不经意的做法给孩子养成了这样的习惯。

不过，我们也没有把这当回事，因为我们相信这只是需要时间、需要经历就可以改变的事情。他才多大一点的小屁孩呀，能说这个特点就会一辈子跟随他了？才不会。

在饺子馆把他喂到七成饱，我们带着他继续在美食街逛，继续每家有趣的小吃都尝一点。还像之前那样在我们吃的时候也递给他一份，他吃就吃，不吃我们就帮他干掉，也不说什么话。就这样，从街头逛到街尾，虽然他还是没有像我们那样吃得欢，但已经吃了好几样了，也算是一大进步了。我相信，我们欢乐的品尝气氛一定会感染到他的呀。

果然，西安之行的尾声，他已经跟我们一样，可以大快朵颐地品尝路边美食了。

还有一件事，大约是他幼儿园小班时，他特别排斥外面的公共厕所，坚决不肯在外面上厕所，除了那些干净的酒店。有一次，我们乘高铁从外地回家，他有了尿意，我就带他去上高铁的厕所。说实话，高铁的厕所算蛮干净的了，可是他就是不肯上，觉得不够卫生，任我磨破了嘴皮子，告诉他，妈妈觉得很干净，绝对可以让宝宝放心，宝宝要相信妈妈，他就是不肯妥协。后来，硬是一路憋到了家，居然也没有尿裤子，也真是神奇。

我觉得，仅凭这些，不能就判定孩子有洁癖啦什么的。孩子年幼，他除了家，就是幼儿园，活动范围有限。即使家长带他外出，考虑卫生和安全，去的也都是环境相对好一些的地方，对那些不同于家庭和幼儿园的卫生设备啦，不同于之前去过的环境好的地方啦，他们还缺乏了解和认知，让他们一下子就去接受，自然就有些困难。家长如果不把这些事情当作一回事，只是顺其自然地去面对，不评判，不批评，就像一种脱敏训练，一点点接触，一点点加强，循序渐进，随着孩子的成长，眼界的开阔，人大一些了，去的地方多了，见多识广了，这些所谓的问题都会自然而然地消失，在你不经意间化为无有。

但是如果你批判，当孩子排斥在环境不好的餐馆吃饭，排斥上他认为不干净的厕所，你分析，你说理，你批评，你一遍遍地纠正，一遍遍地催促，希望他可以立刻之间就改变这个你所认为的毛病，那么，你真的就是把这个原本无意识的行为种成他的“毛病”了。

你不说不做，在上一个不好的环境里他排斥了，但他见识过了，了解了，到了下一个可能同样不好的环境里，他已经认识了，熟悉了，有了安全感，他的神经就不必紧张了,他就会忘了要排斥,他就自自然然地做他该做的事情去了。

但如果你说了,你批评了,上次在这样的环境里你说过,批评过,到了下一个同样的环境里,他对环境的反应倒在其次,对于你的说教和批评却立即忆起来了,他马上就记得是因为他的排斥才会引起的你的说教和批评,于是,他就又记起来了:他要排斥这里!

这就是一只钩子——上次他的排斥是他的本能反应,这次他的排斥却是你用说教、批评、不断强化给他的印象打造成的钩子钩起来的!

我们一路行走48景,都是逢山登山,遇水涉水,碰到过干净的厕所,也碰到过不干净的厕所,都云淡风轻,一笑而过。印象深刻的反倒是儿子第一次在外面独立上公共厕所的情形,是在鼓楼公园。我激动得啊,他慢慢往厕所里走,我就在他身后偷拍,他一出来,我也立即咔咔,瞧我这老妈"狗仔"当得!现在给他看照片,他说:"我上个厕所你都要拍,真是!"哼,我现在啥话也不说,把这个梗留在这儿,就等你将来也当父母了,给你看!

我的南京，我的家

孩子小作文中的南京

版本Ⅰ

南京真好

南京真好！

南京的风光真好！我常去的有玄武湖，玄武湖春天时环湖路边的树绿叶葱翠，生机盎然；夏天时湖里开满了荷花，荷花红里透白，非常美丽；秋天的时候，玄武湖边的银杏树纷纷变黄，飘落在环湖路上，宛如一条金子铺的道路；冬天来了，玄武湖的湖面结冰了，就像一面硕大的银镜。

南京的小吃真好！南京著名的小吃有鸭血粉丝汤、小笼包、臭豆腐等等。鸭血粉丝汤是用鸭血、鸭肠、鸭肝和粉丝煮出来的；小笼包其实就是缩小版的包子；臭豆腐是用调好的卤水炸出来的，闻起来臭臭的，吃起来香香的，有一股酸酸、辣辣的味道。

南京真好！我期待南京更好！

版本Ⅱ

南京真好

南京真好，说起南京就先要讲讲青奥，自 2012 年以来，南京就为了青奥而拓路、修地铁、修大桥，忙得不可开交。南京的几张“名片”也被作为指定参观点，这几张“名片”分别是玄武湖、南京科技馆、江苏科技馆、南京博物院、江宁织造府等等。玄武湖风光很美，一年四季都有着不同的变化。南京科技馆有一些有关科技的实体实验、展品，其中让参观者动手的机会比较多。江苏科技馆和南京科技馆差不多，但是讲的比较多是有关于机械、人体等方面的知识。南京博物院扩建开放以后，很多主题馆都很有意思，值得一去。江宁织造府是讲《红楼梦》、云锦和御用品的故事的。

为什么青奥在南京举办呢？就是因为南京的各个方面都很好。青奥举办的时候，全世界人民都来南京这个地方看比赛，南京真好啊！

孩子小作文中的我们一家

版本Ⅰ

我是谁

大家好，先给大家猜一个谜语，关于我的名字的。我的名字每一个字里都有一个大，第一个字是口下有一个天，第二个字是不小，第三个字是可上有大，现在你猜出我的名字来了吧？

我喜欢吃韭菜炒鸡蛋，韭菜是绿绿的、脆脆的，很好吃；我还喜欢吃海带，因为我妈妈说，海带可以驱蚊；我妈妈还说发明味精的人就是用海带汤里提炼出的物质做出味精的，所以，海带汤吃起来特别鲜，我喜欢管海带汤叫味精汤。我还喜欢吃西红柿炒鸡蛋，鸡蛋被西红柿染得酸酸的、甜甜的，特别好吃。

我喜欢玩凑十游戏，喜欢在凑十游戏里耍一些小花招，让自己赢；我还喜欢玩科学实验书里的小花招，比如抓硬币什么的，特别容易输也特别容易赢。

我喜欢骑自行车，偶尔也会玩玩飞盘，打打羽毛球。我还喜欢和爸爸妈妈一起散散步，而且很喜欢徒步。

我喜欢看一些小实验方面的书，比如说《神奇的科学魔方》；有时候也看一看故事书，比如《X 探长》。

我喜欢在我妈妈允许我搞电脑的时候，就搞上 Windows8 一会儿。Windows8 还要付钱，最贵的有 600 多块，最便宜的也要 200 多块，不知道 Vista 要不要钱，如果不要钱，我就装一装。

要说我是谁，先来说说我的妈妈：我妈妈是个书虫，她走到哪儿都看书，吃饭时看书，睡觉前看书，做事情时还是看书，上厕所时也要看书，当当网买书是“万吨金”（妈妈注：儿子自创的名词，他觉得光说“钻石”不够过瘾）会员，淘宝网是双钻，亚马逊还不知道，她吃书、喝书、拉书，简直是书虫的顶级 VIP。

我爸爸就是电脑，电脑，还是电脑，他是电脑的顶级 VIP。

我就是他俩的混合体。我占我爸基因的 2G，我妈基因的 2 本书，这就是我的基因内存了。如果有读者想求出 2G 和 2 本书的和是多少，那就费劲了，因为它们的单位不一样，但是它们存在我的身体里面一点也不矛盾。有时候运行时也会有点小 Bug，就像软件无响应、书翻不动了一样，但很快就会好了。

现在大家知道我是谁了吧？嘻嘻。

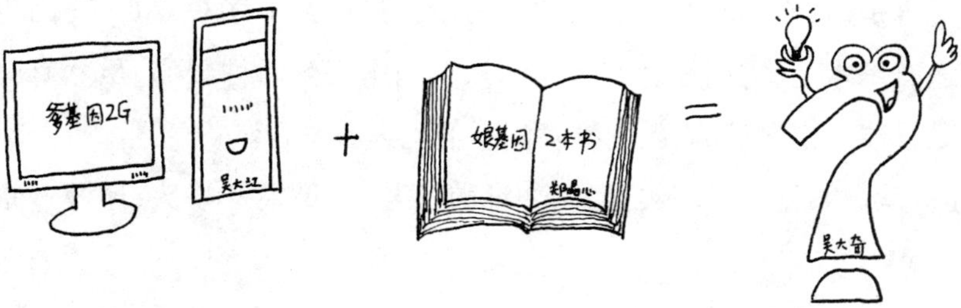

版本 Ⅱ

我的自画像

大家好，我叫吴大奇，今年 9 岁，我姨妈经常说我都是奔十的人了，她不就是想让我多做点事情嘛，真麻烦。

我发现我的头长得像一个长方体，脸长长的，扁扁的，后脑勺也是扁扁的，脸两侧也是扁扁的。我的眼睛长得不像我妈，我妈的眼睛就像一个核桃，我的眼睛是半个核桃;我妈的眼睛上没有眼镜,我还戴着一副眼镜。我爸是戴眼镜的,看来我的眼睛长得像我爸。我的鼻子小小的,有两个"深不见底"的洞。我的嘴巴长得很一般,但是它可以吃饭、喝水,是我身体营养的"输入口"。同时它还可以说很多话,跟同学在一起的时候,它就变得特别韶,爱说些跟学习八竿子打不着的闲话。

我身高 1.45 米,体重 70 多斤,按照我看的书上讲的有关儿童身体成长的指标来说,我算是超重的,但是我感觉还好啦,不觉得自己有多超重,因为我走起路很轻松,一点也不觉得累。

我喜欢骑自行车,我以前觉得很吃惊,自行车就两只轮子,为什么能保持平衡?后来我会骑车了,才知道自行车是靠它的速度和骑车的人来保持平衡的。骑自行车比较轻松,即使我骑 100 分钟的自行车,也比跑 1 分钟的步要好,所以我就比较爱骑自行车。

和我们班上其他书迷一样,我也喜欢看书。在我看来,书是第二大类人与人之间传递信息的方式(第一大类是通过语言交谈),所以书对我们来说很重要。我书架上的书各种各样,有科普书、童话书,还有好多小人书。我"点击"频率最高的有两本书,一本是《它们是怎么来的》,这本书不知道已经有多少缺页了,因为我翻得太多了;还有一本是《它们是怎么工作的》,这两本书耐看性很高,虽然有时候感觉枯燥,但是很能学到知识的,极力推荐同学们也去看一看。

我还喜欢做各种各样的实验,比如说酿葡萄酒,做雪梨罐头,还做过铝箔小炮等等。

我爱读书、爱运动、爱探索,因为这样能给我带来快乐。我爱这样的我,我爱这样的生活!

版本Ⅰ

我的妈妈

放寒假的时候,别的家长把自己的孩子往课外班"里"送,而我妈妈不一样,我的妈妈是把我往"外"面送——也就是"新金陵 48 景"。白天的时候,妈妈和我一起走“新金陵48景”；晚上，我和妈妈就一起写日记。我说，妈妈打字，我说完了，妈妈再打一个手记。妈妈还要把明天要去的地方资料找好，打印出来。

我的妈妈真好！

版本Ⅱ

我的妈妈

我妈妈的脸是典型的锥子脸，两只眼睛炯炯有神，就像两颗黑色的星星。她的嘴巴弯弯的，嘴角两边有两条皱纹，像月牙一样。

我妈妈喜欢穿各种各样深色调的衣服，喜欢戴没有吊坠的银项链，还喜欢戴银耳钉。我妈妈的脚很小，跟我的脚一样大，跟我穿一样尺码的鞋。

我妈有一个特点，她像个基因突变儿，有时候温柔得像只羊，有时候凶猛得像只虎。比如说，我头疼的时候，她给我按摩、刮痧，就像一只温柔的羊；当我做作业老做错的时候，她就会凶巴巴地说：“不对，应该这样写，脑子灵光些！”就像一只凶猛的虎（说个题外话，我认为全国50%的儿童看到这一段文章都会有同感，同感！）。

不过，我妈妈还是温柔的一面比较多，凶猛的一面比较少。毕竟，当虎是需要耗费体力的。

我妈妈是一个又好又坏的妈妈，我对她也是50%好50%不好。

我的爸爸

我爸爸是个《红楼梦》迷，以前他拿着电子书看《红楼梦》小说，最近这阵子又看人家老师讲的《红楼梦》讲座视频。他白天看，晚上看，没日没夜地看。平常晚上我已经睡着了，他还戴着耳机听。

有一天，我看到我爸爸躺在床上，闭着眼睛听着耳机，我先是以为他在闭目养神呢，就偷偷敲了他放在床头柜上的电脑的空格键，把视频暂停了，结果我爸爸一点反应也没有，他已经真的睡着了，睡着了还戴着耳机在听。

他平常吃饭的时候，都戴着耳机听，我想跟他说话，他只会嗯啊嗯啊，我就说："你什么时候把《红楼梦》讲座听完啊？"他说："嗯，啊啊，啥？"其实，这个视频我爸爸已经看了第六遍了，我实在受不了他了，真是太迷了。

我爸只要一看上《红楼梦》，他的姿势就会变得很怪，有时斜靠在沙发上，有时横躺在沙发上，还有时在沙发上扭成一团，但是眼睛会一直都盯着电脑屏幕看。

我爸爸真的很迷《红楼梦》啊。

我家的故事

我有一个幸福温暖的家，家里有爸爸妈妈，还有我。我们家每天都发生很多故事，今天，我就讲一讲我家包饺子的故事。

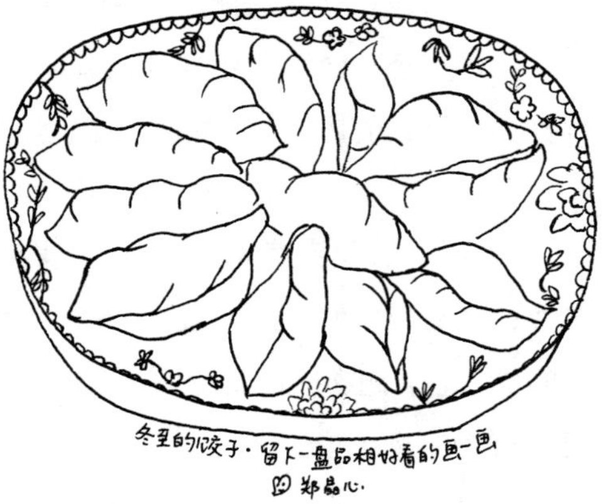

冬至这一天，我爸爸去菜场买来大白菜和肉馅，他说："冬至要吃饺子，我们一起包白菜猪肉馅的饺子吧。"说干就干，我爸爸先洗好菜之后，我妈妈就开始剁菜。我妈妈先用一把刀剁，后来她觉得不过瘾，就用两只手拿两把刀剁，她说自己是"双枪老太婆"。我爸爸说："要不用榨汁机榨？"我妈妈说："那不就成糊糊了？"我妈妈剁好菜，我爸爸就把肉和馅放到一起，还放各种调料，我就负责当搅拌机搅拌。

搅啊搅啊，料调好了，我们就开始包饺子。我先把饺皮放在手心上，再用筷子把馅儿夹进饺子皮中央，然后再用食指把饺皮的周围蘸点儿水，再把饺皮对折捏上，一只饺子就包好了。我爸爸包的饺子是长的，我妈妈包的饺子是圆的，我包的饺子是扁的，可以轻易分出来。

我们包了整整一大盘饺子，我妈妈就去煮饺子。一会儿饺子煮好了，我们就去吃饺子，吃完又去煮了吃，自己包的饺子真好吃呀！

这次冬至节吃饺子，让我学会了包饺子，我家的故事有意思吧！

成长的烦恼

一年级新生，开始了与幼儿园完全不同的学校生活，有作业任务，不能够每个假期都外出游玩了，怎么适应这种变化？

小子，你真有劲

一

元旦假期，儿子捣鼓一只花盆，装进土，撒上菜籽，封上塑料袋，他要做冬天种菜的实验，结果弄得满阳台都是土，他爹让他把土扫干净，他头一扭说："哪儿有土！"他爹说："阳台上有土！"他说："阳台上很干净！"他爹说："我看见阳台上有土。"他说："我看见阳台上没有土。"我在旁听了好笑，旁白了一句："你这简直是睁着眼睛说瞎话嘛！"他问啥意思，我说就是你睁着眼睛看得见却说看不见的话。顿了一下，我说："看来你又想打架了？"他来劲了："来来来，打打打。"

我说："我今天不跟你打了，我打不过你，你跟你爹打。"

于是，这爷儿俩就扭打了起来。

前一日我是跟他打过架的，打架的由头已经忘了，无非就是借题发挥，找架打才是真。

确实，我们经常是有意识地找架打的。有时候，没有题可借，我们直接就说："没事干，打一架？"

于是就开打。

他小时候我们也打过架，但机会不多，因为幼儿园阶段，他的生活还很轻松，也没有上什么兴趣班，在幼儿园也有大量的户外活动时间，所以他对打架的兴趣不大。偶尔打上那么一回，也就是用腿勾来勾去勾着玩儿。

但现在我们就打得认真多了，尤其是我，他个头增大，力气增大，一架打下来，真会气喘吁吁的，一身汗，但我还是会陪着他打。因为我知道小孩子需要打架，尤其是男孩子，他们体内的雄性基因决定他们需要通过一些力量型的活动来释放，需要跟同伴的身体之间产生碰撞和挤压来促进生长。可现在，在学校，不要说打架，连跑跳都是不被允许的行为。课间只可以去厕所和打水喝，只能慢走，不允许奔跑。如果不上厕所不喝水，那就在座位上静坐着。如果有那控制不住、天生好动的小孩忍不住跟同伴打了架，那真是天大的事，会在老师和家长之间掀起轩然大波。孩子会一再地被批评，以后的行为会遭遇更多的控制。

这不仅是我个人的观察，孙云晓在他的《拯救男孩》一书中也痛心疾首地写道："现代学校教育，对男孩发展更不利。男孩和女孩不一样，这是不争的事实，但在教育过程中，学校教育却常常漠视男孩和女孩的差异，对于体内有高出女孩 15 倍之多的睾丸素的男孩，却要求他保持与女孩一样的规矩，不要打打闹闹。"

二

在学校，男孩没有机会打架，走出校门，孩子一样没有机会。如今每家都是一个孩子，出去玩时，双方家长都陪同在侧，略有苗头不对，家长就会上前把那小火苗给掐灭了，熊熊烈火哪能烧得起来？

我喜欢熊培云的一句话："以独立之志做合群之事。"这些年，我一直带着孩子想做到这一点。我知道很难，因为我自己都未必能全部做到。所以，很早，我们就开始做一件有点独特的事情——爸爸妈妈在家陪着孩子打架。

上小学后，架打得多一些了，一方面是因为学校限制活动，户外运动少了，一方面就是上小学后任务多了，颇有些压力了，陪他打架，也有些帮他释放压力的意思。

我知道很多家长碰到诸如孩子不肯好好写作业之类的事情时，是提倡跟孩子讲道理的，但我的做法是，讲完道理最好打一架。打完了，我倒在一边，叹一声："小子，你真有劲！”他脖子直直的，像骄傲的小公鸡：“你以为呢！”

OK，孩子，你有力量，我就开心。

三

印象深刻的是他上小学的一件事，老师在放假前布置了十多张模拟练习卷的作业。幼儿园时，假期都是一家三口外出旅游，这个元旦节，因为有作业就不旅游了。孩子特别有情绪，我拉起他的双手，我们四掌相对，跟他开玩笑说：“来，我是武侠高手，传一点功力给你，这样你写作业就更有能量了。”结果他没有心情跟我开玩笑，反握我的手腕，顺脚就拐过来勾我的腿。哟，这不是要打架的信号吗？好，那就打一架吧！于是我们就抱在一起扭打起来，他爹就站在旁边含笑观战，谁要是被勾倒在地了，就倒计时数数，等待起来重新开打。

那一架孩子和我都打得认真投入，这一架，我最终是会要被打败的，是要认输的，但不能一开始就输，一开始就被打败，那样，积压在孩子心中的愤怒和委屈情绪并不能够排解出去。我必要打到自己开始气喘，扛下去也勉为其难了，才就势倒地，认输。其实孩子这时候也很累了，但他一边擦着汗，一边心里爽啊。

好吧，架打完了，我还瘫在椅子上喘气，他已经去做作业了。

这里补充说明一下，我们的打架绝对是一种文明的角力，绝不涉及伤害和暴力发泄。要不，这么些年，我儿子只会跟我们打架，并没有在外面找小朋友干仗呢。

近来，我确实是越来越打不过他了，过去多是假装打败，现在是真的打不动了，于是他爹就上场了。可以跟他爹打架，他也很兴奋，这从男性力量方面说明他真的成长了。过去他想跟他爹打，可连他爹的腰都抱不过来呢。

二年级了，如何积极地投入老师的课堂教学中？如何让孩子了解学习是自己的事情，而不是父母老师的事情？

鸡蛋从里面打破，是生命

一

儿子一年级学期过半，学校开家长会，老师告诉我，你儿子上课不爱举手回答问题，得想想办法调动他的积极性。老师如此诚恳，我自然一定要想办法。

我想起曾看过的两篇小故事。一个故事是，孩子为没有得到老师的表扬感到沮丧，妈妈怕孩子失去信心，就撒了一个谎，说路上遇到老师了，老师跟妈妈说很喜欢你。孩子听了很高兴。过了几天，孩子说被老师表扬了。看着孩子的笑脸，妈妈觉得自己撒的这个谎很值，因为孩子被激发起了自信心，努力表现很好，被老师表扬；然后孩子再做得更好，再被老师表扬……总之是一个良性循环。

另一个故事是，有个妈妈去开家长会，被老师狠狠地批评了一通，但是当男孩问起的时候，妈妈却说，老师说你很好，只是需要在某处某处再做得如何如何就更好了。次次家长会都是如此。就这样，原本一个在老师眼中一无是处的孩子，最后成长为一个优秀的孩子。

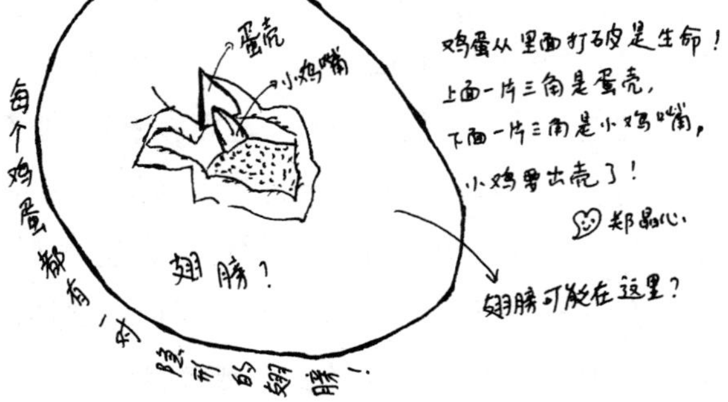

这两个故事中的妈妈，为了鼓励孩子，都虚构了"老师喜欢你"的话，并取得良好效果，激励了孩子的信心。

我要不要这样效仿呢？为什么一定要讨得老师的喜欢呢？难道学习不是孩子自己的事吗？难道孩子不应该为自己的行为承担起责任吗？

自问，犹豫中，我不由地又想起第三个故事：有个很优秀的名校毕业生，进了一家名企工作，做得也很好，但是三年之后，他不顾家人反对，义无反顾地辞职了。后来的职场生涯并不顺利。为此，他去找了心理咨询师。他诉说自己当年辞职，就是因为一直努力工作，却没有获得老板的表扬，这让他很沮丧，以为自己做得不好。经过心理师分析，他才明白，他做得很好，但老板不是老师也不是家长，不会时时关注他，给予他表扬和肯定。这样一个职场常识，他却在经历了一番周折后才懂得。

我觉得有类似感受的人应该有很多吧，因为我们从小就是受着这样的教育长大的。我们学习，我们努力，我们做得好，就是为了要赢得老师和家长的喜欢，老师和家长不喜欢，我们就失去动力了。

这一切还要不要在我们的孩子身上重复？我觉得自己的思路已经清晰了。

二

回家我问儿子："儿子，听说你上课很沉着噢。"

儿子问："什么叫沉着？"

我说："就是一副你自己胸有成竹，别人却摸不着头脑的样子。"

儿子又接着问啥叫胸有成竹，啥叫别人摸不着头脑，我说："打个比方讲，上课的时候，你知道自己听懂了，这叫胸有成竹；但老师不知道，因为你从来不举手回答问题，这就叫老师摸不着头脑。"

儿子哈哈笑："老师就喜欢找女生回答问题，我还不如不举手呢。"

"那你举过没有呢？"

"没举过。"

"那你怎么就知道老师不喜欢你们男生呢？"

"肯定的啦。"

"这么肯定？也许吧。不过，你下次可以试试看，说不定老师就喊你了呢？"

"不可能，老师就喜欢女生。"

"那你觉得女生们积极举手就是为了要讨得老师的喜欢？"

"你以为！"

"据我跟老师聊天的情况来看，老师看学生举不举手回答问题，其实是想知道你们有没有听懂。不过因为女生举手积极，老师只好喊女生了，你们男生不爱举手，老师想喊也没得喊啊。"

"这倒也是。"

"所以呢，你举手回答问题，不是为了要讨老师的喜欢，是为了要告诉老师，这个问题你会了，你听懂了。如果你们都举手，老师就知道这个问题可以不用再讲了；如果你们都不举手，或者举手的人不多，那老师还要再讲一讲，明白了吗？举手是告诉老师讲课你听懂没有，而不是讨老师喜欢。"

"这样啊。"

这是儿子一年级时我跟他的一次谈话，后来陆陆续续还有过"作业做得好，是为了讨老师喜欢，还是为了更好地巩固新学的知识""认真考试是为了讨老师的喜欢,还是为了检测自己的学习成果"种种的谈话,我一直在做的工作,就是把学习以及学习包含的种种行为,从儿子以为的"是为了讨老师喜欢"的层面厘清为"这些都是自己本来就应该做的事"。

如今儿子已经读二年级了,前不久我去听他们的公开课,看见儿子时不时就把小手举得高高的,看得我都诧异了,但那一堂课,老师一次都没有喊他,我心里暗暗嘀咕:呀,这会不会打击他的积极性啊?

放学回家,我首先表扬他:"儿子,看你把小手举得那么高,再加上你们班其他同学,怪不得书上都说跟雨后春笋似的。"

儿子笑,我又问:"不过老师好像都没有喊到你,你有什么感觉?"

儿子说:"啥感觉也没有,老师顾不上呗,那么多同学举手呢。"

听到这个答案我已经很高兴了,但忍不住又朝前探了一步:"你不会觉得老师是不喜欢你吧?"

儿子"切"了一声,说:"我们班 50 多个同学呢,她喜欢了这个忘掉了那个也正常,我到现在还有几个同学的名字都没记住呢。"

啪啪啪,我忍不住为儿子鼓起了掌。

最近网上有这样一句话转发率很高:"鸡蛋从外面打破,是食物;从里面打破,是生命。"我们要帮助孩子寻找内在的动力。当然,作为社会化的人,并不能够完全排除外界的肯定和支持,但这只是其中一小部分,是可借,而不可全部依赖的。

三年级,已经渐渐了解、熟悉学校生活的规律,有时候会觉得学校生活的无聊,有时候会感觉很多作业都是重复劳动,怎么办?

人生的"矿物学"

周六一大早,儿子就抱着一本《可怕的科学》在看,在我再三的催促下,才放下书把早饭吃了。吃过早饭,我说:"儿子,先完成一科的作业再看书吧。""噢,好的。"答应得倒是挺干脆,就是半天没有行动。我又催:"儿子,先做作业,做完作业再看。""好的,知道了。"态度倒是不错,可就是不行动。我实在忍不住了,大喊了一声:"儿子,做作业!""来了来了!"书总算丢下来了,开始做作业。先做的是数学作业。儿子做作业，我就去忙我的事。等我忙了一会儿过来一看，他又扒在课外书上了。我火气腾地上来了：“怎么又看上了？作业完成了？”

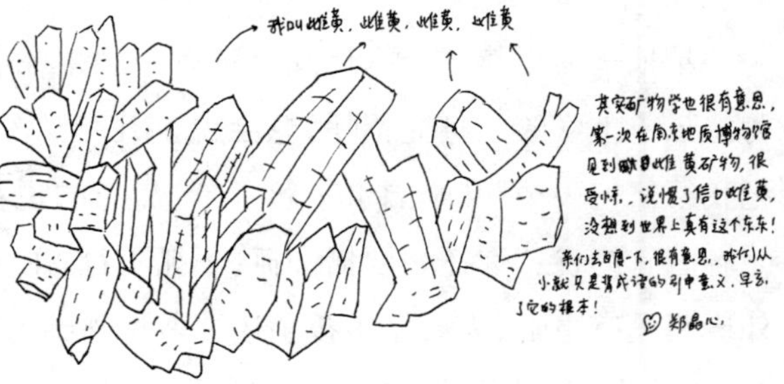

“做了两页了，还有两页。”

“那怎么不接着做？”

“都是一样的……”

“一样的也要做啊，这是老师布置的作业啊。”

“做做做，我做，那给我看 5 分钟可以吗？”

“可以，5 分钟看完接着做，好吗？”

“好。”

上午把数学作业做完了，下午跟同学约了去梅花山赏梅，开开心心地玩了一下午，直到天黑才回家。吃过晚饭，天已不早，洗洗睡下，不提。

第二天，星期天的上午，我提醒儿子：“今天要把语文作业和英语作业完成了噢。”

“嗯，我知道的。”

我收拾好早饭的碗筷，过来一看，还扒在那“可怕”的《可怕的科学》书上，没有动笔呢。我深呼吸一口气：“儿子，开始写作业吧。”

“马上就好。”

我站在他身边，等着他把正在看的那一章看完，看他把书放下，开始写作业。

星期天的下午，终于把所有的作业都做完了，我跟儿子谈话：“儿子，你已经三年级了，作业和课外书，谁先谁后，你都知道的吧？”

“知道。”

“那为什么每次都需要我提醒？而且是一再地提醒？”

“书好看嘛。”

“书当然好看，不好看不会给你买，但我们要先把作业完成对不对？”

“唉，作业总是一样的……”欲言又止，但我明白了，一时也无计可施，因为家有小学生的家长们都知道，大道理无法解决问题，说多了徒增耳茧，增加“大道理”的耐受性。

星期一的早晨，上了班，几个家有小学生或者中学生的同事都到得比较早，因为送孩子上学嘛。打完招呼，总会说上几句孩子的事，我开始吐槽："这个周末，可把我给气得……"几个同事了解了情况，有的说："现在应试教育，作业确实又多又无聊。"有的说："你还是要抓一抓，不抓不行，作业再一样也要做。你家好像什么课外班都没有上吧，人家好多孩子还要做课外练习呢。"

"是的，我知道，我知道，我们就是完成课内的作业。"我答应着。

跟同事们说了一通，情绪好多了，用同事的话说："家有小学生，永远没有省心的时候，别烦，兵来将挡，水来土掩。"

哈哈，孩子啊，瞧见没，咱们这些当老爸老妈的，容易么！

得想办法，让孩子心服口服才行啊！

人道心诚则灵，就在这时，我看到了一个故事：人生的"矿物学"，看得我一拍脑袋，有了——

顾维钧是中国近现代史上最卓越的外交家之一，曾任中华民国北洋政府国务总理，国民政府驻法国、英国大使，以及驻联合国首席代表、驻美大使，被誉为"民国第一外交家"。

顾维钧年轻的时候，曾就读于美国哥伦比亚大学，主修国际法和外交学。但有一次，学校给他们排出的课程表里，竟然有一门矿物学，而且要必修。顾维钧看到后，大为不解，觉得矿物学不但跟自己的专业不沾一点边，而且还很枯燥。他就跑去询问学校的教务长，问是不是排错了，教务长说没错。顾维钧说："我来这里是学习国际法和外交的，而矿物学跟我们的专业相差十万八千里，不但没有用，还很枯燥，学校竟然要我们花费人生这段最宝贵的时间去学习它，您不觉得这很浪费吗？"结果，教务长却回答了他一句十分经典的话，教务长说："面对一门既没用又枯燥的学科，用耐心去把它学会，这也是教育的目的之一。"教务长的话，让顾维钧深受启发：原来，学校开设这门功课的目的，就是要培养学生做事的耐心与责任，以及面对未来人生路上那种不可预知的困难的勇气和毅力。

从此，顾维钧发奋学习，勇敢地去面对和解决人生路上出现的各种"矿物学"，并最终成为了一名出色的外交家。

我很喜欢给孩子讲故事，因为故事里有鲜活的人和思想，比抽象的大道理好听得多了。趁又一个周末，几个小朋友相聚的时光，我给孩子们讲了这个故事。

孩子们听得嘻嘻哈哈，我接着说："你们知道吗？我们人生经常会遇到'矿物学'噢。"

"比如呢？"立即就有孩子好奇发问。

"比如，我们养小孩，小孩讨喜的时候，我们很开心；可是小孩也有犯嫌的时候，小孩犯嫌，我们会不开心，可是我们不开心，还要一样地爱小孩，甚至要更爱他们。我们总不能因为小孩犯嫌，就一脚把他踹开，不要了吧？你们看，这就是我们大人要面对的'矿物学'。"

我故意作势做了一个踹脚的动作，孩子们哈哈大笑。

聚会结束回家，看了一会儿书，儿子坐到书桌前开始做作业："我开始研究我的'矿物学'了！"

好样的，儿子！

可以预见，人生道路上，我们会遇见很多"矿物学"，抱怨无益，我们只要认真地做好它，完成它，相信我们的人生道路一定可以走得更远，更稳。

给我的孩子，给中国的小学生

坐上国王宝座，你比想象的更好

一

近日，看到一则新闻报道：诺奖大师勒克莱奇奥在南京大学教了 6 周的课，这门课是选修课《艺术与文化的多元阐释》，参加的学生来自物理、建筑、经济、化学等各个专业，共有 112 名学生。大师谈起这些学生掩饰不住地器重和偏爱，他说："有些学生虽然不是学习文化艺术相关专业的，但他们的论文非常深刻，视野也很开阔，优秀得可以在杂志上发表，我很想给他们满分，可惜许钧教授（南大教授）和我说中国一般不给学生满分，我只好遗憾地给他们 98 分。"据大师介绍，112 份作业中共有 5 人得了 98 分。"印象比较深的两个优秀学生，一个是学天体物理的，还有一个是学经济的。"

报纸编辑对这篇报道,写了一篇推荐短文:"诺奖大师勒克莱奇奥在南大教了6周课,对学生喜爱有加,批改论文时惊呼许多人都可以给100分。我想,这不是恭维,一是作为大师,没必要如此;二是现在大学生的认知、水平,也的确具有高水准。但值得反思的是,为什么在外教眼里,全是优点;在一些本土老师眼里,学生的缺点却多过优点呢?"

其实,这不仅仅是一些本土老师眼里的问题,"中国一般不给学生满分",许钧教授说的是大实话,这是我们中国教育的一贯思维。就像那位编辑也认识到的,"我们的教育思维是,不喜欢讲好的,认为那是你应该做到的,拼命说错的,让你加深印象来改正。"

二

前一阵,我帮朋友代课,和一群孩子玩了一个游戏"国王的宝座"。在活动开始前,我给大家布置了一项任务:每个人都在纸上写下一句赞美同学的话,要给活动中所有的同学都写一句。有孩子就问了:"需要给自己写吗?"我说:"如果你想写,当然可以。"这孩子马上说:"我不要写。"孩子这样说,我非常理解,之前我也带他们玩过相关游戏,他们都很害羞,说起自己的缺点都如数"家珍",但说起自己的优点来却很犹豫。这也是此次活动的原动力。我们的孩子经常被家长、老师批评着、教育着,你这个没有做好,那个做得不对,需要改进。我们的家长还常有一个口头禅:这孩子什么都好,就是坐不住;这孩子什么都好,就是不好好学习。至于那"什么都好"里的"什么"从来也没有一个家长细致、耐心地告诉孩子,等于什么优点也没有对孩子说,只让孩子记住了:自己坐不住;自己不好好学习。所以,你让他们来赞美自己,他们怎么会呢?

但游戏吸引着孩子,他们很快完成了任务,接着,我在教室前方放置了一张凳子,我说:"这是一张国王的宝座,呆会儿每个孩子都要上来坐一坐,当一次国王。当国王干什么呢?不用你们处理国事,就让你们来领受每个臣民对你的赞美。"孩子们"哗"地就哄笑开了。

在一番扭捏、互相推辞之后,终于有孩子肯上来当第一个"国王"了。这是一个小女生,她静静地、略带些紧张地坐在"国王的宝座"上,等待着。其他孩子就一个接着一个地读出自己刚才写下的对她的赞美。有的同学说："你是一个美丽、可爱的小姑娘，你是名副其实的公主。"孩子们真有智慧，他们自动地就将坐在"宝座"的男生称为国王，女生称为公主，也有称王后的。坐在"国王的宝座"的小女生听得一脸幸福。

赋予你自信的"王冠"是什么？
郑晶心

有个小女生怎么也不肯上来坐这个"宝座"，她说："无聊。"后来在大家的劝说下，她勉为其难地上来了，坐在"宝座"上扭着脸，不看大家，默默地听完大家对她的赞美后起身就跑。她跑到自己的座位跟前时，却忍不住跟妈妈比了一个 V 的手势，声音里掩饰不住兴奋地说了一句："满载而归！"

游戏进行到后半部分，大家渐渐淡定了，在听完大家的赞美之后，我开始"采访"他们，我问一个五年级的女孩，当听到这么多人给予她不同的赞美，她是什么感受，女孩说："我很兴奋、开心，以前从来没有这样过。"她一只手捂在自己心脏的位置上，又说，"感觉到这个地方热热的。"下面的孩子都鼓起了掌，可见她说出了大多数孩子的心声。

最后上来的是一个男孩，当听完大家的赞美，我采访这个男孩时，男孩说："听大家这么说我，我感觉自己有感动，有惊讶，还有一点尴尬，没想到自己是这样的。"

因为这个孩子的这个总结，我又带孩子们分享了一句话："你比你想象得更好。"这个"好"里面你可以填上很多词：健康、勇敢、美丽、自由、快乐、开朗……

三

后来，这句话，我就经常地在活动中运用到了。比如，当我带孩子们玩"万物有灵且美"的游戏时，这个游戏就是请孩子们想象自己是世间任何一件物体，假如你是一间教室，假如你是一张课桌，假如你是一缕阳光，假如你是一片落叶……此时此刻，你有什么话想要对大家说？有个女孩什么都没有说，而是动笔画了一只燃烧着的蜡烛，可是画好之后却不好意思跟大家分享，说自己画得太丑了。我看着那支蜡烛，洁白的蜡身，金黄的火焰，四周一团橙红的光，烛焰仿佛在轻轻摇动，我感觉到温暖、灵动，我说你画得好极了，她还不相信，我用坚定的语气再次对她说："你画得比你想象得更好。"

真的，我不是为了鼓励她而说了这句话，是发自内心的感受。我们的孩子真真正正地比我们想象的要好，可是，他们却普遍地缺乏自信心，不相信自己有那么好。

为什么？

就是因为我们"一般不给学生满分"！

其实在我们的先哲老子眼中，"有无相生，难易相成，长短相形，高下相倾，音声相和，前后相随"，有无、长短、高下、音声、前后这些在我们的世界观中是二元对立的，但在老子的哲学中，这些其实是没有分别的，它们相生、相成、相形、相倾、相和、相随，是你中有我，我中有你，可以相互转换的。

那么，我们所认知的一个孩子的优点和缺点就一定是正确的吗？优点就一定是好的，缺点就一定是坏的？如果我们受限于自己不那么饱学的知识并不能够确定这一点，那么为什么一定要揪住孩子所谓的缺点死磕不放，一而再、再而三地打击孩子的自信心呢？

如果你所谓的短处、劣势、缺点，正是你不同于他人的独特品质，为什么我们不可以发扬它们呢？

如果罗温·艾金森先生没有患上严重的口吃，只有在演戏时症状才会消失，他不会成为一名演员，更不可能创造出憨豆先生这样经典的角色来。

每一个生命的诞生，就是一个巨大的奇迹。每一个生命，我们都可以给它满分。

后记

亲爱的小孩，有了你，我才开始长大

郑晶心

孩子，怀上你，我还不知这是上天给我的最大恩典。生你前的三十年，我模模糊糊追求自己的梦想，模模糊糊追求自己的爱情，对人对事并无清晰且坚定的认识，常常觉得这也对那也可或者这也不对那也不可，所以常常纠结，常常晕菜，常常盼望有一个人会出现在我的面前，他不必像紫霞仙子许愿的那样，驾着五彩云朵而来，他可以平平常常地徒步而来，只要他告诉我，该读哪些书，该怎么写作，该怎么判断一个人的好坏，该怎么听一句话的弦外之音，该怎么判定一件事值不值得，该怎么把人生的路走下去。

可是我谁也没等到！今天来看，我所等的，所期盼的那样一个人竟然是你！随着你的降生，随着你的一天天长大，世界在我面前变得清晰起来，我也从云端降落到地面，从一片羽毛变成一只楔子，一天天更紧密地钉入到这个世界。我也终于明白，没有人可以做我的导师，除了我自己。我心是我师，我脚是我师，让我的脚跟随我的心，那就是我的路。

推着婴儿车带着你打防疫针的画面至今那样鲜明地保存于我的脑海。我是那样一个怕打针的人，那个发誓一辈子也不要一个人走进医院的人，却独自带你去打了针，我跟你说，宝宝，可能会有些痛，但忍一下就过去了。而后我把头扭到一边，把着你的小胳膊动也不动。等医生说好了，我才回过头，这才发现，你一直看着医生忙碌，看着她将尖利的针刺进你娇嫩的肌肉，你小小哼了一下，而后我就听见医生说好了。我才惊讶地发现，在我这里原本惊天动地的事情，在你这里竟如此轻描淡写。记得当年，当打防疫针的医生一走进我们小学生教室，原本坐在第一排的我立即跑到最后一排，从医生给第一个同学打针开始我就哭，直哭到最后一个，眼看快到我了,再不跑就要被针扎了,我什么也不顾地从教室里逃掉了,一直逃回家,躲到家中的床底下。当天晚上,家人没有看到我如常放学回家,到处找,最后在家中的床底下找到我,而我已经在床底下睡着了。今天回忆起来,我都还能感受到当年眼睛哭到肿胀得几乎睁不开的感觉!我曾经以为,有些地方比如医院,有些人比如医生,我一辈子不会走进,一辈子不会接触,可是因为你,我的小孩,我走进了那样的地方,接触了那里的人。有时觉得那一幕幕场景一幅幅画面,就像是梦!其实,至今我仍有还在梦中的感觉,可这场大梦是清晰的,我看得清谁是主角,谁是配角,谁是跑龙套的;我了然剧情的走向,我轻松把握节奏,有时顺水而流,跟着剧情走,有时做个小小停留,在梦中小小留一片白。我在梦中,又在梦外,世界清晰如刻,不再像过去那样,我与梦之间,隔着一片毛玻璃。

小孩,因为你,复苏了我的童年记忆!多少愉快和不愉快被唤醒,愉快的得到感恩,痛苦的得到疗愈。亲爱的小孩,全是你带来的恩赐!感谢有你,说 21 遍!

亲爱的小孩,你照见我的不安,沉着;任性,随和;脆弱,坚强;不切实际,斤斤计较;浪漫,古板;天真,世故;不通人情,善解人意;直接,委婉;无情,多情;温柔,冷酷;灵动,笨拙;直觉丰富,自作多情;大大咧咧,小肚鸡肠;乐观,悲观;快乐,忧伤;甘于牺牲,不肯委屈;爱朋友,烦朋友;孝顺父母,叛逆自私;努力工作,常常偷懒;热情澎湃,心灰意冷;自诩爱写作,多天不动笔……

亲爱的小孩,有你,我才看见我自己。原来我是这样的一个人,多么平凡,多么卑微,可是有你,又是那样有光有彩,熠熠生辉!

亲爱的小孩,有你,我才看见生命的美,世界的美,生活的美,喜悦的美,痛苦的美,爱的美。

亲爱的小孩,有了你,我才开始长大!